RÉFLEXIONS

SUR

LES SOCIÉTÉS SECRÈTES,

ET

LES USURPATIONS.

PLAN DE L'OUVRAGE.

Il est divisé en trois parties :

Dans la première, nous faisons connoître les écueils et les dangers des diverses sociétés secrètes, leurs codes, leurs instructions et leurs maximes erronées, que les sectaires décorent du nom de Philosophie.

Dans la seconde, nous signalons les désordres et les ruines qu'enfante nécessairement l'usurpation de l'autorité. Nous lui opposons le gouvernement monarchique et légitime, seul capable de maintenir l'ordre et la paix, qui font la félicité des peuples et la gloire des monarques.

Dans la troisième partie, nous indiquons les remèdes contre les sociétés secrètes et les usurpations. La religion, la vertu et la justice étant les plus fermes remparts des empires, nous trouvons ces remèdes dans les bons principes d'éducation donnés à la jeunesse, dans la morale, dans l'obéissance et la fidélité des peuples, et dans l'attachement des sujets à leur souverain légitime.

RÉFLEXIONS

SUR

LES SOCIÉTÉS SECRÈTES,

ET

LES USURPATIONS.

PREMIÈRE PARTIE.

ÉCUEILS ET DANGERS

DES SOCIÉTÉS SECRÈTES.

Par C. J. GILLIARD, Maire de Mouchard (Jura).

TOME PREMIER.

A ARBOIS,

DE L'IMPRIMERIE DE JAVEL.

1823.

PRÉFACE.

J'AIME la vérité, et je ne veux point la trahir; je ne cherche point à plaire aux conspirateurs; je les considère comme les ennemis mortels de la félicité publique; j'ai trop en horreur leurs vices et leurs complots criminels, pour essayer de déguiser leurs forfaits; ainsi je dirai du mal des séditieux, tant qu'ils ne cesseront pas d'en faire. Je déteste leur conduite infernale, et non leurs personnes.

Mes écrits ne sont point flatteurs : j'ai entrepris de déclamer contre tous les abus. Ceux qui se fâcheront d'y trouver leur portrait fidèle, se fâcheront injustement, parce que je n'ai point le projet de les humilier, mais celui de les changer. Applaudir aux passions infames qui gâtent l'esprit et qui corrompent le cœur, c'est canoniser le vice, c'est engager des gens corrompus à persister dans leurs désordres. Je ne puis faire un si sanglant outrage à la vérité et aux bonnes mœurs; je n'ai d'autre désir que celui d'éclairer les citoyens sur leurs véritables intérêts, de rappeler tous les individus à leurs propres devoirs, en leur faisant connoître des conspirateurs furieux qui se tourmentent pour mettre à exécution les crimes les plus grands que l'on puisse inventer. Je sais que certains coupables rougissent lorsqu'on ternit leur prétendue gloire, que d'autres veulent absolument persister dans leur corruption, et qu'ils n'ont pas honte de vouer aux poignards des assassins les écrivains courageux qui osent révéler à la société les secrets d'iniquité que les séditieux complotent dans leurs antres ténébreux ; mais j'aime mieux encourir leur haine que de partager leurs crimes, soit en les taisant, soit en les excusant. Dans un siècle pervers l'on se familiarise aisément avec le vice, et l'on s'aveugle bientôt sur ses propres défauts ; l'on critique et l'on censure avec joie la moindre imperfection que l'on découvre chez les autres : elle nous choque et nous irrite, tandis que nous demeurons très-tranquilles sur des vices graves et grossiers. Le commerce journalier que nous avons avec nos propres inclinations nous les déguise ; rien ne nous est nouveau en nous-mêmes, et tout est nouveau en autrui. Il se fait pour ainsi dire une espèce d'habitude entre notre raison et nos défauts, qui les fait subsister ensemble sans se faire la guerre ; mais il n'en est pas de même des défauts que notre raison découvre en autrui : elle les examine, les condamne et les poursuit sans ménagement, et elle laisse dans son propre empire mille désordres à réparer.

Cet aveuglement allant toujours croissant, l'on se vit forcé de créer des lois contre la malice des hommes, soit pour protéger les innocents, soit pour garantir les gens paisibles de la fureur des méchants, en infligeant des peines aux téméraires qui oseroient blâmer ou enfreindre ces institutions dictées par la sagesse. Pour punir avec plus de justice les transgresseurs de la loi, l'on établit une progression de peines proportionnées à l'énormité du crime commis ; ainsi ceux qui violent la loi ne peuvent s'en prendre qu'à eux-mêmes quand on leur applique les châtiments que la loi prononce contre ses transgresseurs. Mais les vicieux ont toujours quelques nouveaux prétextes ou quelques nouveaux défauts qui leur font omettre leurs principaux devoirs. Comme ils ne se plaisent qu'à satisfaire les plus infames passions, ils vivent habituellement dans l'adultère, la fornication, l'impureté, l'impudicité et la dissolution ; ils

n'aiment que l'impiété , les inimitiés , les dissentions ,
les jalousies, les animosités, les querelles, les divisions,
les envies, les empoisonnements et les meurtres , ou
autres semblables débauches et crimes. Les fidèles observateurs de la loi produisent des fruits bien différents : ils aiment l'ordre, la paix et la tranquillité; ils
croissent de plus en plus en vertus , ils sont amis de la
vérité et de tout ce qui peut contribuer au bien général.
Leur conduite est entièrement opposée à celle des méchants ; ainsi , il est facile de les reconnoître les uns
et les autres par leurs œuvres ; elles rendent suffisamment témoignage de l'observance ou de la transgression
de la loi. La vraie sagesse se fait honneur de la pratiquer avec joie, et l'impiété se glorifie de l'enfreindre
avec audace ; les méchants, en fermant l'oreille à la vérité, courent à leur perte , et ils cherchent encore à entraîner les autres dans leurs désordres et dans leur ruine.
Nous sommes si portés pour les grandeurs et les richesses,
ainsi que pour tout ce qui flatte notre amour-propre ou
qui peut contenter nos sensualités, que nous nous laissons volontiers séduire par les promesses fallacieuses
des mondains; nous mettons avec plaisir tout en usage,
soit pour nous élever , soit pour nous enrichir, soit
pour satisfaire notre concupiscence. Cependant la véritable amitié ne peut rien taire : l'on doit prendre en bonne
part tout ce qui vient d'elle ; elle ne peut souffrir de
déguisement, elle nous apprend que la vérité ne peut
s'allier avec le mensonge , ni la vertu avec le vice. Si
nous avions plus de foi et plus d'ardeur pour la vérité,
nous préférerions le dernier rang au premier, l'humilité et la pauvreté de Jésus-Christ au plus précieux trésor, et ses souffrances aux délices des mondains. Si
nous considérions avec attention les afflictions, les dangers , les soins, les jalousies, les travaux et les amertu-
mes que traînent toujours à leur suite les charges hono-

rables, les dignités et les plaisirs mondains, nous ne nous laisserions pas si aisément séduire par les charmes et les douceurs apparentes avec lesquelles ils se présentent à nous. Si le monde nous flatte, c'est pour mieux nous tromper; il ne nous élève que pour nous précipiter, et il ne nous réjouit que pour nous affliger. S'il donne par fois quelques biens, il n'oublie jamais de les assaisonner de fiel et de douleur. Ainsi, quiconque se laisse éblouir par ses jouissances trompeuses est certain d'en éprouver l'amertume et d'en ressentir toutes les rigueurs; mais quand la fureur a le pouvoir en mains, elle ne laisse plus de discernement à la raison, et quand la malice avec l'impiété règnent dans une ame, elle n'a point de limite ni de médiocrité. Comme un torrent débordé, elle porte tout à l'excès; les plus grands forfaits lui paroissent légitimes, dès qu'ils peuvent la conduire à ses fins désastreuses : ni l'horreur des supplices, ni l'infamie attachée aux grands criminels ne peuvent empêcher ces furies conspiratrices de charger d'imprécations et d'injures les hommes paisibles et vertueux, pour les perdre sans ressource et même les effacer de la terre des vivants. Ces déhontés intrigants ont la frénésie de tourner toute leur fureur et leur rage contre les personnes fidèles à leurs devoirs envers leur prince et leur Dieu; le bandeau que les conspirateurs ont sur les yeux les aveugle tellement qu'ils ne rougissent pas de noircir et d'accuser de divers crimes supposés les plus intrépides défenseurs de l'autel et du trône. Le soleil de justice et de vérité n'est pour les séditieux que ténèbres et erreurs; ils canonisent de courage et de vertus les plus monstrueuses iniquités. Plus les personnes sont élevées en dignité; plus elles ont de lustre et d'éclat, plus aussi elles peuvent opérer de bien, plus elles sont dignes par conséquent des vociférations des méchants, plus aussi les rebelles s'attachent à les obscurcir par les

nuages de leurs calomnies, plus ils font d'efforts et plus
ils réunissent de forces pour conspirer contre eux : pour
mieux déchirer, dévorer et mettre en pièces les gens de
bien qu'ils veulent perdre : ils les enveloppent comme
des lions et des tigres furieux ; ils ne se donnent aucun
relâche qu'ils ne les aient entraînés dans leurs pièges et
qu'ils ne les aient précipités dans une ruine inévitable.
Les conspirateurs sont semblables aux flammes dévorantes
d'un incendie, qui ne cessent de brûler que lorsqu'elles
ont tout réduit en cendres. Point de vertu si criminelle
à leur égard que la clémence. Le silence dans un danger
si imminent est ordinairement le prétexte de ceux qui ne
sont pas sages ; toute vertu, comme toute gloire, ne
peut s'acquérir que par quelques sacrifices. S'il est honorable de récompenser les sujets fidèles à l'honneur et à
leurs devoirs, il ne l'est pas moins de réprimer les vices
et de châtier les grands coupables ; s'il est déjà certain
que, plus un forfait compromet de personnes, plus elles
ont lieu d'espérer que le crime demeurera impuni, parce
que, plus il y a d'adhérents dans un meurtre, plus il y a
de personnes qui travaillent soit à le dénaturer, soit à
l'ensevelir dans un éternel oubli ; cependant un crime
n'est grave que par les circonstances qui l'ont précédé,
celles qui l'ont accompagné, ou par les suites consé-
quentes qu'il entraîne. Quand toutes ces circonstances se
trouvent réunies, comme chez les séditieux, le crime alors
demande plus de vigilance et de sévérité ; ses effets étant
plus terribles, puisqu'ils tendent à troubler la sécurité
publique, il doit par conséquent être réprimé et puni
plus sévèrement, puisqu'il a des suites plus funestes et
qu'il a été commis avec réflexion. La peine doit toujours être proportionnée à l'offense ; plus la personne
offensée est élevée en dignité, plus l'offense est grave,
plus par conséquent le châtiment doit être effrayant et
terrible, et sans aucun ménagement.

La vertu ne couronne que les véritables héros, comme elle n'accorde de mérite et de gloire qu'aux magistrats qui remplissent ponctuellement tous les devoirs de leur charge. S'il leur est avantageux de les connoître , il ne leur est pas moins de les remplir , puisqu'ils ne peuvent omettre leurs obligations sans grand danger pour la société , ni sans compromettre la sécurité du monarque, la sûreté de leurs concitoyens et la félicité publique. S'il est utile aux magistrats d'ignorer ce que l'on ne peut savoir sans danger, il n'est pas moins utile qu'ils mettent tous leurs soins à réprimer et à punir les conspirateurs qui sont les plus dangereux ennemis d'un état. Les sociétés secrètes, qui n'avoient été établies dans le principe que dans des vues de bienfaisance, sont devenues tout à coup des foyers de révolte et de conspiration. La société des bons-cousins-charbonniers est la seule qui ne se soit pas portée à la rebellion : dans son origine, elle était plutôt avantageuse à l'état et à la religion , que nuisible à la société ; mais les méchants ont le talent de tout corrompre ; déjà divers changements ont été faits à l'institution première des charbonniers , et toujours au préjudice du trône et de l'autel. Cependant , pour rendre justice à cette secte , elle a su jusqu'ici, au milieu des écueils et des orages de la révolution, se garantir des désordres et des grands crimes. Les autres membres des diverses sociétés secrètes ne considéroient qu'avec dédain et n'envisageoient qu'avec mépris la classe d'hommes simples , laborieux et religieux, dont est composée la société des bons-cousins-charbonniers ; ils ne les regardoient que comme des idiots ou des ignorants, parce qu'ils se sont constamment refusés de partager les iniquités qu'ont enfantées les franc-maçons et les illuminés réunis, et qu'ils cherchent à renouveler aujourd'hui , sous la dénomination de *carbonari*. Cette secte vraiment infernale est déjà établie en Italie, dans le royaume de Naples et en Espagne , et elle exerce

de terribles ravages dans les empires où elle peut dominer. Le lecteur sera facilement convaincu que les carbonari sont les pères des cendres et des ruines, ainsi que
de l'impiété. Le mot italien *carbonari* signifie en français
charbonniers; mais les carbonari ne sont nullement bons-
cousins, tandis que ceux-ci se glorifient d'un si doux
titre. Les carbonari ont bien emprunté des charbonniers
le nom et le code qu'ils interprètent d'une manière bien
différente des bons-cousins, et ils le destinent à un usage
bien plus criminel et bien plus profane; mais hélas!
comme une félicité apparente est une double misère,
la sainteté feinte des carbonari est aussi une double impiété. Les meneurs des franc-maçons et des illuminés
se glorifient déjà de s'être rangés sous les drapeaux des
carbonari; ils veulent partager avec eux les cendres et
les forfaits qu'ils complotent. Tous ensemble travaillent
à présent avec ardeur à attirer dans leur parti la nombreuse société des bons-cousins, qu'ils cherchent à séduire par artifice, et à corrompre par leurs maximes pernicieuses et impies; par la perfidie des meneurs et les
intrigues des séditieux, la secte des bons-cousins, qui
n'avoit été créée que pour le bien de la société et pour
l'avantage de la religion, court aujourd'hui la chance de
devenir une source impure de désordres, de crimes et
d'impiétés, si elle se laisse influencer par les carbonari,
comme les franc-maçons se sont laissé dominer par les
illuminés. Par les abus que les méchants font aujourd'hui
des plus sages institutions, et par les sarcasmes impies et
ridicules dont ils assaisonnent les choses les plus simples et les plus saintes, dans leurs sombres cavernes, les
bons-cousins seroient tout à coup changés en rebelles et
en conspirateurs. S'ils correspondoient aux desseins criminels de ces vils intrigants, c'en seroit fait de leurs vues
de charité et de bienfaisance; ils recevroient le joug des
carbonari, ils ne seroient plus que des rebelles et des

*

impies. Dieu a tout créé, et les carbonari voudroient réduire tout en cendres. Les conspirateurs ne peuvent souffrir dans les autres le bien qu'ils n'ont pas le courage de faire eux-mêmes; ils voudroient pouvoir détruire l'univers, et associer à leurs crimes tout ce qui existe. Ceux qui veulent sincèrement le bien n'ont pas besoin de déguisement pour l'opérer : ils sont certains d'être applaudis en le faisant avec simplicité. On manque plutôt de volonté que d'occasions, pour exercer la charité; on peut facilement pratiquer cette vertu sans l'aide des sociétés secrètes. Nous verrons même, par la suite, qu'on ne met en avant dans les repaires ténébreux les mots : *charité* et *bienfaisance*, que pour séduire et tromper la multitude, et qu'ils ne sont plus aujourd'hui qu'un vain prétexte pour cacher le mal qu'on y médite. Les sectaires ne s'en servent que comme d'un manteau, pour couvrir leurs projets abominables. Si la société des bons-cousins-charbonniers s'est maintenue jusqu'ici sans corruption, les conspirateurs dirigent aujourd'hui tous leurs efforts pour associer aux nouveaux forfaits qu'ils complotent, la classe simple et laborieuse des bons-cousins; ils cherchent à faire servir à leurs iniquités la masse imposante des charbonniers. Ainsi, par les manœuvres actuelles des carbonari, la société même des bons-cousins-charbonniers ne peut plus aujourd'hui exister sans danger pour la sécurité publique; à plus forte raison les sectes des franc-maçons, des illuminés et des carbonari, qui ne sont occupées qu'à méditer des cendres et des ruines. Pour mieux persuader au lecteur combien toutes les sociétés secrètes sont actuellement contraires au bien public, et combien elles sont funestes à la religion et à la société, nous allons rappeler à nos lecteurs ce qui se passe dans chaque société secrète, les instructions que l'on donne aux élèves dans chaque grade, les serments que l'on exige des adeptes, et les diverses épreuves qu'on leur fait subir pour les amener insensiblement à la connoissance des hauts mystères de chaque secte. Pour ne laisser aucun doute aux plus obstinés, nous démontrerons doublement le danger des sociétés secrètes, par le raisonnement et par les fruits amers qu'ils ont déjà produits dans les divers royaumes où ils ont exercé leur influence; mais si la raison et l'expérience condamnent les sectaires au silence, je ne vois pas qu'ils puissent avoir lieu de tirer vanité d'être membres des sociétés secrètes, ni que les magistrats puissent les tolérer ou les ménager, sans manquer à l'honneur et sans trahir leurs devoirs. Enfin, pour mieux appuyer notre jugement, entrons en matière; les faits et les écrits des sectaires parleront encore plus éloquemment que nous. C'est à l'ouvrage que l'on reconnoît l'ouvrier. Aussi nous allons commencer par les travaux des meneurs des sociétés secrètes: ils en sont les régulateurs et les maîtres; et nous verrons avec quel zèle et quelle ardeur ils travaillent à graver dans le cœur de leurs adeptes les maximes empoisonnées dont ils sont eux-mêmes imbus.

Nous nous sommes plus attachés à éclairer les peuples sur les écueils et les dangers des sociétés secrètes, qu'à la pureté et à l'élégance du style.

INVOCATION.

Venez, *Esprit saint, Esprit consolateur, bannir de nos cœurs la rouille des vices; venez faire naitre dans nos ames la contrition et la douleur; que nos cœurs se nourrissent de gémissements et de sanglots; que nos yeux soient inondés de larmes, pour pleurer dignement nos infidélités, nos ingratitudes et nos impiétés. Il est au pouvoir de votre miséricorde de briser nos liens; nous gémissons sur la corruption de nos cœurs, et nous attendons de vous seul la délivrance de cette triste servitude, et comme la rédemption de nos corps. Ne permettez pas que nos peines vous offensent et nous perdent, mais faites qu'elles nous sanctifient et nous sauvent. Faites-nous la grâce de savoir ce qu'il faut que nous sachions, d'aimer ce que nous devons aimer, de louer ce qui vous est le plus agréable, d'estimer ce qui nous paroît précieux, de blamer ce que vous regardez avec dégoût, et de rechercher toujours et sur toutes choses la diposition de votre volonté sainte. Vous savez ce qui convient à notre avancement; mais nous ne pouvons obtenir sans vous notre réconciliation que nous désirons. Venez, Esprit saint, versez sur nous avec abondance tous vos dons; ils nous sont tous nécessaires pour terminer avec avantage le travail que nous avons entrepris. Donnez-nous le don d'intelligence; qu'il perfectionne notre entendement, et qu'il l'éclaire des rayons de sa divine lumière. Donnez-nous le don de science, pour chasser de nos cœurs l'ignorance et l'erreur, pour y faire régner la justice et la vérité, qui édifient et instruisent sans blesser la charité. Donnez-nous le don de sagesse, qui fait aimer et pratiquer la vertu. Donnez-nous l'estime et le goût des choses célestes, pour détacher nos cœurs des objets terrestres et périssables, et pour les élever vers les biens solides et permanents de l'éternité. Donnez-nous le don de conseil, pour* chasser de nos esprits l'imprudence, la précipitation, la négligence, le mensonge et l'erreur. Donnez-nous le don de piété, pour croître en vertus et en bonnes œuvres, pour perfectionner nos sages résolutions, et accomplir la volonté adorable du Créateur. Donnez-nous le don de force, pour surmonter notre lâcheté et notre timidité, ainsi que toutes les répugnances que nous éprouvons déjà par avance pour décrire les complots, les erreurs, les vices, les turpitudes, la perfidie, les contradictions, les absurdités et les iniquités des membres des diverses sociétés secrètes, des philosophes ou des esprits forts, des séditieux et des conspirateurs. Donnez-nous le don de la crainte de Dieu, pour nous empêcher de succomber à nos mauvais penchants, pour nous garantir du démon de l'orgueil, pour nous faire appréhender la rigueur de la justice divine et éviter tout ce qui déplaît au Seigneur. Donnez-nous cette crainte salutaire qui fait chercher et aimer Dieu, qui fait mépriser les railleries des libertins et des impies, ainsi que les sarcasmes des philosophes et les vociférations des séditieux et des petits maîtres; conduisez-nous par la main, comme des enfants, à la perfection chrétienne. Nous nous glorifions déjà de porter le nom de chrétiens; mais aidez-nous à joindre à ce glorieux titre une conduite vraiment chrétienne.

Esprit saint, descendez sur la terre, pour en chasser tous les vices, pour en dissiper toutes les ténèbres. Bannissez-en le démon de l'orgueil qui est la source principale de nos désordres et de nos déréglements; venez nous visiter, nous consoler et nous fortifier; venez éclairer de votre divin flambeau tous les mortels vos enfants; venez embraser tous les cœurs du feu sacré de votre divin amour; bannissez-en les désordres et les vices, pour y faire régner la paix, l'humilité et la pureté; dissipez les ténèbres qui nous égarent en nous cachant la laideur et la malice de nos infidélités et de nos ingratitudes.

Vous êtes, ô doux Jésus, notre divin législateur et notre divin maître; daignez vous-même nous instruire, nous apprendre votre saint évan-

gile, et nous faire connoître vos volontés adorables;
mais daignez nous éclairer pour nous aider à les accomplir. Aimable rédempteur, vous êtes la lumière
et la vérité; détrompez-nous de nos illusions. Jusqu'ici
nous nous sommes laissés aller à l'erreur et au mensonge; nous nous sommes laissé entraîner par nos
premiers mouvements déréglés, nous avons suivi
l'impulsion de l'impie philosophie et des conspirateurs; nous avons vécu dans l'ignorance et dans un
honteux oubli de Dieu; nous nous sommes attachés
au prince des ténèbres; nous avons été dupes de ses
perfidies et victimes de sa sélératesse.

Venez, ô maître du ciel, venez, ô précepteur des
nations, venez nous apprendre la voie de la vérité et la science du salut, qui est la seule qu'il nous
importe de savoir, mais que nous avons méconnue
pour donner la préférence à l'impiété.

Heureux, Seigneur, ceux que vous daignez instruire pour leur communiquer votre loi sainte; mais
plus heureux encore ceux qui se rendent dociles à
vos impressions salutaires, et qui sont fidèles à les
suivre. Miséricordieux Jésus, faites-nous la grâce
de nous faire connoître les desseins que vous avez
sur nous; ayez la bonté de nous donner le courage et la force pour les accomplir. Nos déréglements nous ont rendus orphelins; mais vous êtes
le plus tendre des pères, et les orphelins furent
toujours chers à votre cœur. De nous-mêmes nous
ne pouvons suivre que la voie de l'iniquité et du
mensonge; nous désirons cependant celle de la justice et de la vérité; c'est Dieu même que nous cherchons, et nous nous adressons à vous, divin Sauveur, pour nous apprendre à le connoître, à l'aimer
et à l'adorer.

Maître divin, vous renfermez tous les trésors
de la sagesse et de l'amour de Dieu; vous êtes la
véritable source de toutes les lumières du ciel et de
la terre; vous êtes cette lampe ardente qui ne s'éteint
jamais. Répandez sur ce peuple égaré, qui cherche à se réconcilier avec vous, un foible rayon
de cette divine lumière, et nous serons assez éclairés, assez instruits, assez savants et assez courageux, pour nous élever à la perfection chrétienne.

*Embrasez nos ames de votre saint amour; con-
sumez-les de votre feu céleste qui pénètre les cœurs.
Celui qui ne puise pas à votre source, ne peut être
que plongé dans l'ignorance et l'erreur; mais celui
qui peut puiser à votre fontaine sacrée qui jaillit
jusqu'à la vie éternelle, est toujours dans la vérité
et dans la voie du salut. Vous enseignez avec une
pleine puissance; en vous seul est renfermée la
plénitude de la science et de la perfection chrétienne. Oh! que votre présence est agréable; que
votre entretien est précieux; que l'on est promple-
ment savant à votre école, quand vous avez la
bonté d'enseigner! Vous êtes la sagesse incréée,
vous êtes le maître des maîtres, des lumières et
de la vérité; vous donnez des cœurs dociles pour
recevoir avec respect votre doctrine; vous donnez
l'intelligence pour la comprendre; donnez-nous
encore, nous vous en supplions, la sagesse pour
nous la faire goûter, aimer et pratiquer. Envoyez
votre Esprit consolateur pour la graver profondément dans nos cœurs. Seigneur, vous avez toujours aimé les enfants : apprenez à ceux qui
sont chargés de leur conduite, comment ils doivent
les instruire pour les élever jusqu'à vous, afin
que ces tendres cœurs puissent vous connoître, vous
aimer et vous servir en esprit et en vérité. Garan-
tissez ces foibles rejetons de l'orage et de la tempête du siècle, ainsi que des piéges d'un monde cor-
rupteur ou de l'impie philosophie. Il faut, nous dites-
vous avec bonté, aimable Jésus, tout quitter et
me suivre; il faut renoncer à vos aises et à vos
anciennes erreurs, vous en humilier et en avoir une
sincère douleur; car autrement vous ne compren-
drez rien à mes instructions et à mes paroles;
nous y renonçons, Seigneur, et nous détestons
de tout notre cœur nos anciens égarements; si
notre douleur n'est pas assez vive, formez-la vous-
même en nous; nous sommes résolus de ne jamais
suivre d'autre doctrine que la vôtre. Vous nous
dites encore, bonté divine et suprême, de méditer chaque jour sur tout ce que vous avez souf-
fert pour notre rédemption, et d'envisager votre
croix comme le livre mystérieux de notre salut;*

vous nous engagez également à nous nourrir souvent du pain eucharistique, pour nous fortifier dans nos bonnes résolutions. Cette nourriture céleste est la consolation des affligés, le soutien des foibles, l'appui des forts, et le centre des saintes ames; c'est un pain d'intelligence qui remplit des lumières de la plus haute sagesse ceux qui en mangent dignement ; c'est le véritable fruit de l'arbre de science, qui nous rend parfaitement savants. Témoignons notre empressement de goûter les douceurs de ce pain des anges, qui remplit des lumières célestes, en nous revêtant de la cuirasse d'une pénitence sincère. Disposons nos cœurs au repentir, par l'humilité; préparons-les, par la douleur et par un aveu sincère de nos offenses, à recevoir au plutôt ce sacrement auguste, qui peut seul nous purifier de toutes nos souillures: c'est la seule ressource qui nous reste pour fléchir la colère divine et pour rentrer en grâce avec Dieu.

A quoi nous sert d'être instruits au dehors, si nous ne sommes embrasés au dedans? Connoître Dieu sans l'aimer, est la plus dangereuse de toutes les illusions ; entendre la parole divine sans la pratiquer, c'est mener une conduite de payens et non de chrétiens; c'est même se rendre mille fois plus criminels que ceux qui ne sont pas instruits de notre sainte religion. Mais parlez, Seigneur, vos serviteurs écoutent ; parlez à nos cœurs, vous pouvez seul nous instruire parfaitement ; éclairez-nous au dedans ; donnez l'intelligence et la pratique, afin que nous goûtions combien le joug du Seigneur est léger et doux; rendez nos cœurs sensibles aux paroles de votre bouche ; qu'elles distillent dans nos ames comme une rosée céleste, pour nous faire porter de dignes fruits de pénitence et pour nous rendre féconds en bonnes œuvres. Vos prophètes et vos ministres nous touchent peu, Seigneur, sans votre grâce ; elle seule donne la fécondité à nos ames, elle seule fait pratiquer votre sainte loi ; parlez, mon doux Jésus, car vous avez les paroles de la vie éternelle. Ce que les autres nous disent est beau, ils font entendre de bonnes paroles; mais ils ne donnent ni l'esprit, ni l'intelligence, ni la pratique;

vous seul, divin législateur, échauffez les cœurs et
répandez la consolation dans nos ames, en leur faisant pratiquer ce que vous avez eu la bonté de leur
enseigner. Charitable Sauveur, parlez aux cœurs
de vos serviteurs, déjà attendris et repentants ; agis-
sez en nous, et consommez l'ouvrage de notre salut ;
faites triompher votre doctrine, pour l'honneur et la
gloire éternelle de votre saint nom.

Arbitre souverain de l'univers, la perfection de
votre doctrine surpasse infiniment toutes les autres
doctrines par sa noblesse, parce qu'elle est céleste et
divine; par sa certitude, parce qu'elle est infaillible;
par son étendue, parce qu'elle comprend toutes
choses; par son utilité, parce qu'elle rend heureux
tous ceux qui l'écoutent avec attention; par sa pratique, parce qu'on ne peut avoir part à la vie éternelle sans elle; enfin par sa nécessité, parce qu'on
ne peut l'ignorer ni la mépriser sans se perdre pour
toujours.

Arrêtons-nous ici un moment, et faisons réflexion
sur le besoin que nous avions de l'Homme-Dieu, et
combien son avénement nous étoit nécessaire à tous.
La visite de ce maître venu du ciel a été d'autant
plus précieuse aux hommes, pour les instruire de sa
doctrine, que la plupart étoient ensevelis dans les
ténèbres de l'idolâtrie; tous étoient comme des enfants qui ne peuvent pas distinguer entre le bien et
le mal, et qui suivent le torrent de leurs vices.

Jésus-Christ ne s'est pas contenté de nous enseigner de sa propre bouche ce que nous devions aimer
et pratiquer, mais il s'est encore rendu notre glorieux
modèle dans toutes les vertus chrétiennes qu'il a pra-
tiquées lui-même dans toute leur perfection. Nous
étions pires que des brutes; nous errions au gré de
nos passions qui nous plongeoient dans toutes sortes
d'excès et de désordres ; nous étions plus à plaindre
et plus insensibles que les animaux mêmes, car nous
nous abandonnions aux vices les plus grossiers. Nous
n'étions occupés qu'à outrager le créateur à qui nous
sommes redevables de tout ce que nous possédons.
Un animal étoit notre maître et notre juge. Une bête
s'arrête quand elle voit le précipice ; elle recule au

*bord de l'abîme ; et nous nous y jetions en le voyant;
nous folâtrions au bord du labyrinthe, et nous nous
y précipitions en riant. Admirons au moins la bonté
avec laquelle notre divin Sauveur a daigné s'abais-
ser pour nous communiquer les secrets de sa sagesse.
Les autres maîtres se font payer des soins qu'ils prennent pour instruire leurs élèves; mais l'aimable Jésus
non-seulement instruit et encourage ses disciples,
mais il donne encore tous ses biens pour récompenser
la fidélité de ceux qui pratiquent sa loi sainte. Oh!
Seigneur, que votre bonté est admirable, que votre
charité est ineffable. Vous êtes vraiment le pasteur
des pasteurs; que nous sommes heureux d'avoir un
aussi bon maître que vous ; quel respect, quelle vénération ne devons-nous pas avoir pour votre saint
nom. Aimable Jésus, peut-on vous connoître sans
vous aimer, et vous aimer sans vous adorer. Puisque l'Homme-Dieu est si miséricordieux, qu'il nous
a rachetés par son précieux sang, ne devons-nous pas
lui témoigner amour pour amour ; puisque sa doctrine est si excellente, ne devons-nous pas l'apprécier;
puisqu'elle est si nécessaire, ne devons-nous pas faire
tous nos efforts pour l'apprendre ; puisqu'elle est
si avantageuse, pouvons-nous négliger de la mettre
en pratique. Vous nous dites, adorable rédempteur,
que le fils ne portera point l'iniquité du père, ni le
père celle du fils ; mais aujourd'hui le père et le fils
sont dans la douleur et dans la confusion; l'un et
l'autre ont préféré le péché et la peine du péché à
leurs devoirs et à leur Dieu; si la pureté du juste
fait sa gloire et son mérite, l'iniquité de l'impie
fait aussi son tourment. Seigneur miséricordieux,
ayez compassion de nous, ne permettez pas que
nous soyons privés plus long-temps de votre parole,
de votre doctrine et de votre Église. Le défaut de ministres nous a déjà précipités dans l'abîme de l'ignorance. Nous avons persécuté les fidèles défenseurs de
la foi; nous avons spolié et détruit les maisons religieuses, qui étoient autrefois de saints asiles où
se cachoient ceux qui se consacroient à Dieu pour
éviter la corruption du siècle. Nous avouons que
nous sommes grandement coupables, et que nous nous
sommes attiré le courroux du ciel par nos pé-*

chés multipliés : car quels crimes plus horribles que ceux dont nous avons été les tristes témoins ? Vous nous dites encore, admirable législateur, que vous ne voulez pas la mort du pécheur, mais qu'il se convertisse et qu'il vive, et que tous ceux qui mettront leur confiance en vous, ne tomberont point dans la confusion. Maintenant, Seigneur, nous désirons vous suivre de tout notre cœur ; nous recherchons avec ardeur votre doctrine et votre visage adorable : ne nous laissez pas dans la confusion ; traitez-nous selon votre douceur et selon la multitude de vos miséricordes infinies ; faites éclater vos merveilles, pour nous retirer du labyrinthe où nous sommes réduits ; donnez gloire à votre saint nom ; que tous ceux qui font souffrir des maux à vos serviteurs fidèles soient confondus par votre toute-puissance ; que leur force soit réduite en poudre, et qu'ils sachent enfin que vous êtes le seul seigneur et le seul maître de toute la terre ; qu'ils soient aujourd'hui humiliés dans tout l'univers, à cause de leur dureté.

Vos paroles, Seigneur Jésus, sont esprit et vie ; elles sont pleines de douceur ; elles passent infiniment la science de tous les savants du siècle ; elles sont au-dessus des connoissances des philosophes et des sages du monde. Heureux, Seigneur, celui à qui vous communiquez votre loi sainte, afin que vous adoucissiez pour lui les mauvais jours, et qu'il ne demeure pas désolé sur la terre ; mais aussi malheur à celui qui reçoit votre parole et qui la méprise : il l'aura pour juge au dernier jour.

Vous êtes, charitable Jésus, seul bon, seul juste et seul saint ; vous pouvez tout, vous remplissez tout, et vous donnez tout. Il n'y a que le pécheur que vous laissez dans la sécheresse et dans la stérilité. Souvenez-vous de vos miséricordes, oubliez nos égarements, ne détournez point votre visage de dessus nous, ne différez point de nous visiter, consolez nos ames affligées, afin qu'elles cessent d'être une terre étrangère à la vertu ; elles sont le prix de votre précieux sang, apprenez leur à marcher dans la voie de vos commandements, et à faire

en tout votre volonté sainte ; changez l'objet et
l'inclination de nos cœurs , qu'ils aient désormais
autant d'ardeur à vous plaire qu'ils ont eu d'empressement à servir le monde ; donnez-nous cet
amour pur, tendre et ardent pour vous , qui nous
fasse réparer promptement nos vivacités , nos in-
constances, notre lâcheté , nos infidélités, nos ingratitudes et nos impiétés.

Venez , amour, sagesse, lumière , vérité divine ;
nous n'avons d'autres désirs que de vous connoître pour vous aimer et pour mériter de vous posséder. Nous vous désirons avec une ardeur extrême ; nous vous promettons que nous écouterons
votre parole avec joie, que votre doctrine sera reçue
avec respect, qu'elle sera fidèlement suivie.

Adorable maître , quelle grâce et quel honneur,
quel bonheur incompréhensible vous avez déjà daigné nous faire ; vous avez quitté votre séjour glorieux pour vous revêtir de notre mortalité , afin
de nous éclairer, de nous instruire, et d'expier nos
crimes. O divine, ô suprême bonté, vous nous avez
encore laissé votre précieux corps et votre précieux
sang, pour servir de nourriture à nos ames. O
amour ! ô excès d'amour ! ô amour d'un Dieu !
comment pourrons-nous vous en témoigner notre
juste reconnoissance ? Aimable rédempteur et législateur , nous vous faisons en ce jour mille protestations d'amour, de respect et d'obéissance ; nous
ne voudrions pas violer nos promesses , ni vous faire
de nouveaux outrages. O divin Jésus ! à présent que
nous vous connoissons , nous vous aimons , et nous
allons commencer à vous servir et à vous adorer :
soyez notre étoile, notre guide ; daignez conduire
tous nos pas, de peur que nous ne retombions et
que nous ne nous égarions ; assistez-nous de votre
grâce, afin que nous nous rappelions sans cesse la
grandeur et la bonté de notre maître, ainsi que
la miséricorde infinie de notre divin père. Nous
sommes chrétiens ; à la foi d'un chrétien , nous désirons joindre les œuvres d'un chrétien. Nous avons
Dieu pour père , nous désirons vivre d'une manière
conforme à notre naissance ; nous désirons régler

notre conduite sur celle de notre glorieux modèle ;
nous désirons mener une vie toute divine et faire
les œuvres de notre père céleste. Le ciel est notre véritable patrie ; on ne peut l'obtenir que par violence ;
montrons donc, par les fruits d'une conversion sincère et persévérante, que nous sommes les enfants
de Dieu et les cohéritiers du Seigneur, si nous voulons avoir part aux récompenses promises et à l'immortalité glorieuse.

La gloire de Dieu, le salut des ames, la paix et
l'union des peuples, le triomphe de la religion et
la sécurité des monarques, sont les seuls motifs qui
m'ont fait entreprendre cet ouvrage.

ÉCUEILS ET DANGERS

DES

SOCIÉTÉS SECRÈTES.

CHAPITRE PREMIER.

Inquiétudes et travaux criminels des Chefs des Sociétés secrètes. — Les disciples ne sont pas coupables comme leurs maîtres.

Ceux qui prennent pour règle de leur conduite leurs infâmes passions, et qui passent leur vie dans toutes sortes d'excès et de déréglements, ne peuvent être excusables. Ceux qui, par artifice et tromperie, cherchent à séduire les autres et à les entraîner dans leurs crimes, pour mieux agiter et troubler l'Europe, et pour mieux dépouiller par la violence les hommes probes et paisibles, sont certainement bien coupables. Ceux qui ne sont occupés qu'à méditer des secousses violentes pour préparer la ruine des états et bouleverser les empires, sont assurément grandement méchants. Ceux qui sacrifient leurs bourses, leurs veilles et leurs peines à la destruction des trônes et des autels, sont évidemment criminels et impies. Ceux qui s'engagent par serment à fouler aux pieds l'humanité, la justice, la reconnoissance, toutes les douces et honnêtes affections qui lient les hommes entre eux, pour faire assaut de forfaits, de proscriptions et de renversements de toutes espèces d'autorités, sont sans contredit les plus dangereux ennemis de la société. Ceux enfin qui ne sont appliqués nuit et jour qu'à comploter contre leurs concitoyens, contre

leurs souverains et contre les ministres des cultes tout
ce que la cruauté des tyrans et des bourreaux est capable
d'inventer, pour propager leurs principes impies et dé-
vastateurs, afin d'étendre sur tout le globe un affreux
brigandage, méritent bien de la part des gouvernants
une surveillance active, pour faire rentrer dans le devoir des sectes si opposées à tout bien, et si portées aux
plus grands maux. Elles demandent même à être promptement réprimées et sévèrement punies. Toute clémence
à leur égard ne peut être que déplacée; elle ne peut
avoir que les conséquences les plus fâcheuses.

Dans les premières dignités, au centre de la société,
au milieu des villes capitales, et jusques dans les palais
des rois, il existe des sectaires connus sous les noms de
franc-maçons, d'*illuminés* et de *carbonari*, qui ont
pour but et unique espoir de renverser les empires, d'assassiner les rois, de détruire toute religion et tout culte,
de rompre tous les liens qui attachent les sujets aux monarques, et de briser tous les nœuds qui unissent les nations entre elles. Ces enragés ne voudroient faire de
l'Europe entière qu'un monceau de ruines et de cendres,
ou un vaste tombeau. L'on a douté long-temps qu'une
affiliation de pareils monstres pût se former et exister
sous un gouvernement légitime. Cependant, d'après des
preuves multipliées que les conspirateurs ont données
de leurs projets incendiaires, par les coups qu'ils ont
frappés, et les convulsions politiques qu'ils ont détermi-
nées, il n'est plus possible de douter de la réalité de leur
existence : l'on ne peut même révoquer en doute leur
audace et leur influence.

La France a gémi assez long-temps sous la cruelle tyrannie des séditieux. Oui, très-certainement, il s'est formé depuis plusieurs siècles une agrégation de conspirateurs sous diverses dénominations, qui, rapprochés
les uns des autres par une sorte de conformité d'opinion, de fureur, d'exaltation et d'impiété, cherchent
à saper les fondements de tous les trônes, en foulant
aux pieds toutes les lois, en renversant toutes les sages
institutions et en détruisant entièrement la religion
chrétienne. Ces hommes, enivrés d'une doctrine téné-
breuse, ont soin d'accompagner de longues et pénibles

épreuves, de mystères imposants et de vertus apparentes, les hauts secrets de la secte, qui ne sont qu'iniquité et impiété : ils se jurent, par des serments redoutables et exécrables, fidélité, appui, protection et fraternité, sous peine de mort. Dès-lors les adeptes se soumettent témérairement aux caprices et aux passions des
chefs de la secte auxquels ils ont juré une soumission
aveugle et sans bornes. On ne peut parvenir au plus haut
grade des sociétés secrètes que par de grands crimes,
soit en les conseillant, soit en les exécutant. Ainsi, les
premiers de cet assemblage monstrueux, loin de se
glorifier de leurs iniquités, ont tout lieu de s'en humilier. Ils soumettent à leur juridiction et aux poignards
de leur fureur et de leur vengeance les rois de l'Europe;
dans le silence de leurs assemblées secrètes, ils complotent le renversement des empires, ils préparent ces
grands événements qui sont suivis des désastres qui nous
désolent et qui entraînent la ruine des états. Ils voudroient tirer vanité de ce qui fait leur propre confusion;
ils se sont assez glorifiés des noirceurs et des cruautés
qui se sont commises impunément pendant tout le cours
de la révolution française. Les aveux des chefs des sociétés secrètes, pendant leurs triomphes, justifient suffisamment l'accusation des crimes que nous leur im-
putons; et certes, il est plus besoin de larmes que de
paroles pour exprimer notre douleur, pour déplorer la
ruine d'un peuple autrefois si nombreux, si religieux
et si fidèle à ses princes, mais qui s'est laissé séduire
par des conspirateurs. Nous nous bornons à traiter de
criminels les meneurs des sociétés secrètes, parce que
nous n'ignorons pas que les sectaires ne se rendent coupables qu'en jurant fidélité et obéissance à des chefs
inconnus que la plupart des membres détestent, dès
qu'ils ont connoissance de leur scélératesse. Les séditieux sont semblables à des frénétiques qui ne sentent
pas leur mal; ils se tournent et se retournent tantôt d'un
côté, tantôt d'un autre, pour opérer le mal qui les in-
quiète et les tourmente, et pour lequel ils s'épuisent
et travaillent continuellement. Les conspirateurs, pour
augmenter le nombre de leurs adeptes, emploient tour-
à-tour les caresses, les promesses et les menaces : tous
les moyens leur sont bons; ils mettent tout en usage pour

se recruter et se soutenir; ils accompagnent souvent d'effets terribles les serments exécrables qu'ilsexigent de leurs disciples, pour les instruire des hauts mystères de la secte. Ainsi quel bien peut-on raisonnablement espérer d'individus que toutes les passions, comme autant de furies, tourmentent et tyrannisent : un état aussi criminel ne peut qu'être malheureux; et ceux qui se donnent de tels maîtres se précipitent d'abîme en abîme. Des impies dévorés d'inquiétudes, enflammés par la cupidité, rongés de jalousie, transportés de haine et de fureur, ne cherchant partout qu'à dévorer, nepeuvent enfanter que des décombres et des ruines. Ainsi, malheur aux peuples qui se laissent envelopper par les filets des conspirateurs !

Ne nous abusons pas : tout état où il existe plusieurs maîtres est toujours chancelant. Il est plus avantageux aux sujets de n'avoir dans chaque empire qu'un seul chef. Les monarques sont établis pour gouverner et pour commander. Les souverains ne pouvant par eux-mêmes faire tout le bien qu'ils désirent, revêtent des magistrats d'une portion de leur autorité, pour les aider dans les travaux multipliés de la royauté : ils sont chargés de maintenir la paix et l'ordre établi, de faire exécuter les lois qui, seules, peuvent rendre heureux et le monarque et les sujets. Ainsi, la tranquillité et la sécurité des états sont spécialement confiées aux magistrats. Les souverains s'attachent plus spécialement à conserver l'union avec les autres monarques; ils veillent à ce que leurs peuples soient régis par des lois sages qui protègent la vertu et l'innocence, et qui punissent les audacieux qui osent les enfreindre, ainsi que les criminels qui les bravent et qui cherchent à se soustraire aux peines qu'elles prononcent contre eux. Mais c'est le devoir des magistrats de rechercher avec soin les grands coupables et de leur appliquer les châtiments que les lois prononcent contre les méchants. Dans tous les empires les magistrats sont les organes de la loi, et les sujets doivent les respecter et les considérer comme les instrumens de la loi. L'autorité ne peut se diviser : Le prince qui gouverne en est seul revêtu; il est le centre d'unité auquel doivent s'attacher et les magistrats et le peuple; tous doivent respect et obéissance au monarque qui les gouverne. Mais si les magistrats, au lieu de mettre les lois à exécution, les laissent enfreindre impunément, si le souverain, au lieu de commander, reçoit lui-même la loi, alors ceux qui sont faits pour obéir usurpent l'autorité, et l'état est perdu ainsi que le monarque, les magistrats et le peuple fidèles : le crime triomphe, la vertu est opprimée et avilie, et le désordre règne dans tout l'empire.

On ne peut se dissimuler aujourd'hui que les sociétés secrètes sont les ennemies mortelles de toute religion et de tout culte; elles sont donc impies et exécrables. Les sectaires sont encore les ennemis jurés de tous les potentats, ils sont donc contraires à l'ordre établi pour le bonheur des sujets, ils sont par conséquent opposés à tout ce qui peut assurer la paix et la félicité des peuples. Le pouvoir suprême ne pouvant se diviser, il faut donc de toute nécessité que les monarques et les magistrats qui en sont légitimement revêtus sachent conserver leur autorité et avec elle leur dignité, pour leur propre tranquillité et celle de leurs subordonnés. S'il est de toute nécessité pour le bien général qu'ils aient seuls le pouvoir suprême, il n'est pas moins indispensable que tous les membres des sociétés secrètes soient soumis aux lois établies pour le bonheur commun, et que les sectaires soient maîtrisés par les monarques, s'ils ne veulent s'attendre à recevoir eux-mêmes le joug des séditieux; et l'expérience nous a déjà assez convaincus qu'ils ne sont que des maîtres durs et impitoyables. Les plaies qu'ils nous ont faites sont assez récentes, puisque les mains des meneurs des sociétés secrètes sont encore teintes de sang ainsi que leurs habits, et que l'on trouve partout des ruines qui attestent la cruauté de ces féroces Vandales.

Il est toujours plus avantageux de commander à des ennemis barbares que d'attendre leurs coups et les effets toujours funestes de leur inhumanité. N'est-il pas plus glorieux de réprimer et châtier des sujets rebelles qui cherchent à renverser toutes les sages institutions et à détruire tout principe de justice, d'équité, de moralité que tous les souverains légitimes ont établis dans tous les empires pour le bien général, que de se laisser vaincre par ces furieux qui sont devenus des loups dévorans. Les crimes seuls unissent les membres des sociétés secrètes des franc-maçons, des illuminés, des carbonari; l'audace et le silence des magistrats font leur force, et l'iniquité est le travail et le partage de tous les sectaires. Les monarques les plus heureux et les plus sages, ainsi que les empires les plus florissants sont certainement ceux qui ont su se garantir du venin des sociétés secrètes et de leur doctrine contagieuse; mais hélas! par malheur pour l'humanité, il n'est plus d'empire où elles n'aient fait circuler leur poison. Il est vrai que dans quelques-uns, seulement, elles n'ont pu prendre racine; mais elles ont trouvé par-tout quelques amateurs de leur corruption : les filets des méchants sont toujours tendus; ils ne dorment jamais, ils sont toujours aux aguets et saisissent avec avidité toutes les circonstances qui se présentent et qu'ils croient favorables aux ruines qu'ils complotent.

Il est toujours plus sûr et plus prudent d'écraser des vipères que de les nourrir dans son sein : il est toujours plus avantageux de réduire les méchants dans l'impossibilité de nuire, que de les laisser méditer en secret, sous des noms différents, de nouveaux projets de bouleversement qu'un événement imprévu, mais majeur, tel que la mort d'un monarque puissant, peut faciliter et accélérer. Ces sectaires peuvent être comparés à un poison lent qu'il vaut mieux prévenir que d'attendre qu'on en ressente les tristes effets : il est toujours plus aisé, par de sages précautions, de se garantir contre un incendie, que d'en arrêter les progrès dans l'embrasement. Il ne peut y avoir de sécurité avec des furieux : il ne suffit pas de ne les pas appréhender soi-même; ceux qui sont revêtus de l'autorité sont encore obligés par devoir de les réprimer et de les punir.

Les conspirateurs se sont perdus par l'orgueil qui donne le coup de la mort, parce qu'il nous sépare de Dieu, du prince et de nos concitoyens : ainsi, c'est par la vanité que la malice règne dans le monde. L'obéissance et la soumission sont les véritables remèdes contre la superbe; car elles nous attachent à nos devoirs, elles nous aident à les remplir, tandis que l'orgueil nous les rend insupportables, et nous en éloigne. L'homme sage, l'homme de cœur ne songe qu'à remplir ses devoirs, pendant que le fanfaron ne travaille que pour mériter les applaudissements et les louanges d'hommes pervers et corrompus comme lui. Celui qui se croit supérieur aux autres en mérite et en talents, se rend insupportable et méprisable aux yeux du sage dont il se sépare par une folle vanité. Les conspirateurs ne vantent l'insubordination, que parce qu'ils affectent de ne reconnoître d'autre chef que celui qu'ils se sont choisi; tous visent à le devenir : ainsi, tous aspirent au pouvoir suprême qu'ils ne condamnent si ouvertement dans les autres, que parce qu'ils le jalousent et qu'ils espèrent follement le mériter et l'obtenir. Ils ne prêchent la désobéissance aux lois et aux souverains que dans l'espoir vain qu'ils ont eux-mêmes d'usurper une portion de l'autorité, et même le pouvoir suprême dans son entier; car ils ne mettent aucune borne, ni à leur ambition, ni à leur sot orgueil : tout en ne reconnoissant aucun supérieur, ils cherchent eux-mêmes à maîtriser l'univers, s'il leur étoit possible. Le seul nom de souverain leur est odieux et en horreur, et ils désireroient eux-mêmes commander à tout ce qui existe; ils menacent déjà par avance, dans leurs cavernes obscures, des peines les plus graves, ceux qui révéleroient ou qui n'exécuteroient pas leurs ordres sanguinaires et barbares. Fut-il jamais contradiction plus frappante? n'est-ce pas le comble de l'extravagance et de la folie?

L'indépendance, comme la perfection, est le partage de Dieu, et non celui des hommes : ainsi aucun mortel ne peut y atteindre.

Ceux qui nient la réalité des vertus sont forcés d'admettre des vices, comme ceux qui refusent de pratiquer les vertus sont obligés de s'abandonner à tous les crimes.

Cependant il n'est point d'homme vicieux qui ne puisse opérer quelques biens, comme il n'est point d'homme assez sage qui ne puisse commettre quelques fautes; des fautes légères sont toujours excusables : mais les grands crimes ne peuvent se pardonner, et les conspirateurs mettent tant de soins à les cacher, qu'il est difficile de les atteindre; mais les fruits amers qu'ils produisent sont des témoins irrécusables contre eux.

Pour qu'une chose soit regardée comme un bien par toute la société, il faut qu'elle tende à l'avantage de toute la société ; et pour qu'on la regarde comme un mal , il faut quelle tende à sa ruine. Voilà le grand caractère du bien et du mal moral. La piété morale n'a que le monde pour objet , tandis que la piété chrétienne rend à Dieu l'amour et l'hommage que chaque créature doit à son créateur et aux hommes, le tribut d'obéissance et de fidélité qui leur est dû ; elle consiste dans la pratique constante et affectueuse des devoirs de la religion envers Dieu , et les obligations de son état envers son souverain et envers ses concitoyens. Ainsi, c'est bien en vain que les sectaires se tourmentent pour chercher à allier le crime avec la vertu : ils ne font que multiplier les vices et diminuer les bonnes œuvres.

Toute religion qui favorisera la passion dominante d'un peuple est sûre d'être bien accueillie , comme toute secte qui protégera les inclinations des hommes sera reçue par la multitude avec plus d'empressement que celles qui les combattent. Nous sommes plus portés à croire et à pratiquer ce qui flatte nos goûts et nos mauvais penchants qu'à ce qui les contrarie. C'est pourquoi nous nous décidons si facilement pour le mal, qui ne nous flatte que pour nous mieux séduire, et si difficilement pour la vertu, que l'on ne peut acquérir et posséder qu'en se faisant violence. Voilà ce qui engage tant de personnes non coupables , à faire partie de la société des franc-maçons , dans les premiers grades seulement où l'on ne donne nulle connoissance des hauts mystères d'iniquités de la secte. Ces personnes trop crédules à la vérité , ne se font recevoir franc-maçons, que pour avoir plus d'occasions de se satisfaire ; elles regardent comme un jeu d'enfant et un amusement fabuleux tout ce qu'on leur débite de la secte. Ces personnes vraiment dupes, n'ont servi qu'à augmenter les forces de la franc-maçonnerie et à lui donner plus de consistance. Le sage, l'honnête homme abandonne tout vain raisonnement ; il se livre aux mouvements de son cœur qui le portent à rendre à la divinité le tribut d'adoration et d'amour que nous lui devons ; mais ceux qui veulent contenter leur curiosité et leurs penchants cherchent des prétextes pour excuser leurs dérèglements , et il les trouvent dans les principes qui se manifestent dans les premiers grades mêmes des sociétés secrètes. L'on s'y abandonne avec joie à l'oisiveté, à la bonne chère et à la sensualité, pour préparer les élèves par degré à la destruction de toute religion, de tout principe de morale et de subordination. L'on y rehausse les avantages de la secte par de flatteuses espérances et des promesses chimériques qu'il n'est pas au pouvoir des chefs de réaliser. Les meneurs s'efforcent d'enflammer les cœurs de leurs disciples en leur répétant sans cesse qu'il faut tout oser. Ils leur assurent que la société est si nombreuse qu'elle est toute puissante, et que leurs mauvaises actions seront cachées et sans recherche; dans cet espoir, plusieurs se livrent gaiment à leurs vices; bientôt après ils ne rougissent plus de s'abandonner à toutes sortes d'excès et de crimes.

Les meneurs des sociétés secrètes jugèrent favorable à leurs détestables complots, la convocation des états-généraux en France. Ils préparèrent tous leurs infames matériaux pour les mettre au jour à cette époque si fatale aux gens de bien. Les succès que les méchants obtinrent alors donnèrent un accroissement effroyable aux sociétés secrètes; et si les Souverains, enfin éclairés sur leur propre intérêt et sur celui des peuples, ne se fussent réunis et n'eussent enfin pris des mesures vigoureuses pour arrêter la fureur et la frénésie des chefs qui menaçoient déjà tous les trônes, il est à croire que l'Europe, cette belle protion du globe, ne seroit plus aujourd'hui qu'un séjour d'horreur, un vaste tombeau, et un monument de destruction générale. Les chefs des diverses sociétés secrètes n'ont qu'un seul but qui est de tout bouleverser pour établir le règne de l'oppression et de l'impiété: ainsi ils ne forment plus aujourd'hui qu'une seule et même compagnie de rebelles, d'assassins et de destructeurs des empires.

Si l'on à lieu de s'étonner d'une si nombreuse association, l'on a bien plus sujet de s'affliger de ses progrès, de sa durée, de son audace et de son impunité. Fut-il jamais en effet société plus contraire à la sureté publique et à la sécurité des monarques; et fut-il jamais circonstance plus impérieuse pour que tout les potentats, par des lois sévères, fassent rechercher tous ensemble, chacun dans leur empire, ces grands criminels, et qu'ils les châtient exemplairement. S'il est important de ne point quitter le gouvernail d'un navire pendant la tempête, il n'est pas moins avantageux aux monarques, aux magistrats et aux citoyens paisibles, dans des temps fâcheux, d'user de rigueur et de sévérité envers des conspirateurs. Il n'est pas moins glorieux à des juges de prononcer un juste jugement contre des coupables, qu'il n'est honteux et humiliant de céder aux larmes, aux prières, aux sollicitations et aux excuses des criminels. Jusqu'ici les séditieux n'ont dû leurs succès qu'à la foiblesse et à l'insouciance des magistrats ; et ceux qui se laissent intimider par leurs vociférations, ou vaincre par leurs menaces, se rendent indignes des honorables fonctions de magistrats et de juges.

Ne nous abusons plus, il est temps d'agir si l'on veut garantir l'Europe d'un embrasement général. Déjà la société des franc-maçons est étendue par-tout ; à la vérité, si elle est la plus nombreuse, elle est la moins portée au mal : ses chefs seuls sont coupables. Celle des illuminés est principalement connue en Allemagne et dans les cours du nord : elle est beaucoup plus pernicieuse que celle des franc-maçons. Celle des bons-cousins-charbonniers n'est nullement dangereuse par elle-même : mais elle pourroit devenir funeste si elle se laissoit influencer par les autres sociétés secrètes. La secte des carbonari, n'étant composée que des chefs des autres sociétés secrètes, est entièrement criminelle. Ils ont fait une véritable amalgame de meurtres et de ruines fondus ensemble, c'est-à-dire qu'ils ont réuni tout ce qu'il y avoit de plus impie et de plus cruel dans le code de toutes les sociétés secrètes, qu'ils en ont formé un code dont ils ont fait un assemblage monstrueux qui sert de base et de principe aux carbonari. Ainsi ne nous étonnons plus si cette secte exécrable n'est formée que de ce qu'il y a de plus impie et de plus incendiaire dans tout le globe. Les différents détails dans lesquels nous entrerons par la suite, convaincront encore plus aisément le lecteur de tout ce que nous avons avancé contre les diverses sociétés secrètes. Les carbonari, visant directement à la ruine des empires, n'ont voulu se recruter que parmi les sectaires dont les principes incendiaires leur sont bien connus : aussi ils se sont assujettis à moins d'épreuves humiliantes, et vont directement à leur but. Leur pro-

mier grade, après celui d'apprentif et de maître que chacun de leurs membres possède déjà , est de s'obliger de
faire du charbon et des cendres de tout se qui n'adop-
teroit pas leurs vues criminelles. Ainsi les ruines et les
incendies que nous éprouvons aujourd'hui dans les diverses parties de l'Europe, ne sont que les hauts faits des
carbonari. Cette société infernale est déjà très-nom-
breuse en Italie , à Naples, dans l'Espagne , en Allemagne et dans le royaume de France ; ainsi l'on peut attribuer avec fondement aux carbonari , tous les divers
désordres et incendies qui ont eu lieu depuis peu dans
ces royaumes , ainsi que les désastres qui désolent encore ces différents empires. Comme une félicité apparente n'est qu'une double misère , la sainteté feinte des
carbonari n'est qu'une double impiété.

~~~~~~

CHAPITRE II.

Scélératesse et perfidie des meneurs des Sociétés

secrètes.

Le grand talent des meneurs des sociétés secrètes est
de faire des dupes ; ils cherchent à s'emparer des esprits
foibles, à nourrir de folles espérances de richesses et de
grandeur, ceux qui les désirent ardemment, et à flatter
de revêtir d'une autorité imaginaire les hommes fortunés
et ambitieux : mais leurs projets véritables et effectifs et
qu'ils n'ont su que trop accomplir, est d'épuiser entié-
rement la bourse des riches, dupes de leur artifice, par
des sacrifices journaliers qu'on leur dit être nécessaires
pour assurer leur nouvelle puissance et pour arriver à
l'époque fixée pour réaliser les ridicules espérances
qu'ils leur avoient fait concevoir. Les méchants attribuent toujours au défaut de moyens la non-réussite de
leurs projets chimériques. Ils sollicitent alors effrontément de nouveaux sacrifices près de leurs créatures,
qu'ils obtiennent aisément de la plupart, dans l'espoir
de voir se réaliser toutes les fausses grandeurs dont on les
berce ; et si on leur refuse ce qu'ils demandent, ils menacent alors leurs dupes des poignards de la secte pour les
obtenir. C'est ainsi qu'ils vident la bourse de ceux qui
leur témoignent la moindre confiance. Les chefs se disent appelés à soustraire les peuples au gouvernement
monarchique qu'ils appellent tyrannie ; ils ont encore
suivant eux des haines à satisfaire, des sentiments à
éteindre dans le sang de leurs ennemis, ou de leurs des-
cendans, ou de ceux qui les représentent : dès-lors tout
paroît permis aux aspirants. Un crime atroce qui les
~~~~~~

mène au succès de leurs projets séditieux, est selon eux une action sublime digne des éloges de tous les agrégés. Quand les peuples s'affligent d'un attentat inouï, les membres des diverses sociétés secrètes vont se réjouir dans leurs assemblées ténébreuses et se livrer à la joie et au délire de leurs funestes espérances. La mort tragique d'un roi, la chute d'un trône, la persécution et la tyrannie du chef de l'église, des mouvements séditieux qui livrent tout un peuple religieux aux désordres de l'impiété et aux fureurs de l'anarchie, sont autant de sujets de réjouissance et de triomphe des sectaires. Voilà leur fraternité, voilà leurs délices, voilà d'amples motifs pour leurs orgies nocturnes, voilà les succès qu'ils ont préparés et médités dans leurs repaires ténébreux. En un mot, les sectaires ne se réjouissent que quand tout ce qu'il y a de probe et d'honnête est dans la douleur. Les méchants ne se divertissent que de ce qui jette dans la consternation les hommes vertueux : ainsi, les délices des conspirateurs sont les précurseurs de l'orage et de la tempête.

Nombre de fois il est déjà arrivé que certaines personnes probes et délicates, effrayées par l'atrocité de la doctrine de la secte, par sa préparation aux forfaits, se soient éloignés de leurs frères, qu'ils aient cru leur honneur et leur conscience compromis, et qu'ils aient révélé à la société l'objet et le but des assemblées secrètes, si funestes aux monarques et aux citoyens paisibles ; le témoignage de tels personnages ne peut paroître suspect puisqu'ils ont été élevés à l'école des chefs des sectaires et qu'ils connoissent à fond leurs iniquités. Cependant ils se croient intéressés pour le bonheur général à les révéler à la postérité, pour la préserver des piéges dans lesquels ils ont succombé, et de l'abîme où l'on vouloit les conduire ; les autres initiés, désespérés de n'avoir que trompé sans pouvoir corrompre ces personnes fidèles et honnêtes, les surveillent de près ; ils les menacent de la vengeance et des poignards des autres sectaires et de leur faire sentir en leurs personnes comme dans leurs biens, l'outrage qu'ils ont fait à la secte en dévoilant ses horreurs. Plusieurs se sont laissé intimider par de telles menaces, d'autres en ont réssenti les terribles effets, d'autres enfin ont eu le courage et la force de braver les menaces et les poignards des sectaires. Plusieurs se sont retirés de l'abîme, dès qu'ils ont eu connoissance des complots, de l'impiété et des crimes de la secte. Aussi les meneurs, aujourd'hui, sont beaucoup plus sévères pour agréger leurs adeptes aux hauts mystères d'iniquité de la secte ; ils ne les y admettent qu'après de longues épreuves, et qu'après qu'ils se sont signalés dans la carrière du crime. Beaucoup sont reçus et admis dans les premiers grades ; mais un très-petit nombre seulement est initié dans les grades élevés où l'on donne connoissance des horreurs et de l'impiété de la secte , dont l'esprit de la rebellion et la révolte sont les principaux mobiles. Les chefs des sociétés secrètes exigent de tous les récipiendaires un serment exécrable, et ils menacent des coups les plus terribles ceux qui seroient tentés de l'enfreindre ou d'abandonner la secte. Tout extraordinaire que paroisse ce récit , il n'est point exagéré , il n'est même malheureusement que trop vrai. On verra avec quelle adresse les illuminés s'emparent des têtes à imagination ardente, des esprits entreprenants et réfléchis ; des têtes passionnées et fougueuses et qui , entraînées par d'adroites impostures, ou séduites par des tableaux extraordinaires qu'on leur met à dessein sous les yeux , souscrivent à tout ce que les séditieux exigent d'eux. Les cerveaux ainsi préparés à l'exaltation sont bientôt enivrés d'une folle fureur ; se croyant liés à leurs nouveaux complices par des serments abominables, ils se trouvent insensiblement engagés dans la dure nécessité d'obéir aux maîtres cruels qu'ils viennent de se donner, et de commettre les grands crimes qu'ils leur commandent, ou d'encourir la haine et la fureur de leurs chefs impitoyables. Les aspirants, effrayés des menaces sévères des meneurs, alarmés des horreurs et des iniquités des sectaires , livrés à eux-mêmes , incapables de réflexion, tout tremblants, se laissent bientôt égarer et séduire par les maximes pernicieuses de leurs chefs et leurs artifices imposants ; dans les angoisses cruelles où on les réduit, ils adhèrent à tout ce que l'on veut exiger d'eux. Par cette quantité d'épreuves humiliantes et pénibles, les aspirants, d'honnêtes et irréprochables qu'ils étoient la veille , par le travail exercé sur leurs facultés morales, deviennent tout-à-coup des furieux capables de se porter aux derniers excès.

Les illuminés, plus cruels que les franc-maçons, ont été reçus dans les loges maçonniques en France, et ils sont venus à bout de les maîtriser et d'en férociser tous les chefs. Ils communiquent aux vénérables leurs projets destructeurs : ceux-ci convoquent leurs très-chers frères pour ranimer leur ferveur et les entretenir dans leurs infâmes délires. L'on cache avec soin l'odieux de la secte à ceux que l'on sait n'être nullement disposés à y adhérer : on ne leur communique que des choses insignifiantes, et quelques fragments épars et inintelligibles de la secte. Les candidats, ne se doutant nullement d'un tel artifice, croient tout savoir ; tandis qu'ils ignorent les choses les plus importantes. Éblouis par quelques vertus morales que l'on affecte de leur louer, telles que *l'égalité, la liberté, l'union*, la bienfaisance et la fraternité, ils ne voient dans la franc-maçonnerie que des choses agréables, parce qu'on leur a caché avec art les iniquités de la secte. De cette manière, les crédules sont non-seulement les dupes des manœuvres des meneurs, mais ils leur servent ncore comme de manteau pour couvrir les horreurs qu'il complotent. Les illuminés et les chefs de la franc-maçonnerie prennent ordinairement prétexte, au sortir d'une loge de maçons, de se réunir et de se rassembler mystérieusement ensemble, et là, dans la bonne chère, dans les festins et dans les fumées du vin, on vide les bourses des crédules et des ignorants ; là s'ourdissent ces trames affreuses de bouleversement, de brigandage et de meurtre, qu'ils n'exécutent qu'à l'aide des dupes qui leur font part de leurs richesses. L'argent que l'on soutire aux gens aisés, celui que donnent les aspirants pour se faire recevoir, celui que l'on demande impérieusement aux fortunés après leur réception, n'est employé qu'aux seuls frais de semblables orgies, ou à nourrir, ou à payer des assassins. Telle est la bienfaisance et la charité des meneurs des sociétés secrètes. La conformité du penchant des illuminés pour l'incrédulité a tant de rapports avec la haine que les vénérables ont pour le Christ, que les chefs de ces deux sectes ne forment qu'une même société sous divers noms. Leur aversion pour toute religion et pour tout culte les unit étroitement ; ils ont les mêmes principes destructeurs, ils méditent les mêmes forfaits, ils se prêtent un appui mutuel pour l'exécution, ils n'ambitionnent mutuellement que de se prévenir les uns et les autres dans l'accomplissement des grands crimes : tous regardent comme une gloire de les commettre et jalousent cette infamie. Ainsi ces monstres se font leur trophée des plus grands forfaits. Ils s'enorgueillissent principalement de porter les plus rudes coups aux têtes couronnées, ou à ceux dont la mort peut occasionner des secousses violentes dans un état ; les personnes les plus précieuses sont par conséquent toujours les plus exposées aux poignards de ces déhontés assassins. Ces séditieux s'agitent principalement à la mort d'un monarque, ils se tourmentent pour occasionner un bouleversement général qui pourroit amener la ruine totale de l'Empire. Ces monstres, ces enragés se croient humiliés, lors qu'un souverain termine sa carrière paisiblement dans son lit, sans les secousses d'une mort violente qu'ils lui réservoient; ils regrettent amèrement de n'avoir pas eu d'occasion pour le faire égorger ou de l'avoir laissé échapper; ces furieux, ces insensés se disent les maîtres des empires : dans leurs antres ténébreux, ils croient pouvoir disposer à leur gré du sort de tous les monarques et de tous les peuples, et les maîtriser au gré de leur férocité. Selon eux la société qui a frappé les plus grands coups, est celle qui mérite le plus les éloges des adeptes, et celle qui s'est le plus signalée en impiété est aussi celle qui est digne de la plus haute considération. Les maîtres les donnent avec emphase pour modèle à leurs disciples ; ainsi, forfaits, assassinats et impiétés, font toute la gloire et toute la science des meneurs des sociétés secrètes. Si les chefs sont tous des monstres, tous leurs disciples n'en sont pas. Les soins que les maîtres prennent pour envelopper de mystères imposants leur impiété et leur sélératesse, les précautions extrêmes dont ils usent pour ne faire part de leurs abominations qu'à ceux qu'ils croient disposés à les commettre, et les épreuves multipliées qu'ils emploient pour s'assurer de la capacité, de la fidélité et du devouement de leurs adeptes, démontrent bien la crainte qu'ils ont de se voir abandonnés par leurs disciples refléchis, s'ils venoient à pénétrer dans toute l'horreur des hauts mystères. Aussi les chefs de ces sectes féroces et dévorantes, n'élèvent aux premiers grades leurs initiés qu'après qu'ils leur ont donné des preuves certaines et non équivoques d'une haine implacable contre tous les autels, contre tous les trônes, et contre toutes les institutions religieuses et civiles. Ainsi les meneurs sont les seuls grands coupables, les seuls grands criminels; ils sont les pères des iniquités et des cruautés. Ils s'établissent les maîtres de leurs adeptes; ils les dirigent en secret dans leurs ténébreux complots. Voilà la véritable source des maux incalculables qui ont désolé la France, ravagé Naples, et qui saccagent encore aujourd'hui l'Espagne. Que l'expérience nous instruise au moins, et que nos malheurs communs servent de leçon à nos neveux pour les en garantir, et qu'ils nous fassent prendre les précautions nécessaires pour arrêter les ravages de ces sectes criminelles qui méditent à l'envie, avec une scélératesse réfléchie, les forfaits les plus épouvantables; et si les souverains ne font usage de leur autorité pour écraser de leurs foudres dans chaque empire ces audacieux conspirateurs qui conservent encore l'espoir de réaliser la ruine de tous les états, il est à craindre que leur clémence déplacée n'ait les suites les plus funestes pour eux et leurs sujets. Les crimes et les atrocités que les séditieux ont commis en France et dans les autres royaumes déposent déjà assez contre de tels monstres qui sont encore prêts à commettre de nouveaux forfaits partout où le poison de leurs erreurs et de leurs abominations pourra pénétrer, et leur promettra les mêmes succès. Leurs vues criminelles se portent sur l'univers entier. Ainsi je puis assurer à l'avance que si l'on ne s'empresse d'écraser ces sectes infernales, elles occasionneront un embrasement général. Nous avons déjà dit qu'il seroit à propos que tous les souverains se concertassent ensemble pour anéantir d'un seul coup de foudre tous les chefs des sociétés secrètes. Du moment que ces oiseaux de proie seroient sans tête, sans griffes et sans becs, ils ne deviendroient nullement effrayants; mais si on ne leur fait qu'une guerre partielle, ces vipères quitteront les empires où on les poursuivra, pour se réfugier dans ceux qui les souffriront; elles répandront par-tout la contagion de leur venin. Ne nous abusons pas, le mal est déjà assez connu et assez étendu pour qu'on ne laisse

plus aux méchants la facilité de se soustraire aux recherches et aux poursuites de leur souverain, ni de chercher
un asile dans un royaume étranger où l'on n'exerceroit
pas contre eux les mêmes rigueurs; tandis que, si les
conspirateurs étoient poursuivis partout en même temps,
ils ne pourroient trouver de retraite nulle part : l'univers entier ne seroit plus pour eux qu'une vaste prison
ou qu'un seul échafaud. D'ailleurs, les séditieux ayant juré la ruine et la désolation du genre humain, de tels
monstres ne méritent pas de jouir impunément de leurs
crimes dans une terre hospitalière ; ils se sont rendus
le fléau de la société, ils sont devenus la vraie peste de
l'humanité et de la charité, ils sont indignes de commisération et de pitié : aucun état ne peut les recevoir ni
les accueillir , sans courir les plus grands dangers; ils
ne méritent que les foudres vengeresses du ciel et l'exécration générale. Leur doctrine novatrice et destruc-
tive les accompagne partout; elle ne peut procurer que
les plus grands maux et engendrer toutes sortes de malheurs et de forfaits dans les endroits qu'ils infectent de
leur présence : une calamité générale les suit dans tous
les empires; ils ne peuvent par conséquent que souiller le terrain qu'ils occupent. Ne méditant que meurtres
et assassinats, tous les pays leur sont bons, pourvu qu'ils
puissent y exercer leur affreux brigandage, et se soustraire à la vengeance publique qui demande toujours
une punition éclatante des grands criminels. C'est par
la rebellion et l'anarchie que les sectaires préparent ces
secousses violentes qui font leur triomphe; et il n'y a
que des cœurs profondément corrompus qui puissent
méditer ou s'aider à exécuter des complots si désastreux, qui sont toujours accompagnés d'une désolation
universelle dans les états qui les éprouvent, par le meurtre et le brigandage qu'ils traînent à leur suite. Il ne
sera que trop long-temps facile à nos neveux de juger
des ravages des sectaires par le rapport que leurs menaces ont avec leurs œuvres. Les séditieux ne rougissent
pas de s'approprier par artifice les biens mêmes de leurs
disciples riches mais trop crédules; par tromperie et par
violence , ils dépouillent les autres de leur propriété : ils
ne sont occupés nuit et jour qu'à exercer partout un infame brigandage. Au commencement de la révolution

françoise, tous les chefs des différentes sectes accoururent à Paris ; ils divisèrent l'Europe en quatre chapitres principaux , qu'ils établirent à Stockholm pour le Nord , à Naples pour l'Orient , à Édimbourg pour l'Occident, et à Paris pour le Midi. Ceux qui eurent le malheur de se laisser séduire par leurs promesses vaines et chimériques , ou par l'amour de la nouveauté, sans le vouloir et sans s'en douter, sacrifièrent honteusement leur repos , leur liberté, leur honneur, leur conscience , leur religion et leur Dieu , pour satisfaire les projets criminels d'hommes pervers et corrompus qui les précipitèrent dans le plus affreux des abîmes. Ils devinrent tout à la fois les dupes , les vils esclaves et les victimes des séditieux, qui se réunirent tous sous le nom de jacobins ; mais hélas ! quels maîtres , quelle école , quels vœux , et quels complots les ont successivement férocisés ! Ce qu'il y a de certain, c'est que le François qui voudra retracer le tableau de leurs cruautés et de leurs ravages, n'aura long-temps qu'à regarder autour de lui les débris des palais et des temples , les décombres des villes , les ruines d'un vaste empire éparses dans les provinces , la persécution des anciennes familles , un peuple immense en proie aux horreurs de l'anarchie , l'impiété poussée à son comble jusqu'à faire asseoir une impudique Vénus sur nos autels , dans nos temples, pour tenir la place du Dieu vivant ; l'opulence, l'audace , l'insolence et la scélératesse des séditieux qui ne se plaisoient qu'à persécuter et à dépouiller tout ce qu'il y avoit de probe et d'honnête. La vertu avilie et le crime triomphant partout, attesteront long-temps la barbarie des modernes Vandales ; l'épouvantable liste de la famille régnante et des sujets vertueux et fidèles tombés sous les décrets de la proscription , les vives alarmes des cités et des campagnes, les vexations et les emprisonnements des gens probes et honnêtes , rappelleront long-temps le règne des fatales lanternes, de la vorace guillotine, des brigands érigés en tribunaux, qui, après avoir fait égorger le père , dépouilloient encore jusqu'aux enfants en bas âge. Des hordes de brigands assassins répandues par toute la France, organisées et salariées par un féroce directoire, et par des législateurs bourreaux, attestent suffisamment de quoi sont capables les maîtres des sociétés secrètes, et ce que peut procurer la rebellion jointe à l'impiété, lorsqu'elle est dirigée par les soins et les écoles des conspirateurs. Les cruautés des chefs, leurs forfaits, leur dureté, et leur facilité à répandre le sang innocent, leur impiété contre l'autel, leur fureur frénétique contre tous les trônes, leurs atrocités contre tous les citoyens, sont connus de chacun; rien n'étonne aujourd'hui, que l'existence de tels monstres et leur audace.

Après tant de preuves des désastres des conspirateurs contre l'autel, les trônes et la société, les moteurs de tant de ravages, s'ils ne sont anéantis, doivent au moins être réduits au silence et dans l'impossibilité de nuire à l'avenir. Pour mieux convaincre les séditieux de leur perfidie et de leur scélératesse, écoutons un moment ce que nous ont appris des sectaires, des hommes vertueux que des circonstances malheureuses ont jetés au milieu de ces misérables, et qui s'en sont éloignés ensuite avec horreur, au hasard de mille morts, sur les mystères d'épreuves et de réception auxquels sont assujettis tous les récipiendaires.

Ces hommes courageux, par amour pour le bien public, n'ont pas craint d'encourir la haine et la vengeance de ces furieux, ni de braver les poignards de ces vils assassins. Ils nous diront que, lorsqu'un homme bien zélé, bien crédule, a passé par tous les degrés qui, d'illusion en illusion, de promesse en promesse, d'erreur en erreur, mènent à croire que des mots sont des choses, que des chimères sont des réalités, que des corps sont des esprits, les vices des vertus, ou plutôt lorsqu'on s'est assuré que le candidat a les funestes qualités dont on a besoin, on lui propose de se donner à l'ordre, et de consacrer sa résolution réputée chancelante, par des serments odieux, que l'aspirant s'oblige de remplir, sous les peines les plus graves, et sous des menaces foudroyantes. On ne lui en communique d'abord pas la formule, dans la crainte bien fondée qu'il ne recule d'effroi; il est averti, seulement, qu'il va faire un pacte avec le Ciel, qui a remis aux hommes son glaive vengeur, pour le tourner contre ceux qui enfreindroient leurs paroles.

Si le récipiendaire, mal instruit, accepte sur la foi de celui qui le présente à l'initiation, il est conduit au-travers d'un sentier ténébreux dans une salle immense dont la voûte, le parquet et les murs sont couverts d'un tapis parsemé de flammes rouges et de couleuvres menaçantes; des lampes sépulchrales jettent de temps en temps une mourante lueur, et laissent à peine distinguer, dans cette lugubre enceinte, les débris des morts soutenus par des crêpes funèbres; un monceau de squelettes forme dans le milieu une espèce d'autel; à côté s'élèvent des livres : les uns renferment des menaces contre les parjures, les autres l'histoire funeste des vengeances de l'esprit invisible, et des invocations infernales que l'on prononce long-temps en vain; huit heures s'écoulent; alors des fantômes traînant des voiles mortuaires traversent lentement la salle et s'abîment dans des souterrains, sans qu'on entende le bruit des trapes, ni celui de leur chute : l'on ne s'en aperçoit que par l'odeur fétide qu'ils exhalent.

Ainsi l'initié demeure vingt-quatre heures dans cet asile ténébreux, au milieu d'un silence glaçant. Un jeûne sévère a déjà affoibli la pensée de l'aspirant; des liqueurs préparées ont déjà commencé par fatiguer ses sens, et elles finissent par les exténuer. A ses pieds sont placées trois coupes d'une boisson verdâtre : le besoin les approche des lèvres du candidat, et la crainte involontaire les en repousse.

Enfin paroissent deux hommes que l'on prend pour des ministres de la mort; ils se disent aussi les exterminateurs de ceux qui foulent aux pieds les droits sacrés de la liberté, de l'égalité et de la fraternité. Ils ceignent le front pâle du récipiendaire avec un ruban aurore, teint de sang, chargé de caractères argentés, entremêlés de la figure de Notre Dame de Lorette. L'aspirant reçoit un crucifix de cuivre de la longueur de deux pouces. Souvent ce sont des luthériens et des réformés qui font usage de ces images et reliques si sévèrement proscrites dans leur culte; mais ils passent volontiers sur tout ce qui est contraire à leur religion pour plaire à la secte. Ils n'ont même rien tant à cœur que d'obéir en tous points à leurs infâmes chefs; alors aucun sacrifice ne leur paroît coûteux, et les devoirs d'un sectaire leur paroissent plus chers que les obligations religieuses d'un luthérien ou d'un calviniste.

L'on suspend ensuite au cou de l'initié des espèces d'amulettes revêtues d'un drap violet; il est dépouillé de ses habits que deux frères servants placent sur un bûcher élevé à l'autre extrémité de la salle; l'on trace sur le corps nu du candidat des croix avec du sang : un esprit vêtu en blanc vient lui lier les testic.... avec un cordon rose et ponceau. Dans cet état de souffrances et d'humiliations, l'initié voit approcher de lui à grands pas cinq fantômes armés d'un glaive et couvert d'un drap dégoûtant de sang; leur visage est voilé; ils étendent un tapis sur le plancher; ils s'y agenouillent comme s'ils vouloient prier Dieu, ils y demeurent quelque temps dans un profond silence, les mains étendues en croix sur la poitrine et la face tournée contre terre. Une heure se passe dans cette pénible attitude. Après cette fatigante épreuve, des accents plaintifs se font entendre; le bûcher s'allume, mais il ne jette qu'une lueur pâle, les vêtemens du récipiendaire y sont consumés ; une figure colossale et presque transparente sort du sein même du bûcher. A son aspect, les cinq hommes prosternés entrent dans des convulsions insupportables à voir; elles sont les images trop fidèles de ces luttes écumantes où un mortel aux prises avec les agitations d'un mal subit finit par en être terrassé. Alors une voix tremblante perce la voûte et articule la formule de l'exécrable serment qu'il faut prononcer; il est si odieux, il inspire tant d'effroi, que l'on peut à peine y croire : l'on ne peut le retracer qu'en hésitant et en tremblant avec horreur; mais l'aspirant, à demi-mort et fatigué par de si longues épreuves qui lui ôtent tout sentiment et toute réflexion, dans l'espoir d'être bientôt débarrassé de cette humiliante et affreuse comédie, prononce sans hésiter le fatal serment suivant :

« Au nom du Fils crucifié, je jure de briser tous les
» liens charnels qui m'attachent encore à père, mère,
» frères, sœurs, épouse, parents, amis, maîtresses,
» rois, chefs, bienfaiteurs, et à tout être quelconque à
» qui j'aurois promis foi, obéissance, fidélité, gratitude
» ou service. »

Le chef fait ensuite à l'initié les remontrances suivantes :

« Nommez le lieu qui vous vit naître, pour exister
» dans une autre sphère où vous n'arriverez qu'après
» avoir abjuré ce globe empesté, vil rebut des cieux.

» De ce moment vous êtes affranchi du prétendu ser-
» ment fait à la patrie et aux lois. Vous jurez de révé-
» ler au nouveau maître que vous reconnoissez, ce
» que vous aurez vu ou fait, pris, lu ou entendu, ap-
» pris ou deviné, et même de rechercher et épier ce
» qui ne s'offriroit pas à vos yeux.

» Honorez et respectez l'*Aqua-Toffana* (poison
» qui se fabrique à Naples, très-connu dans l'Italie),
» comme un moyen sûr, prompt et nécessaire pour
» purger le globe par la mort ou par l'hébétation de
» ceux qui cherchent à avilir la vérité ou à l'arracher
» de nos mains.

» Fuyez l'Espagne, fuyez Naples, fuyez enfin la
» tentation de révéler ce que vous entendez ; car le
» tonnerre n'est pas plus prompt que le couteau qui
» vous atteindra en quelque endroit que vous soyez.
» Vivez au nom du Père, du Fils et du Saint-Esprit. »

Si le candidat se soumet à prononcer les mêmes
paroles, on place exactement devant lui un candé-
labre de sept cierges noirs ; à ses pieds est un vase
plein de sang humain dont on lave le corps du récipiendaire qui en boit la moitié d'un vere. Ainsi, pour
être admis aux hauts grades de l'illuminisme, il faut
nécessairement être buveur de sang.

L'initié articule ensuite l'exécrable serment ; sitôt
qu'il l'a prononcé, on lui délie les testic.... ; après de
si longues, de si cruelles et de si humiliantes épreuves,
une sueur froide découle des joues du patient, son
teint est pâle et livide, il peut à peine se soutenir sur
ses jambes défaillantes. Les frères se prosternent, mais
l'initié, tremblant, déchiré de remords, jeté dans une
espèce de délire, attend dans la confusion et la consternation sa déplorable destinée. Tels sont, sans doute,
les scélérats revenant du meurtre ; tel fut Oreste reti-

rant le couteau des entrailles de sa mère. Aussitôt que cette affreuse cérémonie est terminée, le récipiendaire est jeté dans un bain préparé pour le laver et ranimer ses sangs à moitié glacés; au sortir du bain, on lui sert un repas composé de racines. Voilà ce que nous ont appris de la secte des illuminés, des personnes égarées dans les ténèbres de cette secte détestable; voilà ce que nous ont révélé des hommes séduits par la nouveauté, et qui étoient entrés dans une si horrible société; voilà le contenu de leurs épreuves et de leur infernal serment, voilà ce que l'on exige d'eux, voilà les devoirs qu'on leur impose, et qu'ils ont eu la foiblesse de souscrire; mais, revenus à eux-mêmes, la raison, l'humanité, la justice ayant recouvert leurs droits, et la religion son empire, les cris de la conscience ont encore parlé plus fort. La douleur, le repentir leur ont bientôt en inspiré le courage et la force non-seulement d'abandonner cette secte fourbe et sanguinaire, mais encore de signaler à l'Europe étonnée ces imposteurs déhontés, et ces audacieux brigands et assassins. D'après un récit si véridique, mais si déplorable, que les illuminés se vantent de leur origine! qu'ils se glorifient de leurs travaux et de leurs trophées! Le témoignage de telles personnes ne peut être suspect, puisqu'elles ont été instruites à l'école même des illuminés, et qu'elles avouent à leur confusion qu'elles ont subi toutes ces épreuves dégoûtantes, et qu'elles ont prononcé l'abominable serment.

Nous rapporterons plus tard ce qui se passe à chaque grade de la secte, pour n'omettre aucun moyen de conviction; mais comme l'objet de ce chapitre est de démontrer la scélératesse et la perfidie des illuminés, nous nous bornerons à ce qui y a rapport, et nous dirons : il est donc vrai qu'il existe au milieu de nous un amas d'intrigants, d'hommes inconnus qui ont abjuré la vérité et l'humanité, et qui foulent aux pieds toutes les institutions sociales qui unissent les hommes entre eux; il est donc vrai que ces étrangers méditent en silence et en secret des crimes qui, présentés dans toutes leurs combinaisons, épouvantent et glacent d'horreur.

Cette société criminelle a donc pour but de maîtriser le monde, de s'approprier l'autorité des souverains, et

d'usurper leurs places par des manœuvres aussi artificieuses que perfides. Elle a adopté le régime des templiers; les évocations souterraines, les tableaux effrayants,
les spectres, les cadavres, les impressions indéfinis-
sables des larmes feintes qu'ils emploient, sont autant
de combinaisons propres à tromper leurs adeptes, et à
les lier à leur secte par la terreur et la complicité. Du
sang répandu, la supposition d'un homicide commis,
que les sectaires attribuent au récipiendaire, sont autant
de moyens de séduction, de liens effrayants, de secrets
infaillibles pour attacher d'une manière irrévocable le
nouvel initié qui se croyoit déjà coupable du crime
d'homicide, dont les sectaires l'accusent. Quoique les
établissements principaux des illuminés soient en Allemagne, où ils sont très-nombreux, ainsi que dans les
cours du nord, ils ont encore des correspondances sur
toute la surface du globe, et particulièrement en Europe,
qu'ils ont divisée en cercles qui ont chacun un comité
administrateur composé de neuf initiés; tous se reconnoissent à certains signes, tous correspondent ensemble,
non par la voie du service public, mais par des voyageurs anonymes, chargés de dépêches composées de
chiffres convenus entre eux. Plusieurs de ces voyageurs
ont paru en France dans le cours de la révolution.
Brissot, Anacharsis Cloots et Thomas Payne, ainsi que
d'autres étrangers qui ont joué des rôles marquants
dans ces scènes scandaleuses qui se sont renouvelées
plusieurs fois à Paris, étoient sans contredit de ces
voyageurs; ils venoient, sans doute, pour aider et renforcer leurs dignes collaborateurs, qui composoient
déjà le chapitre principal des illuminés établi à Paris.
Ils se réunissoient et concertoient ensemble ces jour-
nées désastreuses, si funestes à la France et à l'humanité;
ces voyageurs, après avoir épié les secrets des cours,
des colléges, des tribunaux, des princes et des ministres, des empires qu'ils parcourent, reviennent ensuite
enrichir les cercles d'un amas de délations, de notes
sur les caractères des gens en place, sur les foiblesses
des princes, sur le degré d'estime des peuples pour
leurs gouvernants, sur l'amour des sujets pour leur souverain, enfin sur les projets particuliers des familles qui
occupent les premiers rangs d'une cité, etc.

Aidés de tous ces détails, les chefs de cette secte préparent leurs intrigues; ils disposent leurs batteries pour faire feu contre ceux qu'ils savent être les moins en garde contre eux, et les plus disposés à recevoir leurs coups; ils ne frappent que quand ils savent que les esprits sont divisés, qu'ils sont déjà agités et disposés en leur faveur; ils cherchent à profiter de tous les troubles qui éclatent dans chaque empire; ils s'efforcent de les faire naître, de les alimenter et de leur donner de l'accroissement et de la consistance, parce qu'ils savent que, dans les troubles, les sujets se mutinent, et qu'il est facile de porter à la révolte un peuple mutiné, et de lui faire commettre, dans le désordre, ces désastres qui sont les succès et les trophées des sectaires. Ils sont tous liés par la plus exacte correspondance; et c'est ainsi qu'ils sont parvenus à connoître tous les principaux personnages de l'Europe, et à savoir ce qu'ils ont à craindre ou à espérer de chacun d'eux.

Ils intriguent surtout auprès des Cours, pour connoître la façon de penser des souverains, des princes, des ministres, ou d'autres personnes recommandables par leurs talents, par leur crédit, ou remarquables par une immense fortune; ils ne ménagent rien pour trouver un accès près des gens élevés en dignité; lorsqu'ils peuvent rencontrer chez ces personnages un abord facile, une ambition démesurée, une crédulité aveugle, un amour ardent pour la gloire et la nouveauté, une disposition à recevoir toutes sortes d'impressions, ils les alimentent de toutes sortes d'espérances propres à satisfaire la passion dominante qu'ils ont découverte en eux. Ils établissent autour de ces personnes, disposées à les écouter, quelques-uns de leurs principaux adeptes, qui emploient tous les genres de séduction imaginables, pour les attirer dans leur parti, ou pour les faire succomber dans les pièges qu'ils leur tendent. Ils leur assurent, par les promesses les plus artificieuses et les plus flatteuses, qu'ils les feront jouir de l'avenir le plus heureux, s'ils veulent s'initier dans leur doctrine, s'identifier dans leurs projets; ils leur exaltent ainsi le cerveau, en les familiarisant avec l'espoir d'être au moins témoins, s'ils ne veulent être coopérateurs de

merveilles incroyables et de prodiges hors de toute vrai-
semblance.

C'est par de tels artifices que Cagliostro étoit venu
à bout de s'emparer du prince Ernest-Louis, duc de Saxe-
Gotha, et trouvant dans ce prélat un amour ardent pour
le merveilleux, des vues ambitieuses, beaucoup de générosité accompagnée de dispositions à la galanterie,
il le conduisit de sottise en sottise. Cagliostro, après lui
avoir soutiré au moins dix millions dont il employa la
majeure partie à satisfaire ses propres penchants vicieux
par toutes sortes de débauches, fit ensuite passer le surplus
aux autres chefs de la secte, qui en firent le même usage
en se jouant de la crédulité du duc de Saxe-Gotha. Le
prince finit par être le jouet des catins et la dupe des escrocs dont il avoit eu la foiblesse de se laisser entourer :
il se couvrit de ridicule et d'opprobre. Le perfide Cagliostro ne put lui procurer, dans cet avenir heureux qu'il
lui avoit tant vanté, que le repentir, la douleur, la honte
et l'infamie. Que le lecteur prenne patience : le duc de
Saxe-Gotha n'est pas le seul qui ait été dupe des manœuvres et de la perfidie des chefs des sectaires. Le duc
d'Orléans nous fournit encore un exemple plus frappent de la noirceur et de la scélératesse des illuminés.
Ce prince étoit grand maître du chapitre du Midi séant
à Paris ; il étoit puissamment riche, mais sans talents ;
il étoit avare, ambitieux et vindicatif. Les illuminés ne
le placèrent à la tête de leur secte, qu'à cause de son
influence et du crédit que lui donnoient sa qualité de
prince et sa fortune colossale, dont ils avoient besoin
et dont ils surent tirer grand parti. Les sectaires reconnurent dans le duc d'Orléans une ame travaillée par une
avarice insatiable et par une sotte ambition ; dès-lors ils
s'attachèrent à flatter par des promesses chimériques ses
vues ambitieuses pour lui soutirer la majeure partie de
ses revenus et de ses écus. Ils lui persuadèrent qu'il avoit
des droits à la couronne de France, et qu'au moyen de
quelques légers sacrifices, il pourroit aisément la recouvrer à l'aide des sectaires dont il étoit le chef, et dont
tous les bras étoient à sa disposition ; ils lui exaltoient
le nombre et la force des adeptes ; ils lui persuadèrent
qu'avec quelque argent et son appui, il seroit facile de
former de tous les sectaires une armée capable de ren-

verser le gouvernement existant et de s'emparer lui-même du pouvoir suprême. Ce prince, énivré de ces flatteuses espérances, ne songea plus qu'aux moyens de les réaliser, en s'abandonnant aux perfides conseils des chefs et en suivant aveuglément la conduite de ces hommes corrompus et sanguinaires. Dès-lors, le duc d'Orléans ne mena plus qu'une vie impure et criminelle, dans l'espoir d'arriver droit au trône, où ses partisans lui assuroient qu'ils vouloient le conduire directement. Le prince, tout enflé de ces hautes promesses, fut constamment l'instigateur et l'admirateur de tous les grands crimes de la révolution françoise. Les sectaires lui escroquèrent de cette manière la majeure partie de sa fortune, qu'ils n'employèrent qu'à des orgies ou à salarier des assassins et des brigands. Lorsqu'ils eurent entièrement épuisé sa bourse, et qu'ils virent qu'ils n'avoient plus rien à espérer de leur dupe, ils le décrièrent dans l'opinion publique, ils lui imputèrent toutes les horreurs de la révolution ; par ce double artifice ils lui enlevèrent non-seulement toute son influence et tout son crédit, mais ils le noircirent encore tellement aux yeux du peuple, que le prince devint un objet d'exécration publique. Alors les chefs, pour récompenser les services que le duc d'Orléans leur avoit rendus, le réléguèrent dans un fort à Marseille, où ils commencèrent à lui faire sentir leur méchanceté et leur perfidie. Leur cruauté croissant avec leurs succès, ils retirèrent le prince de son étroite prison, pour le conduire à l'échafaud. Voilà à quoi aboutirent les promesses artificieuses de la couronne de France, que les séditieux avoient toujours faites aux duc d'Orléans. Au lieu de le placer sur le trône, ils lui firent terminer, par un supplice honteux, une existence qu'il avoit surchargée de toutes sortes de bassesses, de turpitudes, d'excès et de crimes. Telle fut la fin de ce prince qui ne témoigna d'autre regret que celui d'avoir été dupe et de n'avoir pu réaliser ses projets criminels ; il prouva qu'une vie souillée par de si énormes et de si nombreux forfaits est rarement accompagnée de repentir.

Ce fut sur-tout à l'époque de la révolution françoise, que les illuminés fondirent en France. Ces oiseaux de proie, à l'aide de leurs perfidies et de leur doctrine venimeuse, excitèrent à la rebellion ceux qui crurent à leurs perfides promesses ; ils engendrèrent des mouvements séditieux qui, par leur activité et leurs soins, furent suivis de toutes sortes de brigandages et d'assassinats. Beaucoup d'individus jusqu'alors, irréprochables ou obscurs, furent inoculés par les adeptes et avalèrent leur poison; d'autres considérèrent la convulsion politique qui agitoit la France, comme un moyen que leur offroient les circonstances pour s'élever aux dignités et gravir vers les richesses. Ils se réunirent aux sectaires, déjà élevés dans l'art des complots, et par la cabale et l'intrigue ils usurpèrent le titre de députés aux états-généraux, qu'ils convoitoient plutôt pour satisfaire leur ambition que pour adoucir le sort de leurs concitoyens. Ceux qui réussirent à s'y faire nommer, n'ignoroient pas qu'ils étoient entièrement redevables de leur grandeur aux manœuvres des illuminés. Fiers d'une élévation si prompte et si subite, à laquelle ils n'auroient jamais dû prétendre ni aspirer sous le rapport de leurs lumières ou de leurs talents, ils reçurent avec avidité toutes les impressions que la secte leur communiquoit. Dès-lors ils ne suivirent plus que l'impulsion des illuminés, et ils se vautrèrent avec eux dans toutes sortes d'horreurs et de brigandages. La crédulité des uns alla jusqu'à croire qu'une œuvre de destruction étoit une œuvre de restauration; et foulant aux pieds la vérité, la justice, l'humanité, ainsi que tous les liens qui unissent les hommes entr'eux, ils marchèrent constamment dans la voie du crime, en faisant assaut de forfaits et d'assassinats. Les illuminés trouvèrent alors un grand appui et une puissante protection dans la secte de la franc-maçonnerie, qu'ils trouvèrent disposée à s'unir avec eux. Dès-lors ils l'influencèrent, ils la dirigèrent et la maîtrisèrent; jusqu'à cette époque la société des franc-maçons, sur-tout dans les premiers grades, n'étoit composée que de citoyens paisibles, amis de l'ordre et de la tranquilité; les chefs seuls étoient coupables et criminels; ils avoient les mêmes principes destructeurs que les illuminés, et visoient au même but. La corruption des vénérables entraîna la perte d'un grand nombre de leurs élèves. Les chefs maçons s'allièrent avec les illuminés et ils ne formèrent plus tous ensemble qu'une seule et même société, que les illuminés, comme plus méchants, gouvernèrent au gré de leur fureur. Cette nouvelle société prit le nom de jacobins, parce qu'elle avoit choisi,

pour le local de ses réunions, une maison qui servoit
précédemment d'habitation à des religieux que l'on ap-
pelloit jacobins. Cette secte s'établit par toute la France;
elle devint si nombreuse et s'acquit tant d'influence en
un moment, qu'elle devint maîtresse absolue des destinées de la France. Alors elle ne mit plus de bornes à
ses cruautés; et la France, cette belle France, devint tout-
à-coup une vaste prison couverte d'échafauds, un séjour
d'horreur, où les persécutions, l'anarchie et la férocité
triomphèrent complettement.

On n'étoit point surpris que des hommes sans aveu,
de vils et misérables intrigants couverts de crimes, des
individus proscrits et méprisés, des êtres sans moyens,
sans religion, sans probité, sans moralité, la plupart
flétris et couverts d'infamie, s'attachassent à ce nouvel
ordre de choses, se fissent sans scrupule les complices
et les instruments des jacobins devenus maîtres du sort
de la France, par la terreur qu'ils inspiroient en envoyant à l'échafaud tout ce qui ne partageoit pas leurs
sentiments, et par le brigandage qu'ils exerçoient publiquement, en s'emparant par la violence de tout ce qui
étoit le plus à leur portée ou de leur goût. Mais le résultat le plus désespérant de cette association monstrueuse,
c'étoit de voir à leur suite et sous leur drapeau une foule
d'hommes jadis vertueux et connus par leur moralité et
leur humanité, devenir tout-à-coup jacobins, et se prêter avec ardeur aux forfaits révolutionnaires. Plusieurs,
trompés par les espérances mensongères des souverains
d'alors, ou séduits par leurs belles promesses et abusés
par l'espoir flatteur qu'on leur présentoit d'un meilleur
avenir, rivalisoient en toutes sortes d'excès et de crimes
avec les plus enragés jacobins. Par suite d'une première erreur, ils prenoient part à tous leurs désordres;
ils devenoient la honte de ceux dont ils avoient précédemment l'estime, et achevoient leur rôle impitoyable
sur l'échafaud où les attendoient les scélérats consommés qui les avoient mis en œuvre. Les séditieux, craignant de leur part un retour plus ou moins tardif vers la
vertu et la raison, se hâtoient de les exterminer, avant
qu'ils pussent découvrir la vérité. Les chefs s'empressoient de les ôter du territoire des vivants, avant qu'ils

pussent arriver à un repentir qui auroit pu se changer
en une haine implacable contre ceux qui les avoient
égarés ou séduits, et dont la noire perfidie les précipi-
toit dans le dernier des abîmes.

Il paroît certain que les premiers moteurs de la révolution françoise étoient tous des chefs des illuminés ou
des franc-maçons, qui, pour donner plus d'essor à leurs
projets destructeurs, organisèrent par tout des sociétés
de jacobins. La moindre bourgade, le plus petit hameau,
avoit son club et correspondait avec la société mère de
la capitale. Tous avoient leur président et leurs acteurs,
qui ne le cédoient en rien en cruautés à ceux de Paris.
Ils auroient fini par détruire leurs instituteurs et leurs
maîtres, si ceux-ci, plus consommés en scélératesse,
n'eussent choisi pour leur chef Bonaparte, prem ier brigand, qui venoit d'usurper le pouvoir suprême en France.
Celui-ci sentit qu'il ne pouvoit conserver son autorité
chancelante, sans caresser les illuminés et les franc-maçons qui étoient les meneurs les plus nombreux et les
plus redoutables. Il fit fermer tous les clubs en France,
et écrasa, par ce seul coup de maître, la société des jacobins qui s'étoient rendus odieux à un chacun par leur
férocité. Le prince des ténèbres fit ouvrir de nouveau
dans son empire les antres ténébreux des franc-maçons
dont il se déclara le protecteur et l'ami. Une lutte s'étoit
élevée entre les principaux conspirateurs au sujet du pouvoir suprême auquel tous prétendoient et croyoient
avoir des droits, par l'énorme quantité de sang qu'ils s'é-
toient aidés à faire répandre. L'usurpateur chercha à ral-
lier ces furieux, tous plus amis de la vie que curieux
de courir les chances d'une nouvelle guerre à mort entre eux. En les flattant, Bonaparte n'eut par conséquent
pas grande peine à pacifier ces valeureux champions, ni
à terminer la mésintelligence qui sembloit régner entre
eux. L'ambition et l'envie étoient leur mobile, et la perfidie étoit plutôt leur arme favorite que la bravoure.

Cependant, dans la première lutte qui eut lieu entre
les conspirateurs, les grands criminels qui succomboient
étoient envoyés promptement à l'échafaud où ils ex-
pioient, par un supplice infamant, une vie trop-long-
temps souillée par toutes sortes d'horreurs et de crimes.

Ces hydres et ces vipères parurent endormies pour un moment : on pensa qu'elles devoient être très-satisfaites de jouir impunément des rapines et des escroqueries qu'elles avoient su se procurer au moyen des torrents de sang innocent qu'elles avoient fait couler, et qu'elles étoient bien aises de jouir en paix des dépouilles de leurs victimes ; mais comme aucun séditieux ne peut voir le bien s'opérer, ni se pratiquer, ces monstres d'iniquité ne faisoient que sommeiller. La frayeur ou la crainte des supplices retenoient leur fureur ; ils appréhendoient le gouverneur nouveau ; mais quand ils virent que loin de chercher à les réprimer ou à les châtier, il se déclaroit au contraire leur protecteur, et qu'il étoit très-flatté d'être leur chef, alors ils complotèrent de nouveaux moyens pour commettre le crime, et continuèrent à se livrer aux mêmes brigandages.

Le triomphe de l'usurpateur fut le triomphe de Satan : la vérité fut bannie de dessus la terre, la charité refroidie, la perfidie à son comble ; la malice devint universelle, des guerres injustes portèrent au loin la mort, et les peuples furent précipités dans un labyrinthe de maux. La justice demandoit que les crimes des conspirateurs fussent punis ; mais l'existence de l'usurpation de Bonaparte s'y opposoit, et l'intérêt des peuples avec la justice et la vérité furent de nouveau sacrifiés.

Les meneurs de tant de forfaits et de tant de cruautés ne pouvoient être tranquilles sur leurs souillures : ils pensèrent qu'il leur suffisoit de changer de nom pour effacer toutes leurs taches. Aucun d'eux ne voulut plus être, ni avoir été jacobin. Ils s'efforcèrent alors de jeter sur la secte des jacobins tout l'odieux des crimes sans nombre de la révolution françoise ; ainsi les monstruosités des jacobins, commises si publiquement et avec tant d'impudence, glacèrent d'horreur et d'effroi ceux mêmes qui les avoient préparées et dirigées.

Les séditieux n'ignoroient pas que tous les étrangers étoient indignés de la scélératesse et de l'impunité des révolutionnaires ; ils savoient aussi que leurs forfaits étoient trop connus, trop nombreux et trop avérés, pour pouvoir essayer de les excuser, de les pallier ou de les inficier. Ils oublièrent qu'en accusant de criminelle la société des jacobins, ils s'avouoient eux-mêmes coupables, puisqu'ils avoient constamment été les chefs et les meneurs de cette secte. Mais il n'est pas si facile de donner de la blancheur à la noirceur : pour chercher à se mieux justifier, ils affichèrent partout qu'ils avoient fait justice des grands criminels, en envoyant à l'échafaud quelques-uns de leurs collègues auxquels ils attribuoient tous les crimes commis. Les sans-culottes, voyant leurs espérances trompées, que leurs chefs les méprisoient et qu'ils cherchoient encore à les noircir, éclatèrent en plaintes et en murmures contre la perfidie de leurs maîtres ; mais ils ne purent jamais recouvrer leur ancien ascendant.

Tremblants pour leurs œuvres, et effrayés de ce que les meneurs avoient déjà envoyé à l'échafaud un petit nombre de leurs principaux élus, ils aimèrent mieux se soumettre que de se mesurer avec leurs chefs si perfides et si corrompus. Les maîtres comme les disciples se craignoient sans s'aimer : les premiers n'ignoroient pas que, les ayant élevés dans le crime, il devenoit nécessaire de réprimer leur fureur ; alors, ils tournèrent contre leurs disciples toute leur rage, qui se changea en haine contre leurs émules les sans-culottes. Les liens de la fraternité révolutionnaire furent rompus ; la secte jacobine, qui avoit inspiré tant de terreur, se trouva entièrement dans la fange et la crotte. Les illuminés et les franc-maçons reprirent leurs anciens noms ; ils traitèrent les sans-culottes, de vils rebuts de la secte proscrite, d'infâme canaille digne du courroux du ciel et de l'exécration du genre humain.

L'usurpateur menaça encore de ses foudres vengeresses ces furies qui, se trouvant dénuées de chefs et sans appuis, se soumirent forcément au joug de Bonaparte qui ne permit plus qu'elles exerçassent les mêmes cruautés dans son empire ; ainsi finit la société des jacobins, dont nos neveux auront peine à croire l'existence, les atrocités et les impunités. Bonaparte se contenta de contenir les petits voleurs ; mais il chercha par des caresses, par des promesses et par des bienfaits, à flatter les grands brigands, au lieu de les punir tout en se défiant d'eux, il les protégeoit, il étoit avide de gloire et jaloux de son autorité ; il n'étoit cruel qu'envers ceux qui vouloient lui ravir l'une ou l'autre. Mais il fut toujours indulgent pour les sectaires : il leur étoit redevable de la couronne.

Comme les méchants n'ont jamais de repos, et qu'ils ne peuvent laisser tranquilles les autres, les illuminés et les franc-maçons, fiers de leurs triomphes, n'étoient pas sans inquiétudes sur leurs forfaits, ni sur les dépouilles de leurs victimes, dont ils étoient gorgés. Ils craignoient toujours qu'un retour inattendu vers les principes de justice ne fît rechercher leur conduite passée, et que le peuple, irrité de tant de perfidie et de tant de noirceur de la part des conspirateurs qui l'avoient conduit de précipice en précipice, ne demandât enfin la punition des grands coupables, ou qu'il n'exerçât sur eux une vengeance éclatante.

Les illuminés et les franc-maçons, pour calmer leurs frayeurs mutuelles, ne formèrent plus qu'une seule et même société, que les illuminés, plus méchants et plus furieux, maîtrisèrent. D'une voix unanime, ils élurent l'usurpateur pour leur chef commun, et tous ensemble, ils persécutèrent et tyrannisèrent le peuple, aussi long-temps que dura l'autorité de Bonaparte. Le repentir, les pleurs, la douleur, l'affreuse misère devinrent alors le partage commun, et furent les fruits de tant de manœuvres perfides, aussi artificieuses qu'inhumaines.

Les gens de bien se félicitèrent de ce que Bonaparte mettoit un frein aux cruautés des sans-culottes ; ils crurent y trouver les prémices d'un règne plus heureux. Ils ne soupçonnoient pas que l'usurpateur ne les réprimoit, que parce qu'il redoutoit leur influence, et qu'il craignoit qu'ils ne tournassent, par la suite, leur fureur et leur rage contre sa propre personne. Les disciples, comme les maîtres jacobins, étoient également barbares et criminels ; il n'y avoit de différence entre eux que celle des lumières et des talents. Les uns préparoient et commandoient le brigandage et le meurtre ; les autres les mettoient à exécution, couverts d'un bonnet rouge, et revêtus d'un gilet de même couleur, ainsi que de vieux haillons. Les sans-culottes, grossiers et ignorants, demeurèrent toujours sans-culottes; mais, les meneurs, plus versés dans la perfidie et dans l'art des complots, s'emparèrent des dépouilles des victimes. Les uns restèrent nus, et les autres dans l'opulence. L'extrême misère des sans-culottes blessa le sot orgueil des nouveaux riches, qui méprisèrent et éclaboussèrent ceux qui étoient demeurés dans la boue. Les meneurs oublièrent bien vite qu'il n'y avoit pas long-temps qu'ils étoient tous compagnons, frères et amis, assassins.

L'usurpateur, qui aimoit l'ostentation, ne s'attacha qu'à ceux qui étoient dans l'opulence, dont il fit ses favoris et ses confidents; c'est-à-dire que, loin de chercher à punir les gros et les premiers voleurs, il les éleva encore en dignité. De cette manière, il canonisa le haut brigandage. Ce que Bonaparte fit de mieux alors, c'est qu'il sut, par la fermeté, se rendre maître des méchants, et mettre un terme, dans l'intérieur, à leurs excès et à leurs abus, ainsi qu'aux ravages de la vorace guillotine.

L'usurpateur avoit l'ame forte et le corps robuste, mais l'esprit méchant et mal fait. Tout jeune qu'il étoit, il aimoit voir couler le sang; il se plaisoit dans les troubles, dans les séditions et dans les guerres, parce qu'elles contentoient sa férocité. Il avoit l'esprit hardi, mais inquiet et ennemi du repos; dormant peu, travaillant beaucoup, toujours occupé de vastes projets, d'ailleurs orgueilleux et fier, ambitieux sans mesure, envieux de la gloire d'autrui, jaloux de la sienne, implacable dans la haine, cruel dans la vengeance, prompt à la colère, ami de la magnificence, de l'ostentation et de la nouveauté, sévère pour punir, prodigue pour récompenser, cependant avec choix et dessein. Artificieux à l'extrême, adroit à cacher ses projets extravagants, il blâmoit en autrui la dissimulation dont il se servoit lui-même en toutes choses. Il étoit doux ou cruel, quand il falloit l'être pour ses intérêts. Il n'avoit de foi dans sa religion, de sûreté dans ses paroles, de fidélité pour ses amis, qu'autant que l'apparence de ces vertus pouvoit servir à son agrandissement, ou au moins à la conservation de son autorité usurpée. En un mot, il avoit toutes les funestes qualités pour opprimer les peuples et pour les rendre malheureux. Il choisit pour collaborateurs les instigateurs de la révolte, dont les gosiers n'étoient que des sépulcres ouverts. Ils n'employoient leurs langues que pour tromper avec adresse, ils n'avoient sur leurs lèvres qu'un venin d'aspic ; leur bouche étoit remplie de malédiction et d'amertume. Tous ensemble, loin de pouvoir se glorifier de leurs œuvres, se sont noircis par toutes sortes de tyrannies, d'infamies et de débauches. La véritable grandeur est libre, douce, familière et populaire ; elle ne perd rien à être vue de près ; plus on la connoît, plus on l'admire ; elle rit, elle joue, elle badine, elle se courbe par bonté vers ses inférieurs, mais toujours avec dignité. Son caractère noble et franc, son abord gracieux, son accès facile, inspirent le respect et la confiance, et font que les princes nous paroissent grands, et très-grands, sans nous faire sentir que nous sommes petits. La fausse grandeur, au contraire, est farouche et inaccessible ; comme elle sent son foible, elle se cache, du moins elle n'ose paroître à découvert ; elle ne se montre qu'autant qu'il faut pour en imposer, en se couvrant de perfidie, et en s'enveloppant d'artifices ; elle craint de paroître ce qu'elle est, une vraie petitesse, qui oublie bien vite son origine, ainsi que ceux qui ont le plus contribué à son élévation, sitôt qu'elle peut se passer de leur aide et de leur appui.

La fausse grandeur est, en tout, semblable aux vases de cristal, auxquels la fragilité même donne du prix. La puissance, la gloire et le luxe d'un usurpateur s'éclipsent tout-à-coup, comme l'éclat et la valeur du cristal sont détruits sitôt qu'il est brisé. Par exemple, il suffit de toucher le cristal sans précaution, pour l'anéantir et lui ôter tout son prix ; l'autorité usurpée est aussi fragile : le premier revers qu'elle éprouve la détruit, parce qu'elle est toujours accompagnée de fureur, qui éloigne toute sagesse et toute prévoyance, ainsi que la capacité dont sont doués les princes légitimes, destinés à régner, et élevés dans la science de gouverner les peuples avec prudence, pour le bonheur des sujets et la gloire du monarque. Aussi les usurpations sont toujours accompagnées de destruction, de cendres et de ruines ; tandis que le gouvernement légitime maintient l'ordre et la paix, première source de la richesse, de l'abondance et de la félicité des peuples. Mais beaucoup de personnes s'abusent tellement aujourd'hui, qu'elles pensent que la fortune doit tenir lieu de tout mérite, et qu'on doit tout sacrifier pour l'obtenir, noblesse, probité, conscience, honneur et vertu. Dès lors, elles ne se font nul scrupule d'employer le mensonge, la perfidie et la scélératesse, pour chercher à se satisfaire.

Nous pensons en avoir dit suffisamment, et avoir rempli le but que nous nous sommes proposé dans ce chapitre; s'il reste encore quelques doutes à certains lecteurs, nous pourrons les éclaircir dans les chapitres suivants, qui fourmillent également de preuves de la duplicité et de la corruption des meneurs des sociétés secrètes, ainsi que de leurs dignes chefs.

CHAPITRE III.

*Noms des principaux agents de la révolution fran-
çoise. — Tous étoient des premiers dans les sociétés
secrètes. — Moyens odieux qu'ils ont employés pour
la faire naître, et pour enfanter tant de désastres.
— Réflexions sur les manœuvres des sectaires.*

L'OPINION publique plaçoit au nombre des chefs des
deux sectes les principaux instigateurs de la révolution
françoise, tels que : le Duc d'Orléans, Marat, Mirabeau,
Robespierre, Cloots, Thomas Payne, Danton, Priest-
ley, Condorcet, Dumourier, Saint-Fargeau, le Duc de
la Rochefoucault, l'abbé Sieyes, Moreau de Saint-Méry ,
Héraclio, Guillot, Pethion, Laf......, et autres semblables perfides, ingrats et impies. Il est certain que
chacun de ces personnages a travaillé avec ardeur, sans
scrupule et par une infinité de bassesses, soit à la destruction du trône et de l'autel, soit à l'accroissement
de la doctrine des sectaires, soit aux succès des illuminés
et des franc-maçons réunis ; mais d'autres, mieux instruits, n'attribuoient qu'à l'impiété et à l'orgueil le fléau
de la révolution françoise et tous les maux qui l'ont suivie. Les François se sont perdus par la vanité qui donne
le coup de la mort, parce qu'elle nous sépare et de Dieu,
et du prince, et de nos concitoyens. Ainsi, c'est par l'orgueil que la malice règne dans le monde : tandis que
l'obéissance et la soumission nous attachent à nos devoirs et nous aident à les remplir, la vanité nous en
éloigne ; elle nous rend encore insupportables aux autres et à charge à nous-mêmes. L'homme de cœur ne

songe qu'à remplir ses devoirs , tandis que le fanfaron se rend méprisable aux yeux des hommes dont il s'éloigne par un sot orgueil. D'autres enfin accusoient Voltaire, Dalembert, Frédéric et Diderot, comme étant les héros de l'impiété, d'être aussi les auteurs de nos désastres : par leurs écrits séditieux , ils avoient dominé l'opinion publique et ébranlé le trône et l'autel. Ils laissèrent, il est vrai, la gloire des crimes éclatants à leurs dignes élèves, les Mirabeau aîné, les Seyes, les Marat , les Robespierre, etc.; mais ils n'oublièrent pas de les instruire dans l'art des séditions , ni de leur tracer la marche des meurtres et du brigandage. Sous ce rapport, ils en furent bien les principaux moteurs. Ils se donnèrent le titre glorieux de philosophes : ce nom imposant fut seul suffisant pour leur procurer beaucoup de prosélites. Le sens qu'ils attachoient à la philosophie, étoit celui d'une raison impie. Quand la fureur , la malice et l'impiété usurpent l'autorité, elles deviennent comme un torrent débordé : elles portent tout à l'extrême ; elles n'ont plus ni limite , ni médiocrité. La haine que ces impies portoient tous à Jésus-Christ et à sa doctrine suffit pour réunir Voltaire, Frédéric , Dalembert et Diderot; elle seule les détermina à former entre eux cette infame coalition, pour s'aider mutuellement l'un et l'autre à l'anéantissement de la religion chrétienne. En effet, ils y travaillèrent constamment l'un et l'autre avec fureur et acharnement : par leurs basses intrigues , leur perfidie et leur conspiration , ils cherchèrent à établir partout le règne de l'impiété. Jean-Jacques Rousseau admiroit le Dieu des Chrétiens , en le blasphémant par le glaive des sophismes, avec tout l'appareil de la raison. Voltaire détestoit le Dieu des Chrétiens , il cherchoit à le détruire par l'atrocité des sarcasmes , ou par le sel empoisonné du ridicule et de la satire. Il sera long-tems douteux lequel de ces deux héros de l'impiété fit le plus de mal au Christianisme : la seule différence qui existe entre eux, c'est que Jean-Jacques Rousseau ne fut qu'impie, tandis que Voltaire fut tout à la fois impie et chef de conjurés. L'un et l'autre ont perverti l'opinion publique par leurs productions sans nombre. Ainsi les les écrits de l'un et de l'autre ont fait des plaies si sensibles à la religion , qu'on les regarde tous deux comme les plus grands maîtres de l'impiété.

Voltaire écrivoit au comte d'Argental, en 1760 : «dans la guerre que la philosophie fait à la religion et à la piété, imposez pour pénitence au duc de Choiseuil, de faire entrer Diderot à l'académie.» Dalembert, Damilaville, Condorcet, Laharpe, tous n'étoient que des zélés, des premiers adjoints de Voltaire, qui fut constamment le chef de l'impiété. En France, les ministres de Choiseuil, de Briennes et Necker furent leurs principaux protecteurs. Jamais la famille des Bourbons ne favorisa les complots des impies ; elle s'opposa même aux progrès de l'irréligion ; les ministres seuls se rendirent coupables en leur accordant leurs faveurs et leur protection. Le roi de Prusse fut tout à la fois leur collaborateur, leur force et leur appui principal. A la vérité, dans le principe, le Grand Frédéric ne croyoit guère travailler au renversement des trônes : quand il s'en aperçut, il en prévint tous les souverains ; il ne songea plus qu'à assurer sa propre puissance, sans cesser d'être impie ; il continua même sa correspondance habituelle avec Voltaire. Quand les souverains et les ministres favorisent l'impiété, le peuple est bientôt corrompu ; et une génération impie ne peut produire que des enfants féroces et barbares. La corruption fait naître l'incrédulité, qui est la mère de la rebellion qui désole et ravage bientôt la société.

Le cri des conjurés étoit tolérance, raison et humanité : l'avenir nous apprendra si ces sentiments étoient sincères, et s'ils ne réclamoient pas la tolérance, parce qu'ils en avoient besoin pour eux-mêmes ; il nous apprendra aussi si les vœux constants des séditieux n'étoient pas d'anéantir la religion de Jésus-Christ, que ces frénétiques avoient la fureur de désigner par ces mots du guet, qui sont un blasphème horrible : *écrase: l'infame.* L'attention des conjurés se portoit principalement dans les cours, auprès des souverains, vers les ministres et surtout près des jeunes princes destinés à gouverner ; ils caressoient par préférence les hommes élevés en dignités, ceux qui étoient recommandables par leur mérite et leur crédit ; ils flattoient avec adresse les hommes puissants et riches, afin d'en obtenir davantage : de cette manière, ils faisoient tout servir, soit à leur profit, soit à leur but.

Ils n'oublioient rien pour se faire voir à ceux qui étoient le plus intéressés à les fuir et à ne les jamais connoître. Ils auroient voulu pouvoir s'élever jusqu'au ciel, pour en faire descendre Jésus-Christ. Les conspirateurs ne portoient envie aux monarques que parce qu'ils étoient honorés et revêtus de toute l'autorité, et qu'ils convoitoient et leur puissance et leur grandeur; ils ne flattoient les grands et les riches, que parce qu'ils ambitionnoient et leurs places et leurs fortunes. Ils n'approchoient d'eux que pour connoître leur côté foible et les y attaquer; ils ne les caressoient un moment que pour les mieux maîtriser et tyranniser à l'avenir. Les perfides, tout en prodiguant les éloges et les caresses aux souverains, aux dignitaires et aux puissants, désiroient les étouffer en les embrassant. Ce qu'il y a de certain, c'est que Voltaire et Jean-Jacques Rousseau, en flattant l'un et l'autre, dans leurs nombreux écrits, toutes les passions des hommes, les ont rendus vicieux et qu'ils ont entièrement corrompu les mœurs. Il est également hors de doute qu'ils ont entraîné dans leur parti et dans leurs erreurs beaucoup de personnes peu instruites et peu éclairées, qui croyoient défendre la cause de la philosophie, et non celle de quelques intrigants ou de quelques séditieux. Mais ces idiots et ces ignorants n'ont pas contribué seulement à la destruction des trônes et des autels : les moteurs et les philosophes n'ignoroient pas qu'à force de calomnier à outrance les intrépides défenseurs de Jésus-Christ et des souverains légitimes, ils diminuoient l'influence des uns et affoiblissoient l'autorité des autres. Aussi Voltaire répétoit sans cesse à ses adeptes : calomniez et calomniez; ne vous rebutez point; il en reste toujours quelque chose. C'est par de telles bassesses et des manœuvres aussi noires, que les conspirateurs ont porté les plus grands coups à l'autorité civile et ecclésiastique, ainsi qu'aux bonnes mœurs.

Voltaire eut l'adresse d'initier Joseph II aux mystères de la conspiration. Cet empereur, tout en disant qu'il ne vouloit rien changer à la religion, lui fit une guerre d'autorité, d'oppression même, de rapine et de violence. Ses persécutions sourdes et ses destructions firent éclater différents murmures parmi ses sujets, et peu s'en fallut qu'elles n'allumassent une guerre d'extermination dans ses propres états. Il correspondoit avec le chef de l'impiété; il se plaisoit à suivre ses perfides conseils, qui l'entraînèrent dans l'abîme qui l'auroit perdu pour toujours, si Joseph n'eût aperçu le piège de Voltaire. Ce prince découvrit trop tard la guerre secrète et sourde que la philosophie lui faisoit à lui-même et à son trône; il se repentit de celle qu'il avoit faite au Christ et à ses ministres; mais il avoit avalé le poison mortel, il l'avoit laissé s'insinuer dans le cœur de ses sujets; et, quoique désabusé, il ne put jamais guérir les plaies profondes que la philosophie avoit faites dans son empire.

Voltaire fit encore boire le poison dans la coupe de l'incrédulité à l'impératrice de Russie : Catherine, sur le trône, applaudit au plus fameux des impies, quoiqu'elle eût constamment rejeté les plans de destruction que lui proposoit Voltaire. Cette princesse avoit été élevée d'une manière conforme à son auguste naissance : on lui avoit appris dans sa jeunesse la science de gouverner les peuples avec sagesse et avec prudence; elle aimoit construire et embellir, et non détruire; elle aimoit ses sujets, elle vouloit leur bonheur; elle rejeta constamment tous les changements que Voltaire désiroit lui faire opérer dans ses vastes états. Cependant elle témoigna tant de confiance, qu'elle vouloit livrer l'héritier de son sceptre aux leçons de Dalembert. Aussi les conjurés ont toujours considéré cette impératrice comme une puissante protectrice de la philosophie; mais ils n'ont jamais pu la faire tomber entièrement dans leurs piéges, ni la faire donner dans de grands écarts : elle connoissoit trop bien l'art de gouverner les peuples pour leur plus grand avantage.

Voltaire fit élever dans ses principes Christian VII, roi de Dannemarck. Il le forma de bonne heure à l'impiété. A l'âge de dix-sept ans, Christian, à Fontainebleau, eut déjà l'impudence de dire que Voltaire lui avoit appris à penser. Assurément il s'est passé dès-lors tant d'événements en Europe, que Christian, plus réfléchi aujourd'hui, aura appris à voir d'un œil bien différent les prétendus services que les ouvrages de Voltaire, son maître, ont rendus à la religion, aux souverains et aux peuples. Christian, mûri par l'âge et par l'expérience, n'est plus à présent le même Christian de Fontainebleau. Il est impossible d'exprimer combien les événements survenus ont éclairé et instruit Christian VII, et combien ce prince désabusé a changé ses premiers principes et ses premiers sentiments.

Les conjurés, avec les mêmes artifices et avec les mêmes erreurs, firent aussi de Gustave III un adepte protecteur. Ce monarque, plein de franchise et de loyauté, ne prévoyoit guères ce que lui préparoient les perfides cruels auxquels il écrivoit : « Je prie tous les jours l'Être des êtres qu'il prolonge vos jours précieux à l'humanité et si utiles aux progrès de la raison et de la philosophie. » (Lettre du Roi de Suède à Voltaire, du 10 janvier 1772.)

Ce prince rempli de candeur ne pensoit guères qu'il écrivoit aux plus cruels ennemis des trônes et des autels. Il ne pouvoit prévoir qu'il s'intéressoit à la conservation de ses véritables meurtriers et de ses premiers bourreaux; mais l'expérience n'a que trop prouvé la vérité de ce que nous avançons, comme tout lecteur va en être convaincu.

Voltaire n'avoit appris, il est vrai, à Gustave, que l'impiété; mais Voltaire avoit aussi appris à ses élèves que le premier des rois fut un soldat heureux; et les disciples du maître de l'impiété répétèrent les leçons du héros des conspirateurs, aux frères et amis des jacobins; ceux-ci apprirent à Ankarstroëm, élève de Voltaire, que le premier héros fut l'assassin des rois. Gustave fut désigné par les conspirateurs pour être la première victime à immoler; et Ankarstroëm crut qu'il manquoit à sa gloire le titre de héros. Jaloux de l'obtenir, il s'offrit avec joie pour être le premier bourreau : il part de Paris, et Gustave tombe sous ses coups. Les rois avoient souscrit pour la statue de Voltaire, le héros des impies et le premier assassin des souverains; les jacobins souscrivirent pour celle d'Ankarstroëm, l'un des premiers meurtriers des rois. Diderot avoit remplacé Voltaire, pour instruire ses élèves; il avoit pris un soin particulier d'Ankarstroëm, et Diderot ne fut jamais le dernier des impies, ni le dernier des conspirateurs.

Enfin, les confidences de Voltaire mettent encore Poniatowski, roi de Pologne, au nombre des adeptes protecteurs. Ce roi, dont la philosophie devoit entraîner la ruine et ravager tout son empire, avoit connu tous nos philosophes à Paris. Il avoit rendu ses hommages à Voltaire leur chef; il lui avoit écrit qu'étant son contemporain, il se croyoit malheureux de ne l'avoir pas connu plutôt; mais que les nations feroient des vœux pour que les rois lussent ses ouvrages. (Lettre de Poniatowski à Voltaire, du 21 février 1767.)

Aujourd'hui que les monarques et les peuples ont été témoins des secousses violentes que les philosophes préparoient à tous les trônes, aujourd'hui qu'ils sont instruits par l'expérience des malheurs de Poniatowski et des Polonois, maintenant que ce roi trompé, ainsi que tous les hommes qui avoient lu Voltaire avec lui, ont opéré en Pologne la révolution qu'ils avoient faite en France, maintenant que Poniatowski a reçu les grands coups que les conjurés, ses affidés, lui réservoient, sans doute il forme des vœux bien différents. Aujourd'hui, victime lui-même des philosophes et de leurs principes séducteurs, ce monarque qui a vu son sceptre se briser entre ses mains, ses états révolutionnés, n'est guères curieux de prodiguer des éloges, ni aux philosophes impies, ni aux conspirateurs. Il voudroit bien que les nations n'eussent jamais connu Voltaire, et que les rois surtout n'eussent jamais lu ses écrits. Sans doute il voudroit bien, pour sa propre tranquillité, pour celle de son peuple et même pour celle de l'Europe entière, que la philosophie, avec tous ses héros et tous ses disciples, n'eût jamais existé. Mais les temps malheureux que les conjurés préparoient en silence, et que Dalembert désiroit voir avec ardeur, sont arrivés, sans que ni les rois adeptes, ni les rois protecteurs, ni les ministres aient su les prévoir, ni sans qu'ils aient pu se mettre à l'abri de leurs coups terribles. Ils avoient servi la cause de l'impiété et de la rebellion : les premiers, ils en ont ressenti les tristes effets, et ils en ont éprouvé toute l'amertume, comme ils avoient bu tout le fiel de la philosophie. Quand les malheurs de la religion retombent sur les monarques eux-mêmes, qu'ils relisent les vœux des philosophes et de leurs coryphées; qu'ils relisent les expressions de Dalembert à Voltaire. Voici le langage que ce monstre tenoit à son ami intime. Il lui disoit : «Votre illustre et ancien protecteur, le roi de Prusse, a commencé le branle, le roi de Suède a continué, Catherine les imite tous deux, elle fera peut-être encore mieux. Je rirois bien, si je voyois le chapelet se défiler de mon vivant.» (Lettre de Dalembert à Voltaire, du 6 septembre 1762.)

Le chapelet se défile en effet : les deux principaux foyers des conjurés étoient établis à Stockholm et à Paris. Le roi Gustave est déjà mort assassiné dans sa capitale, et le roi Louis XVI, le plus vertueux des monarques, a été immolé sur un échafaud par les philosophes rebelles et conspirateurs, qui l'y ont conduit sans crainte de se couvrir du plus énorme de tous les crimes, qui est celui du régicide. Louis XVII a été empoisonné, et le duc de Berry égorgé. Le duc de Sudermanie, alors grand-maître des maçons illuminés, et D......, alors ministre de France, et aujourd'hui chef et directeur des carbonari, auroient pu prévenir ces deux grands forfaits ; ils en étoient instruits l'un et l'autre ; mais loin de les prévenir et de s'y opposer, comme ils y étoient tenus par le devoir, ces parjures, ces brigands consommés ont au contraire favorisé l'un et l'autre ces deux meurtres; et s'ils ont été trop lâches pour les commettre eux-mêmes, ils n'ont manqué ni d'ingratitude, ni de perfidie, ni de scélératesse pour les commander. Ces deux lucifers ont plutôt cherché à cacher les véritables auteurs de ces assassinats qu'à les signaler. Leurs jours infames eussent couru de trop grands dangers; loin de chercher à faire arrêter et à faire punir d'autres grands coupables, ils s'en sont déclarés les protecteurs; ils craignoient l'un et l'autre d'être compromis, ils savoient qu'ils n'étoient pas innocents; ils appréhendoient quelques révélations importantes qui les auroient fait mettre en jugement et qui leur auroient fait subir sur un échafaud les terribles supplices qu'ils avoient si bien mérités l'un et l'autre. L'on ne doit plus être surpris aujourd'hui de ce qu'ils poussèrent l'insouciance jusqu'à négliger tous les moyens de faire connoître les complices, et de venger complètement ces deux horribles attentats.

Aujourd'hui, le roi Poniatowski est détrôné; le Stathouder a été chassé de ses états; le Saint Père a été dépouillé et emprisonné; le roi de Naples a été contraint d'abandonner son royaume; le territoire de la Prusse a été envahi; une grande partie de l'empire de François II a été ravagée, ses plus belles provinces ont été saccagées; Mosckou a vu les armées et le chef des séditieux; l'Espagne ensanglantée a été long-temps infectée de leur présence. Tous ces événements si extraordinaires se sont succédé avec la rapidité de l'éclair; tous étoient l'ouvrage des philosophes conspirateurs. Voltaire et Dalembert étoient morts; mais ils avoient laissé grand nombre de disciples qu'ils avoient instruits, et qui leur ont survécu. Ces conjurés, dignes fils de leurs pères, étoient au moins aussi cruels et aussi féroces que leurs auteurs. Lorsqu'ils ont vu le chapelet se défiler, tous ont applaudi et ont ri aux éclats, comme Voltaire et Dalembert se seroient réjouis eux-mêmes s'ils eussent encore été vivants. Les rois adeptes ont été les premiers pris dans les filets des philosophes : en protégeant la conspiration de l'impie contre l'autel, ils n'avoient pas su prévoir celle de l'impie contre les trônes; et les conspirateurs, pour récompenser le zèle des rois leurs adeptes, les ont choisis par préférence pour leurs premières victimes. S'ils eussent pris plus de soins pour éloigner de leurs états les philosophes, ainsi que leurs écrits incendiaires, au lieu de les accueillir et de leur donner des éloges et des louanges, l'Europe entière n'auroit pas été témoin de tant d'impiétés et de désastres; elle n'auroit pas eu à gémir sur tant de ruines; elle n'auroit pas eu à pleurer sur tant de de flots de sang répandu; aucun empire n'auroit été bouleversé; les autels existeroient encore dans leur splendeur, et les trônes dans leur intégrité. Revenons enfin à des conséquences justes, et disons : Les Rois ont voulu secouer le joug du Christ; il est juste que le Seigneur, pour se venger, secoue celui de leur empire : ils ont blasphémé le Christ lui-même et sa doctrine; mais ils ont entendu les vociférations des vivants et les gémissements des blessés et des mourants qui les accusoient de cruauté et de barbarie; après avoir été dupes de la scélératesse des séditieux, ils en ont été les tristes victimes. Dieu s'est joué des égarements des rois adeptes : pour les châtier, il a suscité une nation insensée qui est devenue un objet d'indignation et d'envie. Dieu, pour mettre fin au fléau des révolutions et aux désastres de la rebellion, a permis que Napoléon l'apostat, chef des factieux, pour le bonheur des peuples, fût frappé sur son trône usurpé, et qu'il fût ignominieusement détrôné et chassé de l'empire qu'il avoit envahi, par ceux-mêmes qu'il ambitionnoit de détrôner, et par ceux qu'il avoit dépouillés de leur autorité par intrigues, par bassesses, par fourberies et par scélératesse. Ainsi ce présomptueux, dont la voix retentissoit par toute la terre, a trouvé ses maîtres qu'il ne croyoit jamais voir : quand il croyoit qu'aucun mortel ne pouvoit l'égaler, sa défaite et sa confusion étoient annoncées à l'extrémité du monde.

Les conjurés ne connoissent de mérite que dans l'impiété et les forfaits. Ils craignoient un retour de la part de Gustave, et ils le prévinrent en le faisant assassiner. Ils appréhendoient aussi que le peuple françois, qui regrettoit l'ancienne dynastie, ne se révoltât contre la tyrannie et la persécution de leur chef et de leur empereur, et qu'il ne rappelât la famille des Bourbons, pour le gouverner. Ils désespéroient de pouvoir jamais vaincre la justice et la piété des princes légitimes ; ils n'ignoroient pas que toutes tentatives pour les corrompre avoient toujours été inutiles ; mais le Seigneur renversa tout à coup tous les projets des méchants ; il écrasa les séditieux ; il anéantit d'un seul souffle l'impie qui paroissoit si redoutable ; il foudroya l'usurpateur, et et replaça les Bourbons sur le trône de leurs ancêtres, qu'ils n'auroient jamais abandonné, si des ministres, sous le règne de Louis XV, ne s'étoient laissé corrompre par les philosophes : mais tous les moyens sont bons aux conspirateurs, pourvu qu'ils puissent leur servir à la destruction des trônes et au renversement des autels. Les conspirateurs n'ignoroient pas que Louis XV, tout adonné qu'il étoit à ses plaisirs, n'avoit jamais voulu seconder les vues criminelles des philosophes ; mais ceux-ci trouvèrent accès auprès des ministres, et les ministres adeptes les favorisèrent de toutes leurs forces ; ils laissèrent forger et préparer tous les matériaux qui ont renversé le trône et l'autel. Et Louis

XVI, qui n'approuvoit nullement l'impiété et les crimes des philosophes, fut victime des torches qu'on avoit allumées et des poignards qu'on avoit forgés sous le règne de Louis XV, par l'imprévoyance et l'insouciance de ses ministres, pour ne pas dire par leur connivence avec les philosophes, par leur adhésion et leur connexité. Louis XVI étoit le meilleur prince que la France ait jamais eu pour la gouverner; il aimoit sincérement son peuple et il en étoit tendrement aimé; s'il eût été secondé par ses ministres dans ses vues de bienfaisance, les séditieux n'auroient jamais pu lui ravir l'autorité, malgré toutes les intrigues de ses ministres perfides qui avoient enchaîné les bras de ses fidèles sujets. Mais, malgré toute leur noirceur et leurs perfidies, les ministres adeptes ne purent jamais arracher de la multitude des François leur respect, leur amour et leur attachement pour Louis XVI; il étoit religieux, bon et juste; il étoit généralement aimé, et il fut généralement regretté: Louis XVI aimoit si tendrement son peuple qu'il se fit lui-même victime de son amour: il aima mieux s'offrir en holocauste à Dieu pour des enfants ingrats, rebelles et parjures, que d'user de son autorité pour les châtier; son amour fut si parfait, que son sacrifice renversa le mur de séparation qui existoit entre le créateur et ses sujets fidèles, que le Tout-Puissant parut un moment avoir abandonnés et même rejetés. Les séditieux, après avoir renversé les autels du Seigneur, persécutèrent ses ministres, après avoir égorgé et tyrannisé les amis du trône; Louis XVI, demeura seul, et ils le cherchèrent pour lui ôter la vie : quand la force se trouve réunie à l'impiété, elle court au galop aux plus grands forfaits.

Louis XVI étoit trop humain et trop pacifique pour des conspirateurs. Il étoit si vertueux, qu'il paroissoit plutôt réservé pour commander à des anges qu'à des hommes, surtout à des philosophes impies. Il ne voulut jamais faire usage de sa puissance, même contre ses enfants rebelles. Son excès de tendresse fut funeste à tous ses sujets religieux et fidèles; mais il ne prévoyoit pas que tant de malice et tant d'atrocité pût entrer dans le cœur des François, ce peuple passant à juste titre pour le plus doux et le plus civilisé de l'Europe, et en même temps pour le plus attaché à son souverain.

La perte de Louis XVI entraîna les désastres de la France, qu'on avoit préparés à la cour de Louis XV, où l'on ne vivoit que dans l'insouciance, l'irréligion et la mollesse. Si ce prince conserva sa foi, il n'eut qu'une foi morte et languissante. C'étoit un cœur sans mœurs, qui se choisit des ministres philosophes et impies. Le duc de Choiseuil, Ancelot, Malherbes, le comte d'Argenson, de Praslin, et la marquise de Pompadour, qui avoit encore plus d'influence qu'aucun ministre, gouvernoient alors la France. Tous préparèrent de loin la ruine des autels par leur impiété; tous sapèrent aussi les fondements du trône par leur correspondance habituelle avec Voltaire, qu'ils consultoient et dont ils se faisoient gloire de suivre les perfides conseils; tous contribuèrent de toutes leurs forces à la destruction du corps de la compagnie de Jésus, que l'on considéroit avec raison comme le plus ferme rempart des trônes et des autels. La facilité de satisfaire ses passions avoit attiré dans le parti des conjurés presque tous les hommes qui dominent dans la société par les distinctions d'autorité, de crédit et de richesses. Ces succès étoient plutôt dûs à l'impiété qui favorise les vices en flattant les passions, qu'aux talents de Voltaire. Alors chacun vouloit être philosophe, parce qu'il croyoit qu'avec ce titre il pourroit être impunément impie, et vivre commodément à son gré; mais l'impiété est le poison, le froid assassin de l'amitié, de la charité, de la justice et de toutes les vertus qui honorent et qui font le mérite des grands hommes. Les impies voudroient pouvoir fouler aux pieds la majesté divine, ils voudroient pouvoir lui ravir sa toute-puissance et sa gloire; mais hélas! ces présomptueux insensés oublient honteusement leurs misères, leur naissance et leur néant : ils ne sont et ne peuvent être auprès de l'Éternel, que comme le plus petit grain de sable que le moindre vent emporte. Les incrédules sont tous de vrais démons : ils sont durs, ingrats et insensibles; ils ne songent qu'à peupler la terre de brigands, de scélérats ou de monstres comme eux. Les incrédules sont des mutinés et des enragés, toujours prêts à se révolter contre l'autorité civile et ecclésiastique; ils mériteroient tous d'être punis exemplairement, parce qu'ils sont en tout opposés à la félicité publique, et qu'ils ne cherchent qu'à troubler l'ordre et la paix. Leur incrédulité vient d'un fond d'orgueil enflammé de haine contre le créateur, de ce qu'ils ne peuvent atteindre à la perfection de ses ouvrages qu'ils ne peuvent s'empêcher d'admirer même en les critiquant. Le premier remords de l'impie est de confesser Dieu qu'il a tant blasphémé, et d'invoquer son infinie miséricorde. Le retour vers Dieu de quelques impies n'empêche pas que la conspiration contre les trônes et les autels n'est point encore éteinte, et l'expérience ne nous convainct que trop journellement que les gens de lettres, sans religion, forment la classe des citoyens la plus perverse et la plus dangereuse. Elle nous démontre aussi que, plus la religion sera florissante et triomphante dans un état, plus cet état sera à l'abri des conjurés; que, plus la religion sera respectée dans un empire, plus les sujets seront dociles et soumis, plus aussi les monarques et les peuples seront heureux et pourront se croire en sécurité. Je sais qu'une grande partie des souverains et des ministres n'avoient pas les intentions criminelles des philosophes, qu'ils ont été entraînés par erreur, et que beaucoup ont servi une cause si injuste sans le vouloir. C'est ainsi que le landgrave de Hesse-Cassel fut séduit par les impies. Ce prince avoit sur la religion plusieurs doutes qu'il avoit envie d'éclaircir; mais malheureusement, pour les résoudre, il s'adressa à Voltaire. Celui-ci, qui avoit juré la perte de la religion, fut bientôt d'accord avec ses autres adeptes, pour précipiter dans l'erreur et dans l'abîme le prince de Hesse-Cassel. Il paroît au fond que plusieurs autres princes ne cherchoient également qu'à s'instruire ; mais ils s'adressèrent malheureusement à des philosophes dont tout l'objet étoit de faire servir ces princes au renversement des autels ; ils leur cachèrent avec art le renversement des trônes qu'ils méditoient ; et quand le moment propice pour l'effectuer fut arrivé, les philosophes le saisirent avec empressement, et les princes ne reconnurent leur faute et leurs erreurs, que lorsque les séditieux les eurent chassés de leurs trônes et de leurs royaumes.

D'autres princes étrangers rendirent également leurs hommages aux philosophes impies ; de ce nombre sont : le duc de Brunswick, le prince de Deux-Ponts, Louis-

Eugène, prince de Wurtemberg, et Louis, prince de Wurtemberg, Charles-Théodore, électeur palatin, etc. L'enthousiasme pour le héros de l'impiété étoit porté si loin, que plusieurs femmes cherchèrent, par les principes et les plaisanteries de Voltaire, à capter ses suffrages aux dépens de leur honneur. Il n'appartient qu'aux souverains de gouverner les peuples, et c'est aux ministres du Seigneur à les instruire : eux seuls ont la puissance et le droit de former la barrière pour arrêter le torrent de l'impiété ; c'est à eux d'empêcher que la multitude ne soit entraînée dans les voies de l'erreur et de la corruption ; mais aussi c'est à la multitude de suivre les ordonnances des souverains en s'y conformant, et de pratiquer la loi de Dieu, ainsi que les vertus chrétiennes que les véritables pasteurs leur annoncent. Si la multitude n'est pas pénétrée de respect pour son souverain, comme pour ceux qui lui apprennent les devoirs imposés à chaque condition et à chaque âge, ainsi que la manière de les remplir ; la multitude, loin d'être soumise et religieuse, est déjà disposée à la rebellion et à l'impiété. Si, dis-je, la masse du peuple est sourde aux cris de la conscience, si les temples sont déserts, si les magistrats sont froids et indifférents pour la religion, si la multitude foule aux pieds les lois et les ordonnances des souverains, le peuple sera bientôt impie, corrompu et rebelle ; et un peuple corrompu ne tarde pas à se livrer aux plus grands excès et aux plus grands crimes.

Celui qui refuse à la divinité l'hommage que toute créature doit à son créateur, est encore bien moins disposé à se soumettre aux ordres du prince qui le gouverne, ainsi qu'à l'autorité des magistrats établis : aussi celui qui sert le mieux son Dieu, est toujours celui qui sert le mieux son souverain. Personne ne peut douter qu'un sujet qui méconnoît la divinité, ne soit un impie et un sujet rebelle. Il est également certain que tous les rebelles n'attendent que le moment favorable pour signaler leur mécontentement et leur fureur. Ainsi, tout empire où la religion ne sera pas triomphante, les ministres du Seigneur écoutés et respectés, les magistrats accueillis, craints et obéis, sera toujours un empire chancelant. C'est à l'autorité de protéger la religion et ses mi-

nistres contre les attaques des philosophes et des impies;
c'est aux magistrats de veiller à ce qu'il n'existe aucune
association tendant à la destruction des autels et au
renversement des trônes, car l'existence de l'un est nécessairement liée avec l'existence de l'autre. Comme
la sécurité des monarques est étroitement unie avec la
soumission et la fidélité de tous leurs sujets, l'obéissance
fait autant la gloire et la prospérité des peuples, que
l'amour élève les monarques.

Pour mieux convaincre le lecteur de la fourberie
et de la méchanceté des philosophes, écoutons un moment Dalembert, qui avoit lui-même rédigé l'acte d'accusation contre les jésuites. Lorsqu'il vit tous les membres du parlement demander avec empressement l'anéantissement de ce corps si précieux et si respectable, au
lieu de s'en déclarer les protecteurs et les défenseurs,
Dalembert ne put se retenir, ni s'empêcher de s'écrier :
Pardonnez-leur, Seigneur, car ils ne savent ce qu'ils
font, ni de qui ils reçoivent des ordres.

Mais l'envie animoit les parlementaires et l'impiété les
aveugloit : ils avoient bu à leur aise la coupe empoi-
sonnée de la philosophie qui devenoit déjà dominante;
mais elle ne pouvoit parvenir à son but, ni établir son
empire, sans détruire les gardes du corps de l'autel et
du trône. Les conjurés avoient bien juré et résolu leur
perte en secret; mais ils s'attendoient à éprouver de
grands obstacles, soit de la part du parlement, des
souverains, ou de la cour de Rome; mais ils ne trouvèrent nulle part la moindre résistance ; tout leur réussit
au-delà de leurs espérances : le premier coup de main
des philosophes fut décisif, et leur assura pour toujours
un triomphe complet.

La perte de la compagnie de Jésus fut aussitôt résolue,
et elle reçut son entier accomplissement. Dès-lors, les
philosophes éloignèrent des cours et des premières dignités tout ce qui leur étoit opposé, c'est-à-dire, tous
ceux dont ils redoutoient la sainteté, les talents et les
lumières.

Ils n'ignoroient pas que le clergé avoit déjà averti les
souverains et les magistrats des progrès rapides de la philosophie et de sa doctrine pestilentielle. Ils savoient aussi

que le clergé, instruit et clairvoyant, avoit prévenu le roi sur les manœuvres des séditieux, et qu'il avoit eu le courage de lui dire : Oui, c'est au roi et à la religion que les philosophes en veulent; les armes sont déjà entre leurs mains, et ils n'attendent que l'instant favorable de s'en servir pour renverser d'un seul coup le trône et l'autel; il est même étonnant que leur chute ne se soit pas opérée. Ainsi, il est temps de prendre des précautions et d'agir, si vous voulez sauver la religion et votre empire.

Mais toutes les remontrances du clergé furent vaines et inutiles. Les ministres étoient vendus à la philosophie conspiratrice; ils traitèrent de visionnaires les fidèles disciples du Seigneur qui donnoient au roi des conseils si charitables et si sages; loin de seconder les intentions bien connues du monarque pour le plus grand avantage de ses sujets, ils travaillèrent avec plus d'activité à la réussite des projets criminels des philosophes devenus des séditieux. Ils s'endormirent au bord du précipice ; ils trahirent tout à la fois leur conscience, leurs devoirs, leur Dieu, leur souverain, et la nation qu'ils plongèrent dans le plus affreux des précipices.

Les ministres adeptes sacrifièrent, pour la vaine gloire de philosophes, leur honneur, leur tranquillité, celle de leur roi et de leurs concitoyens.

Les jésuites, le plus ferme rempart des souverains et de la religion, n'existoient plus. La méchanceté, la calomnie, la haine et l'envie avoient poussé leur audace jusqu'à oser accuser ce boulevard de l'autel et du trône d'avoir sollicité Damien à assassiner Louis XV, afin de s'emparer des rênes du gouvernement.

Cette accusation, quoique démentie par Damien lui-même, ne fut crue de personne, malgré les soins des philosophes et des ministres à propager cette fausseté dont ils connoissoient à fond toute l'absurdité; mais ils avoient tous besoin de ce prétexte pour justifier l'injustice qu'ils s'étoient aidés à commettre à l'égard des jésuites. Ils n'avoient sollicité leur destruction, que parce qu'ils redoutoient leurs lumières et leurs talents, et qu'ils étoient totalement opposés aux philosophes et aux ministres adeptes.

Tout porte à croire et tout fait présumer que l'assassinat de Louis XV fut l'ouvrage des conspirateurs qui désespéroient pouvoir le faire entrer dans leur parti. La haine que les philosophes avoient jurée aux souverains, l'envie qu'ils avoient de régner, leur impiété jointe à l'ambition du pouvoir suprême, sont autant de témoins qui les accusent d'avoir préparé en secret l'assassinat de Louis XV, et de l'avoir commandé.

Si les conspirateurs, par la grande influence qu'ils exerçoient alors, ont su se soustraire aux supplices, ils n'ont pu échapper à l'infamie, ni se justifier des soupçons d'assassins qui planèrent alors sur leurs têtes criminelles.

Les membres du parlement, chargés d'informer contre les inculpations que l'on faisoit aux jésuites, mirent tant de partialité dans leur instruction, qu'ils firent grandement soupçonner qu'ils étoient plus intéressés à taire la vérité qu'à la révéler, et qu'ils avoient eu plus de part, soit directement, soit indirectement, à l'assassinat de Louis XV, que le corps incorruptible des jésuites, contre lequel ils cherchoient inutilement des preuves.

Quoi qu'il en soit, il est certain que Damien n'étoit pas seul criminel : pour un attentat si horrible, on n'a cependant puni que lui; les grands coupables ont échappé aux recherches des parlementaires et à la vigilance des ministres, qui auroient pu eux-mêmes donner des enseignements très-positifs.

L'infame Louvel n'étoit pas le seul qui figuroit dans l'assassinat du duc de Berry; lui seul a été jugé coupable du meurtre, lui seul en a subi la peine : les grands meneurs, les grands criminels, se sont soustraits à la justice et à la vengeance publique. Il est vrai que cet attentat a laissé une forte tache sur l'habit de D....., alors ministre, qu'il ne pourra effacer de long-temps; mais D..... jouit aujourd'hui de sa fortune rapide et colossale, dans son palais, où il n'est occupé qu'à chercher de nouvelles victimes avec de nouveaux Louvel, pour se mettre à l'abri des nouveaux meurtres qu'il complote.

Ce brigand achevé n'en veut qu'aux têtes couronnées, ou à celles destinées à régner. Il ne seroit jamais parvenu au ministère, si l'on n'eût pas laissé établir le règne de l'impiété, si l'on n'eût pas laissé établir les associations secrètes ; il n'auroit jamais eu ni crédit, ni influence, ni autorité, et il n'auroit pu en abuser si impudemment. Si les grands assassins ne trouvoient appui et protection près des premiers dignitaires, ceux qui commettent ces meurtres abominables seroient promptement réprimés et sévèrement punis ; mais la justice trop souvent épargne la tête des criminels ; elle ne châtie que la queue : la tête continue à se livrer à ces secousses violentes qui préparent la ruine des empires.

Si l'on attaquoit la tête de cette hydre dévorante, ces horribles attentats seroient moins fréquents ; on n'auroit jamais osé les méditer en secret, encore moins les exécuter. Les grands criminels seroient aussi moins audacieux et moins communs. Si l'on veut sincèrement faire cesser ces énormes attentats, il faut attaquer et détruire la tête des sociétés secrètes : quand les sectaires seront sans chef, ils n'auront plus ni correspondance, ni ensemble dans leurs détestables complots ; mais l'impunité enhardit le crime et multiplie les méchants.

Les bourreaux des rois sont si téméraires, qu'ils ont organisé leurs bureaux secrets dans les capitales mêmes, et jusques sous les fenêtres des ministres. Ces tigres altérés de sang entourent et occupent jusqu'aux palais des souverains ; ils menacent avec leurs torches ardentes l'Europe entière d'un embrasement général. Si leurs principes destructeurs l'emportent, si les projets et les serments des sectaires s'accomplissent, c'en est fait de la religion, de la morale, du sacerdoce et du gouvernement.

Les magistrats probes et honnêtes seront sacrifiés les premiers avec les ministres du Seigneur ; aux lois douces et paternelles qui régissoient les états, succéderont les lois de fureur et de sang des sectaires ; toutes les richesses, les champs, les maisons, en un mot, toutes les propriétés, jusqu'aux chaumières et aux enfants, deviendront la proie des lions rugissants dont sont composées aujourd'hui les sociétés secrètes.

Les malheurs de la France ne sont qu'un premier essai des conjurés : la rebellion de Naples, la guerre civile de l'Espagne, sont également leurs ouvrages ; et il ne tient pas à eux que la France ne soit de nouveau saccagée, ainsi que l'Italie, l'Allemagne, la Prusse, la Suède, la Russie, etc. Ces sardanapales croiroient encore ne pas pouvoir se rassasier de crimes, s'ils avoient mis l'univers entier en combustion.

Un grand changement s'est déjà opéré dans les cœurs : l'impiété et l'insubordination ont fait partout de grands ravages, et leurs succès vont toujours croissant ; et si les souverains ne conviennent de châtier tous les sectaires en même temps, dans chaque empire, il est à craindre que les plus criminels n'échappent aux supplices ; et de même, si on leur laisse la facilité de changer de royaume, comme ils changent déjà de nom.

L'esprit d'insubordination s'est déjà propagé au loin : l'insubordination amène la licence ; la licence produit la rebellion ; et la rebellion conduit à l'anarchie, qui entraîne dans tous les crimes.

Écoutons les conjurés eux-mêmes, qui, pour mieux voiler leurs désastres, se couvrent hardiment du manteau de philosophes. « La philosophie pourroit bien encore être battue, mais elle ne sera jamais vaincue. » Ainsi s'exprimoit Dalembert avec Voltaire : sous le nom de philosophe, l'impiété seule est honorée, et l'impiété est la mère de tous les désordres. Les conjurés n'ont pris le beau titre de philosophes que pour mieux égarer et séduire les peuples ; car s'ils eussent pris ceux d'impies, d'incrédules ou d'ennemis du christianisme, ils eussent révolté tous les esprits. Écoutons aussi Voltaire, dans ses derniers moments, dire à ses premiers adeptes : écrasons les autels, et qu'il ne reste pas au Dieu des chrétiens un seul temple ni un seul adorateur. Ses élèves, plus audacieux, ont assez répété partout : écrasons tous les sceptres, et qu'il ne reste pas aux rois de la terre un seul trône, un seul sujet, pas même une chaumière pour se garantir des injures du temps. Écoutons encore Diderot ; ce frénétique ne cessoit de dire à ses disciples « que le boyau du dernier des chrétiens serve de corde pour étrangler le dernier des rois. » Il est difficile d'expliquer plus clairement leur haine contre l'autel et les trônes, que ce que nous en ont dit Dalembert, Voltaire et Diderot. Leur témoignage ne peut être suspect ; car ils se vantoient eux-mêmes d'être les premiers conjurés. Le parlement de Paris avoit cependant pris contre Voltaire, à cause de ses impiétés, un arrêt qui l'exiloit pour toujours du royaume; mais les philosophes, qui maitrisoient déjà les ministres et les grands, obtinrent facilement de la cour que le premier auteur de l'impie philosophie, qui étoit encore le chef des sociétés secrètes, vînt enfin au milieu d'eux, pour y jouir des succès dont ils lui devoient tous le premier hommage.

La plupart des ministres qui entouroient alors le trône de Louis XVI, étoient adeptes. Ils firent entendre à ce vertueux monarque que le long exil de Voltaire l'avoit suffisamment puni; que le parlement l'avoit jugé avec trop de rigueur, et qu'il étoit trop juste pour ne pas modifier un jugement si sévère envers un auteur aussi extraordinaire. Le roi, toujours porté à la clémence, souscrivit àtout; il adhéra aux instances de ses perfides ministres. Le rappel de Voltaire fut comme un retour de la vie à la mort; son arrivée dans Paris fut le triomphe de tous les conjurés, Dalembert, Diderot, Helvétius, Turgot, Condorcet, Laharpe, le garde des sceaux Lamoignon, Damilaville, Thiriot, Saurin, le comte d'Argental, Grim, le baron d'Olback et Leroi, qui mourut de douleur et de remords d'avoir pu être adepte et secrétaire d'une académie monstrueuse qui conspiroit des révolutions contre le Christ, lesquelles devoient nécessairement amener la chute des trônes et entraîner la société dans des désordres et des désastres: tous accueillirent avec joie et fêtèrent le chef des impies. Cette racine impure produisit quantité de rameaux sauvages, surtout dans la capitale, où s'étoient rendus de toutes parts les principaux adeptes pour complimenter cette vile idole, qui contribua beaucoup à rendre incrédule et rebelle une nation insensée. Tous les ingrats, tous les impies, les curieux et les sectaires, accouroient sur le passage de Voltaire; il devint tout-à-coup l'idole du jour d'un peuple qui n'étoit point son peuple. Ceux qui l'entouroient étoient si aveugles et aveuglés, que plus il faisoit de mal, plus ils lui prodiguoient de louanges. Oh aveuglement déplorable! le chef de l'impiété, dont la longue carrière n'avoit été qu'une guerre non interrompue, tout à la fois publique et souterraine contre le christianisme, fut reçu, dans la capitale même d'un peuple et d'un roi très-chrétien, avec toutes les acclamations accordées aux héros, avec tous les honneurs que l'on décerne pour recompense des plus importants services, avec toutes les démonstrations d'allégresse que l'on a coutume de témoigner à ceux qui rentrent dans leur patrie après avoir remporté d'éclatantes victoires. Oh égarement de la raison ! le plus cruel ennemi de Jésus-Christ, des rois et des peuples est encensé par ceux mêmes dont il a juré la perte, et lorsqu'il ne revient parmi eux que pour la consommer. Toutes les académies célébrèrent son arrivée ; elles la célébrèrent jusques dans le Louvre déjà ébranlé par les manœuvres sourdes de cet impie audacieux qui, ne pouvant corrompre le monarque, s'étoit rendu maître des ministres. Les Turgot, les Maupeou, les Lamoignon, les Brienne firent également la cour à Voltaire. Ces perfides furent tour-à-tour les ministres de Louis XVI. Pour mieux favoriser la philosophie avec son impiété, ils concertoient avec les conjurés les moyens à employer pour tromper Louis XVI, dont les intentions pures, le mérite et la vertu n'ont jamais pu être ternis ni par les calomnies des philosophes, ni par les vociférations des méchants. Les théâtres décernèrent leurs couronnes au chef de l'impiété ; les fêtes se succédèrent en son honneur. La multitude ignorante, éblouie par l'accueil éclatant que plusieurs dignitaires et grands du royaume firent à Voltaire, ne l'envisagèrent plus que comme leur père et leur libérateur, tandis qu'il n'étoit qu'un vil enchanteur et un infame séducteur. Au milieu de cette allégresse générale des philosophes, les ministres présentèrent Voltaire à Louis XVI, qui ne désiroit nullement le connoître. Ce prince ne se laissa point vaincre par le mal ; il ne céda aux vœux importuns de ses ministres pervers que par tendresse et par une ardente charité. Il étoit bien éloigné de soupçonner tant d'artifices, tant de perfidies, et tant de scélératesse de la part de ceux qui l'entouroient, et qu'il avoit honorés de toute sa confiance. Mais Louis XVI, en cédant aux impulsions de son cœur, sut conserver sa dignité, son éclat et sa loyauté. Le clergé de France, loin de se réjouir, fut vivement attristé des fêtes et des honneurs que l'on avoit décernés à Voltaire ; il fut seul vivement attristé au milieu de l'allégresse générale. Il sollicita en vain l'exécution de l'arrêt du parlement, qui avoit exilé pour toujours de la France le chef de l'impiété; mais l'autorité étoit d'accord avec les conjurés. Les magistrats traitèrent les députés du clergé de rigoristes, qui pleuroient quand chacun rioit, et qu'ils feroient beaucoup mieux de prendre part à la joie commune. Le clergé de France, profondément affligé de l'accueil et de la réponse des magistrats, ne songea plus qu'à vaincre le mal par le bien, et à conserver son ancienne splendeur; il chercha sa consolation dans des vertus solides, dans la science et le zèle de la religion, dans le maintien de ses dogmes et dans un inviolable attachement aux principes de la foi; et en dépit des conjurés il y trouva la paix et le repos de la conscience. Jean-Jacques Rousseau avoit été lié avec Voltaire et les conjurés; mais il s'en détacha sans cesser d'être impie. Ils ont été, l'un et l'autre, les deux héros de l'impiété; mais Voltaire en recueillit seul les honneurs. Au milieu de ces acclamations et de ces couronnements, qui enflèrent encore d'orgueil un cœur déjà trop vain et trop présomptueux, Voltaire, tout énivré de l'encens de ses adeptes, s'écria : vous voulez donc me faire mourir de gloire. La religion seule étoit en deuil avec son clergé pendant tous ces triomphes. Son Dieu sut la venger de ces fêtes mondaines, qui faisoient le triomphe, la joie et l'allégresse des impies : il jeta sur le présomptueux un regard d'indignation, et Voltaire fut aussitôt atteint d'une violente hémorragie qui dut le convaincre de son néant et de sa foiblesse. L'impie, qui avoit eu peur de mourir de gloire, fut tout-à-coup abandonné de Dieu et des hommes, et il finit ses jours infames dans la rage et le désespoir. Au milieu de ses troubles et de ses frayeurs, il appeloit, il invoquoit l'infinie miséricorde de Dieu, ancien objet de ses sarcasmes et de sa haine. Avec les accents prolongés du remords, tantôt il blasphémoit contre le créateur, tantôt il s'écrioit : Jésus-Christ, Jésus-Christ; d'autres fois, transporté de fureur et de rage, il se plaignoit d'avoir tant travaillé contre Dieu, et d'avoir si peu fait pour le ciel. Beau ciel! beau ciel! céleste Jérusalem! disoit-il, je ne te verrai donc jamais. Lorsqu'il sentit sa fin approcher, il demanda à la vérité un prêtre, et il désavoua par un acte notarié ses impiétés; il pria même

M. Gauthier de l'aider, de communiquer sa rétractation à M. le curé de S. Sulpice et à Monseigneur l'Archevêque de Paris : mais Dalembert, Diderot et Marmontel s'y opposèrent. Ces adeptes, craignant que le repentir de Voltaire et les remords qu'il éprouvoit ne vinssent donner à ses disciples le spectacle humiliant de ses rétractations, empêchèrent le chef de l'impiété de déclarer formellement ses erreurs et ses extravagances, comme il en avoit le projet, ainsi que de désavouer publiquement ses complices. Mais ceux qui l'entouroient étoient aussi versés dans la perfidie et aussi corrompus que leur maître. Ils ne voulurent jamais permettre à M. Gauthier de pénétrer dans la chambre du malade qu'ils voyoient repentant et disposé à abjurer sa doctrine et ses écrits empoisonnés. Voltaire, impatient de revoir M. Gauthier et de connoître la réponse de M. le curé de S. Sulpice et de Monseigneur l'Archevêque, accabloit déjà de reproches et de malédictions ses adeptes qui l'assiégeoient : retirez-vous de moi, leur disoit-il alors ; c'est vous qui m'avez perdu ; c'est vous qui êtes la cause des tourments que j'endure dans l'état cruel où vous m'avez réduit. Je pouvois me passer de vous, mieux que vous ne pouviez vous passer de moi. Je pouvois tout sans vous et vous ne pouviez rien sans moi. Quelle malheureuse gloire m'avez-vous donc value ! elle fait déjà ma condamnation et ma confusion, bientôt elle fera mon châtiment et mon supplice, ainsi que le vôtre. L'affreux souvenir de la conjuration glaçoit en même temps d'horreur et d'effroi, et l'impie mourant, et ses adeptes témoins des angoisses et des déchirements de son agonie.

Ainsi mourut Voltaire, le 5 mai 1778, consumé par ses propres égarements et par ses fureurs, plutôt qu'affoibli par ses propres années ; dans ses derniers moments il détestoit ses adeptes les plus intimes ; mais il les avoit si bien instruits qu'ils le maîtrisèrent et qu'ils le garottèrent avec les mêmes chaînes qu'il avoit forgées lui-même.

Les conjurés, en perdant Voltaire, perdirent tout du côté des talents ; mais ses armes leur restoient dans ses volumineuses productions qui avoient déjà répandu au loin leur poison et leur amertume. Les honneurs de premier chef de la secte furent déférés à Dalembert. Il continua à diriger l'académie secrète pour la propagation de l'impiété et de la révolte, jusqu'en novembre 1783, où il fut forcé d'aller comparoître lui-même devant le même Dieu que Voltaire, et de rendre compte de toute leur vie à celui qu'ils s'étoient tant plu l'un et l'autre d'outrager pendant leur vivant. Ainsi, Dalembert survécut de très-peu à Voltaire. L'un et l'autre, à leur dernière heure, éprouvèrent les mêmes alarmes et les mêmes frayeurs. Dalembert ressentit les mêmes remords et les mêmes déchirements que Voltaire; il étoit prêt, comme lui, à se rendre au dernier repentir du mourant et à recourir au seul moyen de salut qui lui restoit : à l'exemple de son maître en impiété, il appela à son secours les ministres de Jésus-Christ; mais, comme il s'étoit aidé à priver Voltaire de ce soulagement et de cette dernière consolation, Dieu permit aussi que les conjurés s'opposassent à ce que M. le curé de S. Germain, que Dalembert avoit demandé, pût pénétrer dans sa chambre, lorsqu'il se présenta comme le pasteur qu'on avoit fait appeler pour aider et assister le malade dans sa position critique. Les conjurés, par les mêmes manœuvres et pour les mêmes motifs qu'ils avoient employés contre Voltaire, forcèrent Dalembert à expirer dans les remords et le désespoir, comme ils y avoient déjà contraint le maître de l'impiété. Tous deux ont terminé leur carrière dans des angoisses cruelles; tous deux ont donné des marques de repentir, et ont reconnu leurs torts; tous deux ont appelé les ministres du Seigneur à leur secours, et ont désiré faire l'aveu de leurs égarements; tous deux auroient voulu en faire pénitence; tous deux s'en sont humiliés; l'un et l'autre, au lit de la mort, ont demandé pour eux-mêmes les secours de cette même religion qu'ils avoient combattue avec tant d'acharnement, étant en santé, qu'ils auroient voulu pouvoir la détruire entièrement; mais l'un et l'autre furent privés de ses douceurs et de ses consolations, dans le moment qu'ils en avoient le plus besoin; tous deux avoient trop bien élevé leurs adeptes : ils surent tourner contre leurs maîtres les mêmes armes qu'ils leur avoient laissées et dont ils s'étoient servis eux-mêmes avec tant d'art contre les autres. L'un et l'autre furent pris dans les mêmes filets qu'ils avoient inventés pour autrui : ils avoient appris la perfidie et le déguisement à leurs adeptes , ceux-ci s'en servirent à l'égard de leurs maîtres. Ainsi Voltaire et Dalembert ont été contraints de paroître devant celui qu'ils recommandoient tant d'écraser, frémissant de rage et tout tremblants pour leurs œuvres, sans pouvoir se procurer ni espérer le moindre soulagement pour appaiser leur frayeur mortelle. L'un et l'autre, couverts de crimes, ont été obligés d'avoir pour juge celui qu'ils avoient tant blasphêmé, et qu'ils appeloient avec audace *l'infâme*. Telle a été la fin tragique des deux chefs de l'académie de l'impiété.

Diderot, le héros des athées, porta jusqu'à la folie sa rage contre le créateur et sa haine contre son divin fils. Cependant, lorsqu'il se vit sur le point de paroître devant le souverain juge, il demanda un prêtre pour l'aider de ses conseils et pour l'assister des secours consolants de la religion ; ce fut M. de Tersac, curé de S. Sulpice, que Diderot choisit et fit appeler. Sitôt que le ministre du Seigneur parut, le chef des athées le pria de ne pas l'abandonner : il le vit en effet plusieurs fois, et, d'après les avis et les conseils de M. de Tersac, Diderot se proposoit de faire une rétractation publique et par écrit de ses erreurs et de ses impiétés ; mais les conjurés l'apprirent, et ils crurent que ce seroit fini de l'athéisme et qu'ils seroient tous déshonorés, si le héros des athées désavouoit publiquement ses égarements et ses extravagances. Ils lui persuadèrent que l'air de la campagne lui seroit avantageux pour recouvrer sa santé. Diderot y consentit malgré lui ; enfin il céda à leurs instances, il se rendit à leurs importunités. Les méchants s'empressèrent de conduire leur proie à la campagne, et là ils la gardèrent si étroitement, qu'ils ne la quittèrent plus qu'elle n'eût rendu le dernier soupir. Ensuite ils ramenèrent secrétement Diderot à Paris, et ils publièrent que le plus fameux athée étoit mort à table tranquillement et sans aucun remords dans tout son athéisme. Cette scélératesse ne servit qu'à poursuivre jusqu'aux portes de l'enfer Diderot, et à y faire entrer malgré elle cette malheureuse victime. Ainsi finit le héros des athées, si

avide de gloire et si ami de l'ostentation : il emporta
avec lui sa réputation et sa renommée ; tout fut enfoui
à la fois dans la même fosse.

———

CHAPITRE IV.

Réunion des illuminés aux franc-maçons. — Leur corruption, et les fruits amers de cette monstrueuse affiliation, dont les mots liberté, *éga-* lité, *et* philosophie, *serviront de manteau pour en cacher l'amertume et le poison.*

Quoique la secte des maçons illuminés soit répandue par toute l'Europe, c'est surtout en Suède qu'elle est le plus nombreuse ; c'est dans cet Empire qu'elle a le plus de partisans, de force et d'influence. Tous sont imbus des mêmes principes ; tous ont pour fin l'irréligion et la révolte ; tous ont pour but de faire naître des mouvements séditieux dans les royaumes où régnent l'ordre et la paix, pour exciter le peuple à la rebellion. Ils se servent toujours du beau nom de liberté pour mieux égarer et séduire ceux qui sont disposés à recevoir leurs maximes pernicieuses. Quoique l'expérience de tous les temps ait appris à tous les peuples qu'ils ne peuvent retirer de ces secousses violentes que des monceaux de cendres et de ruines, aujourd'hui le mot liberté en entraîne encore plusieurs dans l'erreur et dans l'abyme ; ils croient follement que les souverains sont les tyrans des peuples, tandis qu'ils n'en sont que les protecteurs et les pères, et que le bonheur des peuples fait toute la gloire des monarques. Les sectaires, au contraire, ne portent envie à la gloire des souverains et au bonheur des peuples, que parce qu'ils ne peuvent établir leur empire qu'au détriment de l'autorité et de la félicité des peuples.

C'est sous le beau titre de philosophes et à l'aide des mots, liberté et égalité, que s'est opérée la sanglante révolution françoise; c'est par ces mêmes moyens que se sont établis les dissentions de la Hollande, l'insurrection des Liégeois, le soulèvement des Pays-Bas, la révolte de l'Irlande, les mouvements séditieux qui préparèrent la conquête de l'Italie, l'insubordination des escadres angloises, la rebellion des Napolitains, la guerre civile de l'Espagne; tous ces désastres ont pris leur source dans les sociétés secrètes. Ainsi, les sectaires sont la tête, le centre et la queue des séditions. Les villes où les chapitres des différentes sectes sont établis, sont toujours plus exposées à recevoir les coups de ces furies que toute autre. Les souverains et les princes qui y font leur résidence, courent à chaque pas, dans ces mêmes villes, de nouveaux dangers, et il est extrêmement difficile de toujours combattre et de toujours vaincre. Ainsi, ne soyons plus surpris si Paris et Stockholm viennent d'être témoins de deux grands forfaits. Les assassins seuls ont péri, et ceux qui ont conduit leurs bras et dirigé leurs poignards vivent dans l'abondance; ils se croient à l'abri de toute justice dans leur opulence, où ils méditent encore de nouveaux forfaits en attendant de nouvelles victimes.

Ce qu'il y a d'étonnant et d'incompréhensible, c'est que des monarques eux-mêmes, tels que le grand Frédéric, des fils et frères de rois, des princes, des ministres, soient devenus les protecteurs et les partisans de ces sectes infernales. N'est-il pas étrange que l'ancien roi de Prusse ait été le soutien des illuminés? N'est-il pas ridicule et humiliant que le duc de Sudermanie, grand-maître actuel au Nord, connu généralement comme l'un des plus chauds sectateurs, se soient unis intimément l'un et l'autre à des hommes aveuglés et obscurs, à des furieux qui professent la chute des empires, qui n'ont en vue que la destruction des rois, l'anéantissement de la société et le plus dur esclavage pour les peuples? N'est-il pas avilissant de méditer en secret le bouleversement et la ruine des peuples, tandis que par devoir chaque citoyen est tenu de veiller à leur bonheur et est intéressé à leur prospérité? N'est-ce pas le comble de la folie et de l'extravagance de favoriser des criminels et de protéger des assassins, tandis qu'on devroit employer son autorité à les réprimer et à les punir? N'est-ce déjà pas devenir complice des sectaires, en n'empêchant pas leurs crimes, et en ne défendant pas le juste et l'innocent, que les meneurs des sociétés secrètes immolent, ou qu'ils font égorger avec audace. Quelle confiance peuvent inspirer et quel mérite peuvent s'acquérir des princes qui font un tel abus de l'autorité qui n'est établie que pour protéger la vertu et pour châtier le crime?

Si les illuminés et les franc-maçons se sont livrés à la joie, en apprenant ces deux grands meurtres; s'ils ont donné des marques de contentement et de satisfaction à la mort de ces deux augustes victimes, tout ce qu'il y a d'honnête, noble ou roturier, en a gémi; des hommes du peuple, de simples et naïfs artisans, ont donné et donneront long-temps des larmes au récit de si noirs attentats. Mais la perte de ces précieux et illustres personnages n'en est pas moins consommée; elle n'en fut pas moins le fruit des combinaisons de ces sectes scélérates d'assassins et de brigands, qui, par des épreuves horribles, accompagnées de serments exécrables, cherchent à détruire et à renverser l'ordre social, par une sorte d'adhésion et de complicité, pour faire naître des séditions.

Des hommes probes et religieux peuvent - ils faire partie de rassemblements de furieux qui se glorifient de fouler aux pieds toute idée d'honneur, d'humanité et de religion, pour se livrer à de grands forfaits? Peut-on s'engager par serment à détruire tous les trônes, à assassiner les rois, à renverser les autels et à bouleverser toutes les sages institutions, pour obéir à des hommes aveugles et obscurs, qui ne cherchent qu'à établir le règne de l'impiété et de l'anarchie?

Ni la curiosité, ni les circonstances, ne peuvent autoriser, pas même excuser ceux qui font partie d'une société qui ne tend qu'à multiplier les méchants, les persécutions et les meurtres.

Pour mieux en convaincre le lecteur, écoutons ce que nous ont appris des voyageurs de la secte, des initiés, des illuminés et des franc-maçons réunis au hasard, des vengeances dont ils pouvoient un jour devenir l'objet:

les souverains et les hommes élevés en dignités, quoiqu'ils n'approuvent point les principes de la secte, nous disent ces voyageurs, vivent au milieu de leurs plus cruels ennemis; ils circulent autour d'eux; ils s'asseyent quelquefois à leur table, et, sans le savoir, ils les font les confidents des secrets dont les sectaires ne recherchent la connoissance que pour en abuser. Ceux-là sont dupes et sont à plaindre; mais ceux qui sont initiés, qui consultent les sectaires, et qui suivent aveuglément leurs perfides conseils, sont perdus sans ressource; ils ne peuvent plus se défendre de leurs importunités; ces novateurs audacieux vont droit à leur but, à travers tous les excès et tous les crimes; ils précipitent pour toujours les souverains, les princes ou les ministres, sitôt qu'ils les accueillent, et qu'ils leur accordent la moindre confiance. Ce sont de vrais loups ravissants, qui ne cherchent qu'à mordre et à dévorer. Ils ont un tribunal établi à Rome, appelé le tribunal du ciel, par dérision et par mépris pour l'autorité ecclésiastique dont le siége est établi dans cette ville.

C'est à ce tribunal que les voyageurs de la secte font parvenir promptement, par des correspondances particulières et rapides, tous les secrets des rois, des princes et des ministres de l'Europe. Ainsi ces agents secrets ne s'insinuent dans les cours que pour les trahir et les perdre. Ils font part de toutes leurs découvertes aux membres de ce tribunal infernal qui salarie et récompense ces voyageurs, qui sont de véritables espions et les plus dangereux ennemis des souverains. C'est le ciel qui condamne les têtes à proscrire; c'est lui qui commande les assassinats; c'est lui qui nomme les bourreaux pour les victimes qu'il a choisies; c'est lui qui leur fait parvenir les poignards ou les poisons.

Voilà ce que nous ont appris des voyageurs de la secte sincères et repentants; voilà ce qu'ils nous ont révélé, au péril même de leurs jours.

Oui, malheureusement, le tribunal que je viens de signaler n'existe que trop, et le mal que j'annonce n'est que trop certain.

Les souverains sont tous environnés de ces ténébreux scélérats : de nombreux conjurés sont établis sur tous les points habités du globe, et leurs bras, armés de torches ou de poignards, n'attendent que des circonstances favorables, pour mettre à exécution leurs infâmes projets destructeurs. S'ils commandent l'exil d'un ministre, le ministre, s'il n'y est incontinent envoyé, est au moins disgracié; s'ils ordonnent la mort d'un roi, le roi meurt assassiné, ou ils ne peuvent l'atteindre; s'ils décident la chute d'un empire, l'empire est détruit. Ainsi, ce tribunal ne s'occupe que de la corruption des ministres, pour assassiner les rois et bouleverser les royaumes. S'ils n'ont pas encore plongé tous les peuples dans un abîme de désordres, de malheurs et de ruines, l'occasion et la force seules leur ont manqué, et non la volonté, ni l'audace ou la méchanceté.

Oui, c'est la secte des franc-maçons et des illuminés réunis qui a assassiné Gustave et le duc de Berry; c'est elle qui a révolutionné la France, qui a mis l'Europe entière en fermentation; c'est elle qui complote aujourd'hui d'incendier et de ravager toute la surface de la terre. Ainsi, ces complots ne sont point des jeux d'enfants, mais des travaux de ténébreux scélérats, ou des mystères d'iniquité, que toute la société est intéressée à dévoiler, et que tout magistrat doit se hâter de réprimer ou de punir.

S'il est encore, parmi les hommes vertueux, quelques étincelles de courage, de sagesse et de prévoyance, qu'ils méditent ces révélations, qu'ils les apprécient, et que les magistrats sachent les mettre à profit, pour leur propre utilité, et pour l'avantage des peuples qui leur sont soumis.

Ces confidences, enveloppées de mystères et de singularités, n'en sont pas moins réelles; elles ne peuvent, par conséquent, être rejetées sans grand danger.

Au récit des longues et singulières précautions dont une affiliation de tels monstres a dû s'environner, pour former un rassemblement si puissant et si nombreux, pour mettre, avec sécurité, en commun, leur dépravation, leurs complots et leurs forfaits, tout lecteur doit être rempli d'indignation contre les moteurs de semblables sociétés, qui ne s'occupent que de la ruine du genre humain.

Jugeons, par ce qu'ils ont fait, de ce qu'ils peuvent faire encore, et ne négligeons rien pour introduire parmi eux quelques individus éclairés et assez courageux, ou assez adroits, pour apporter au milieu de l'Europe les clés de cet antre de crimes, et livrer à la vengeance de l'humanité outragée et des lois méconnues les instigateurs et les directeurs des sociétés secrètes.

Pour neutraliser les efforts des conspirateurs, j'emploie déjà tous les moyens qui sont en mon pouvoir. Je publie leurs mystères d'iniquité, je combats leur hideuse doctrine, je dévoile à l'Europe étonnée les secrets de l'infame serment qu'ils souscrivent ; et, pour mieux faire connoître tous les travaux des sociétés secrètes, nous allons rapporter ce qui se passe à chaque grade de la franc-maçonnerie, et les obligations que les chefs imposent à chaque candidat, soit pour l'admettre dans la secte, soit pour l'élever à un grade plus haut. Nous allons d'abord développer ce que la société dit avoir en vue ; puis nous développerons les effets qu'elle a produits ; et le lecteur pourra juger, par les résultats dont les franc-maçons se sont tant enorgueillis, combien cette société est dangereuse et funeste.

La secte nous dit par fois qu'elle veut bâtir des temples à la raison et des cachots aux vices; d'autres fois, qu'elle veut élever ses adeptes à la lumière et les délivrer des ténèbres, en les initiant à la bienfaisance; ou qu'elle veut les délivrer des erreurs et des superstitions dans lesquelles les profanes sont ensevelis; et ces profanes sont tous les hommes qui ignorent leurs mystères d'iniquité, ou qui refusent d'y prendre part. Telle est la promesse flatteuse du premier catéchisme des franc-maçons.

Cependant cette promesse seule annonce qu'il est pour eux une morale, ou une doctrine particulière, auprès de laquelle toute celle du Christ et de son évangile n'est qu'erreurs et ténèbres; mais la grande science maçonnique n'est réservée qu'aux grades élevés : les apprentis, les maîtres et les élus mêmes en sont privés,

Toutes les hautes connoissances de la secte sont réservées pour le grade de chevalier du soleil ou de l'étoile, pour les trois grades de chevalerie écossoise, ou enfin pour le haut grade de Zadosch, où l'impiété et la rebellion sont prêchées et enseignées avec audace.

L'ère maçonnique n'est point celle du christianisme : l'année de la lumière date pour eux des premiers jours du monde; cet usage dit déjà assez clairement que toute leur lumière, leur morale, leur science religieuse, sont antérieures à la révélation évangélique, à celle même de Moïse et des prophètes, c'est-à-dire qu'elle est précisément ce que les impies et les incrédules ambitionnent, et ce qu'ils appellent la religion naturelle.

Dans le langage des maçons, toutes leurs différentes loges ne forment qu'un seul temple qui s'étend de l'orient à l'occident et du midi au nord; dans ce temple, on admet les hommes de toute religion, de toute secte, indifféremment; tous espèrent y trouver la lumière, la science des vertus et du vrai bonheur, qu'on leur promet avec tant d'emphase; tous sont admis à tous les grades, en se soumettant aux épreuves de la secte; tous peuvent être chevaliers du soleil. On leur apprend alors que toutes les religions ne sont qu'erreurs et préjugés. Nous verrons plus tard que les grands maîtres ne mettent tant d'importance dans cette réunion générale, où dominent la perfidie et le mensonge, que pour mieux faire naître l'insouciance, ou pour mieux suggérer l'indifférence pour toutes les religions, jusqu'à ce que le moment arrive pour les détruire toutes dans le cœur de leurs adeptes.

C'est toujours à l'aide du serment et sous les menaces les plus terribles contre ceux qui seroient tentés de révéler les secrets de la secte, que les maçons communiquent leur prétendue lumière qu'ils appellent l'art de bâtir des temples à la vertu ou des cachots au vice. Mais la vérité et la vertu n'ont pas besoin d'être enveloppées des ténèbres, ni des mystères des maçons, soit pour plaire, soit pour être louées; ceux qui ne se fondent que sur la vérité, et qui ne pratiquent que la vertu, sont même certains d'être plutôt loués et applaudis par des profanes que par des sectaires qui n'emploient les mystères et les ténèbres que pour cacher leurs erreurs et leurs turpitudes : la vérité et la vertu ne craignent point le grand jour ; on peut même monter sur les toits pour les publier. Il est aisé de voir que les maçons ne prennent tant de précautions que pour leur propre sûreté, et non pour étendre les bienfaits d'une charité générale, comme ils osent impudemment l'avancer. Ce que les maçons cachent avec tant d'art et avec tant de soin n'est certainement pas ce que l'on peut trouver de louable dans leur association ; ils sont trop pétris de vanité pour taire ce qui seroit à leur louange, et ils aiment trop l'ostentation pour ne s'en pas glorifier. Ce n'est pas cet esprit de fraternité et de charité, si souvent recommandé aux chrétiens et si bien observé par ceux qui pratiquent l'évangile, qui leur fait préférer les ombres de la nuit au grand jour, pour s'assembler et se réunir pour jurer fidélité à un homme obscur qui devient toujours un maître dur et impitoyable, au préjudice du dévouement que tout bon citoyen doit à sa patrie, et au détriment de la soumission et de l'attachement que tout sujet fidèle doit à son souverain. Ainsi c'est plutôt pour devenir des rebelles et des parjures, que les maçons profitent des ténèbres de la nuit. En effet, en se soumettant aveuglément au chef de la secte, ils violent le serment de fidélité et d'obéissance que tout bon citoyen doit au monarque légitime qui gouverne l'état. Pour mieux convaincre le lecteur de ces grandes vérités, nous allons analyser ce qui se dit et ce que les maîtres exigent pour recevoir un compagnon maître maçon, qui est le premier grade de la franc-maçonnerie. Nos preuves ne seront pas suspectes, puisqu'elles seront tirées de la maçonnerie elle-même, et des aveux que nous ont faits plusieurs sectaires, dans la douleur et le repentir de s'être laissé entraîner, sans le vouloir et sans le savoir, dans cet affreux dédale. Nous verrons ensuite que les profonds mystères de la secte ne sont que l'explication et le développement de tout ce qui se dit et de tout ce qui se passe dans ce grade de maître maçon.

CHAPITRE V.

Les grades d'apprenti, de compagnon, et de maître-maçon, avoient plutôt l'apparence de jeux puérils, inventés pour égarer la multitude, que d'impiété et de révolte; mais ils n'en étoient pas moins une préparation sourde, pour disposer les curieux à l'irréligion et à la rebellion. — Le grade d'élu, qui succède, paroît plus sérieux. Nous le comprenons cependant également dans ce que certaines personnes appellent l'innocence de la franc-maçonnerie. — Les sectaires, en se glorifiant de leur triomphe, se sont avoués rebelles et coupables.

Les réceptions d'apprenti, ou de compagnon, sont de véritables puérilités, dont nous nous contenterons de rapporter un exemple au lecteur, pour lui en donner une idée.

M. Baruel est le premier qui ait écrit contre les sociétés secrètes des franc-maçons et des illuminés. Il a fourni des matériaux intéressants et des preuves convaincantes des complots de ces deux sectes, et des tristes effets que leur réunion a produits. Nous allons rapporter à nos lecteurs la réception à la loge maçonnique de cet écrivain courageux, qui nous a fait part de ses utiles recherches et de ses découvertes heureuses.

M. Baruel nous a appris lui-même qu'il avoit fait connoissance à Paris de jeunes adeptes dans la société maçonnique; l'estime et l'amitié de plusieurs d'entr'eux lui étoient chères. Depuis long-temps ils le sollicitoient de se faire inscrire dans leur confrérie : sur son refus constant, ils prirent la résolution de l'enrôler malgré lui. On l'invita à dîner chez un ami où plusieurs maçons se trouvèrent à dessein réunis. Le repas terminé, les domestiques renvoyés, on proposa de se former en loge pour initier le profane. Il faut au moins sept maçons pour recevoir un candidat; mais ils se trouvoient en nombre suffisant. Le récipiendaire insista dans son refus de faire le serment de garder un secret dont l'objet lui étoit inconnu ; on le dispense de ce serment, il résiste encore ; on le presse plus vivement , on lui dit qu'il n'y a pas le moindre mal dans la maçonnerie, que la morale en est excellente; pour toute réponse, M. Baruel leur demanda si elle valoit mieux que celle de l'évangile. Au lieu de répliquer , on se forma en loge : alors commencèrent toutes ces cérémonies puériles que l'on trouve décrites dans divers livres maçonniques. Le récipiendaire chercha en vain à s'échapper : l'appartement étoit vaste, la maison écartée, les domestiques avoient le mot, toutes les portes se trouvèrent fermées , il fallut céder aux désirs des franc-maçons; mais il les prévint que, puisqu'il ne pouvoit les empêcher de jouer cette comédie, s'il s'apercevoit qu'il y eût la moindre chose contre l'honneur ou contre sa conscience, ils apprendroient à le connoître.

On l'interrogea : il répondit presque à tout en riant, il fut déclaré apprenti, ensuite compagnon; mais, pour lui conférer le grade de maître, on le conduisit dans une vaste salle. La scène changea et devient plus sérieuse; on lui épargna cependant les épreuves pénibles; mais en revanche , on lui fit bien des questions insignifiantes et ennuyeuses, dans lesquelles il n'apercevoit que jeux et puérilités , malgré le ton de gravité que l'on affectoit d'y mettre; mais le candidat n'avoit déplu par aucune réponse. Enfin le vénérable lui fit, d'un air sérieux et d'un ton grave, cette question : êtes-vous disposé, mon frère, à exécuter tous les ordres du grand-maître de la maçonnerie, quand même vous recevriez des ordres contraires de la part d'un roi, d'un empereur, ou de quelque autre souverain que ce soit? La réponse fut non; le vénérable s'étonne et reprend : comment? non! Vous seriez donc venu parmi nous pour trahir nos secrets? Quoi! vous hésiteriez entre les intérêts de la maçonnerie et ceux des profanes! Vous ne savez donc pas que, de tous nos glaives, il n'en est pas un seul qui ne soit prêt à percer le cœur des traîtres? A toutes ces questions, le récipiendaire ne voyoit encore qu'un jeu; il ne faisoit que rire du sérieux glacé du vénérable, ainsi que de toutes ses menaces. Il n'en répondit pas moins négativement; il ajouta qu'il étoit assez plaisant de supposer qu'il étoit venu chercher les secrets de la maçonnerie, lui qui n'étoit resté parmi eux que par contrainte et par force. Vous parlez de secret, vous ne m'en avez point encore communiqué; s'il faut, pour y arriver et en être bien instruit, promettre d'obéir à un homme que je ne connois pas; s'il faut, pour les intérêts de la maçonnerie, suivre aveuglément les caprices du maître de votre société; s'il faut compromettre quelques-uns de mes devoirs, adieu, messieurs, adieu, il en est encore temps : je ne connois rien de vos mystères, je n'en veux rien connoître, adieu, messieurs. Cette réponse ne déconcerta nullement le vénérable; il continuoit à jouer son rôle à merveille, il pressoit davantage son candidat, et devenoit toujours plus menaçant. M. Baruel soupçonnoit avec raison que toutes ces menaces n'étoient qu'un jeu véritable; mais il ne vouloit pas, même en jouant, compromettre son honneur et sa conscience, ni jurer obéissance à leur grand-maître, surtout dans la crainte où il étoit que ses ordres ne fussent contraires à ceux du souverain légitime. Il leur répéta encore : ou mes frères, ou messieurs, je vous ai déjà annoncé que, si, dans tous vos jeux, il se trouvoit quelque chose de contraire à mes devoirs, soit envers Dieu, soit envers mon prince, vous apprendriez à me connoître. Vous y voilà, faites de moi ce que vous voudrez; mais vous n'obtiendrez jamais de moi que je promette rien qui soit opposé à la fidélité que je dois à mon créateur et à mon roi; encore une fois, non.

A l'exception du vénérable, tous les frères gardoient un morne silence, quoiqu'ils ne fissent dans le fond que

s'amuser de cette scène ; elle devenoit toujours plus sérieuse entre le vénérable et le récipiendaire : le premier
ne se rendoit point, il renouveloit toujours sa question,
il l'excédoit pour lui arracher son consentement, et pour
lui faire prononcer le *oui* qu'il desiroit. Mais M. Baruel
ne voulut jamais l'articuler ; à la fin, fatigué et se sen-
tant excédé, il arracha le bandeau qu'on lui avoit mis
sur les yeux, le jeta par terre, et, en frappant du pied, il
répondit par un *non* accompagné de tout l'accent de
l'impatience. A l'instant toute la loge applaudit par des
battements de mains ; le vénérable donna des éloges à la
constance du candidat : voilà, dit-il entre autres, les
gens qu'il nous faut ; nous avons besoin d'hommes de caractère qui sachent avoir de la fermeté. Le récipiendaire
leur répliqua, et combien en trouvez-vous qui résistent
à vos menaces ? et vous-mêmes, messieurs, n'avez-vous
pas répondu à cette question par le *oui* fatal ? et si vous
l'avez prononcé, comment espérez-vous me faire croire
que dans tous vos mystères il n'y ait rien de contraire à
l'honneur et à la conscience ?

Le ton que le candidat prenoit, le mépris qu'il faisoit
de la secte, interrompirent l'ordre de la loge. Alors les
frères s'approchèrent de M. Baruel ; ils lui reprochèrent
qu'il prenoit les choses trop à la lettre et trop au sérieux,
qu'ils n'avoient jamais entendu eux-mêmes s'engager
à rien de contraire aux devoirs d'un bon françois, et
qu'ils ne pensoient pas qu'il y eût rien d'opposé à la
religion et au gouvernement dans la société des franc-
maçons, et qu'il n'en seroit pas moins admis, malgré
sa répugnance et sa longue résistance.

Le maillet du vénérable rétablit l'ordre ; il annonça
alors l'admission de M. Baruel, au grade de maître maçon, en prévenant qu'on ne pouvoit lui donner le secret
de la maçonnerie que dans une loge plus régulière et te-
nue avec les cérémonies ordinaires ; en attendant, on lui
donna les signes et les mots de passe pour ce grade, comme
on avoit fait pour les deux autres. Cela suffisoit à M. Baruel pour être admis en loge régulière, et pour se trouver, dans une après-midi, apprenti, compagnon et maître
maçon, sans en avoir eu la moindre idée le matin.

Le nouvel initié connoissoit trop bien les intentions pures de ceux qui l'avoient reçu, même forcément,

pour ne pas croire à leur protestation qu'ils n'avoient jamais entendu s'engager à rien de contraire à leurs devoirs de chrétien ou de citoyen ; aussi tous se sont montrés bons catholiques et bons royalistes dans la révolution, à l'exception du vénérable, qui a donné à plein collier dans les fureurs du jacobinisme. M. Baruel leur promit d'assister à leurs séances régulières, pourvu qu'on ne lui parlât pas de serment; ils lui promirent de n'en point exiger, qu'ils l'en avoient dispensé, et ils lui tinrent parole : seulement ils le sollicitèrent d'inscrire son nom sur la liste qui étoit régulièrement envoyée au Grand-Orient, ce qu'il refusa encore, en demandant du temps pour délibérer ; et lorsqu'il eût assez connu ce qu'étoient ces loges, il se retira sans avoir consenti même à cette inscription.

La première fois que M. Baruel fut admis en loge régulière, on exigea de lui un discours en faveur de la maçonnerie ; il leur en débita un sur les avantages de la fraternité, et sur le plaisir de vivre en société avec des frères.

On étoit convenu, ce jour là, de recevoir un apprenti à qui le secret seroit donné avec toutes les formes ordinaires, afin que M. Baruel pût l'apprendre lui-même comme simple témoin. Le moment arriva enfin où le récipiendaire s'approcha du vénérable pour apprendre de sa bouche le fameux secret de la maçonnerie. Alors, ceux des frères qu'on avoit armés d'un glaive se forment en deux lignes, tenant leurs épées élevées et penchées, les pointes en avant et de manière à former ce que les maçons appellent voûte d'acier ; le récipiendaire passe sous cette voûte et arrive devant une espèce d'autel élevé sur deux gradins au fond de la loge. Le vénérable, assis sur un fauteuil en forme de trône, derrière cet autel, lui fait un long discours sur l'inviolabilité du secret qui va lui être confié, et sur le danger de manquer au serment qu'il va prononcer ; il lui montre les glaives prêts à percer les traîtres, et il lui annonce qu'il n'échappera pas à la vengeance en quelque part qu'il se retire, s'il est jamais assez téméraire pour le violer, ou pour trahir la secte. Le récipiendaire jure qu'ils veut avoir la tête coupée, le cœur et les entrailles arrachés, et ses cendres jetés au vent, s'il vient jamais à trahir ce secret. Le serment prononcé, le vénérable lui dit ces paroles : mon cher frère, le secret de la maçonnerie consiste dans ces mots, égalité et liberté ; tous les hommes sont égaux et libres, tous les hommes sont frères ; le vénéralbe n'ajouta pas un mot. On embrassa le frère égal et libre, la loge se ferma et on passa gaîment au repas maçonnique. Pour la réception du maître maçon, la loge est tendue en noir ; au milieu est un sarcophage élevé sur cinq gradins couverts d'un drap mortuaire ; les frères sont autour, dans l'attitude de la douleur et de la vengeance. On l'oblige aux mêmes formalités et au même serment que l'apprenti, ou le compagnon ; et lorsque l'adepte l'a prêté, il est admis au grade de maître maçon. Alors le vénérable lui raconte l'histoire ou la fable suivante.

Adoniram, choisi par Salomon, présidoit au payement des ouvriers qui bâtissoient le temple. Ces ouvriers étoient au nombre de trois mille ; pour donner à chacun le salaire qui lui convenoit, Adoniram les divisa en trois classes : apprenti, compagnon et maître. Il donna à chacun son mot du guet, ses signes propres et la manière dont ils devoient le toucher pour être reconnus. Chaque classe devoit tenir ses signes ainsi que son mot du guet extrêmement secrets. Trois compagnons voulant se procurer la parole et par là le salaire des maîtres, se cachèrent dans le temple, se postèrent ensuite chacun à une porte différente. Au moment où Adoniram avoit coutume de fermer le temple, le premier compagnon qu'il rencontre lui demande la parole du maître ; Adoniram refuse et reçoit sur la tête un grand coup de bâton. Il veut fuir par une autre porte ; même rencontre, même demande, et même traitement. A la troisième porte enfin, le troisième compagnon le tue, pour le même refus de trahir la parole du maître. Ses assassins l'enterrent sous un tas de pierres, au-dessus duquel ils mettent une branche d'accacia, pour reconnoître la place où ils ont mis le cadavre.

L'absence d'Adoniram désespère Salomon et les maîtres ; on le cherche partout ; enfin, un des maîtres découvre son cadavre : il le prend par un doigt qui se détache de la main ; il le prend ensuite par le poignet qui se détache du bras ; le maître dans son étonnement s'écrie : *mac benac ;* ce qui signifie, selon les maçons, la chair quitte les os.

Dans la crainte qu'Adoniram n'eût révélé le mot du guet, appellé la parole, tous les maîtres convinrent de le changer et d'y substituer les mots *mac benac*, mots vénérables, que les maçons n'osent prononcer hors des loges et dont les maçons, dans leurs assemblées, n'osent même prononcer qu'une syllabe, en laissant à son voisin le soin d'achever le mot.

Cette histoire finie, l'adepte est instruit que l'objet de son grade est de chercher cette parole perdue par Adoniram et de s'occuper à venger la mort de ce martyr du secret maçonnique (voyez dans les livres de maçonnerie, le grade de maître). La plus grande partie des maçons ne voient dans cette histoire qu'une fable inventée à plaisir, et n'aperçoivent dans tout ce qui l'accompagne que des jeux d'enfant : alors ils se contentent de s'en amuser et de s'en divertir, sans chercher à pénétrer plus avant dans ces mystères, dont le but ultérieur n'est connu que des chefs.

Au grade de maître, succède celui d'élu. Ce grade a deux parties : l'une s'applique à la vengeance d'Adoniram qui devient ici Iram, pour mieux marquer la fureur et la colère dont l'aspirant doit être animé ; l'autre est la recherche de la parole, c'est-à-dire, de la doctrine sacrée qu'elle exprimoit et qui a été perdue.

Au grade d'élu tous les frères paroissent vêtus en noir, portant au côté gauche un plastron sur lequel on a brodé une tête de mort, un os et un poignard, le tout entouré de la devise *vaincre ou mourir*, avec un cordon en sautoir portant la même devise. Tout respire la mort et la vengeance dans le costume et dans le maintien. Le candidat est conduit dans la loge, un bandeau sur les yeux, les mains couvertes de gands ensanglantés. Un des adeptes, le poignard à la main, le menace de lui percer le cœur, pour le crime supposé dont il est accusé ; après bien des épreuves et des terreurs, il n'obtient la vie qu'en promettant de venger le père des maçons par la mort de son assassin. On lui montre une sombre caverne où on le fait pénétrer. On lui crie : frappez tout ce qui va vous résister ; entrez, défendez-vous, et vengez notre maître ; c'est à ce prix que vous pourrez vous élever au grade d'élu. Un poignad à la main droite, une lampe à la main gauche, le récipiendaire s'avance dans l'abîme en tremblant. A mesure qu'il avance, il arrive à un fantôme placé sur ses pas ; il entend encore cette voix qui lui répète : frappez ; vengez Iram, voilà son assassin. Il frappe, le sang coule ; on lui crie de nouveau : coupez encore la tête de l'assassin qui respire, et qu'il n'échappe pas à vos coups. La tête du cadavre tombe à ses pieds ; saisissez-la par les cheveux, lui dit-on, et apportez-la triomphant en preuve de votre victoire. L'aspirant la montre à chaque frère, et il est jugé digne d'être élu. On devine aisément que ce cadavre n'est qu'un mannequin entouré de boyeaux qu'on a remplis de sang ; mais ces épreuves cruelles n'appartiennent qu'à des cœurs barbares.

Cet apprentissage de férocité n'en est pas moins humiliant et révoltant. Aussi plusieurs maçons, élus, ont avoué qu'ils n'avoient reconnu que lorsque la révolution est venue le leur apprendre à n'en pas douter, que la tête à couper, pour arriver au grade d'élu, étoit celle des rois. Il en étoit de même pour la partie religieuse de ce grade ; ici l'adepte se trouvoit pontife et sacrificateur, avec tous ses confrrèes revêtus d'ornements sacerdotaux ; ils offroient le pain et le vin, selon l'ordre de Melchisedech ; l'objet secret de cette cérémonie étoit de rétablir l'égalité religieuse, de montrer tous les hommes également prêtres et pontifes ; elle tendoit à rappeler tous les maçons à la religion de la nature, et à leur persuader que celle de Moïse et de Jésus-Christ n'étoit qu'une pieuse fraude opposée à la religion naturelle ; que par la distinction des prêtres et des laïcs on avoit violé les droits naturels de la liberté et de l'égalité religieuses. Il a fallu encore la révolution à bien des adeptes pour les convaincre qu'ils avoient été dupes de cette pieuse fraude, et pour leur faire confesser que ce n'étoit qu'une véritable impiété. Nous voulons bien encore excuser les élus, parce que, dans leur grade, l'essai régicide se trouve enveloppé de mystères et d'obscurités, que l'iniquité et l'impiété n'y paroissent que sous le mantau de la perfidie et des déguisements ; mais il est facile de découvrir l'infamie de ces artifices. On n'ose en mettre au jour le vrai sens, parce que de telles explications révoltcroient

entièrement la plupart des franc-maçons, en qui il resteroit encore quelques étincelles de religion pour le créateur, ou quelques sentiments de fidélité pour leur prince.
C'est pourquoi on a grand soin de jeter un voile sur
toutes les abominations, afin de les cacher aux adeptes ;
la plupart des aspirants sont déjà très-fatigués par les
longues épreuves qu'on leur fait subir ; ils en attendent
la fin avec impatience, sans chercher à en pénétrer les
secrets ; d'autres préfèrent se contenter des grades inférieurs qui leur suffisent pour être regardés comme frères
par les maçons , même les plus élevés en grade. L'on
pourroit cependant déjà avancer que les maçons, par le
serment qu'ils prêtent dans les premiers grades, jettent
les premiers fondements de l'insubordination ; car ils s'o-
bligent par serment , au prix de leur honneur et de leur
conscience, d'obéir aveuglément au grand-maître de la
franc-maçonnerie, quand même ils recevroient des ordres
contraires de leurs rois ou de leurs empereurs. Ce serment seul les rend rebelles et parjures, parce qu'ils reconnoissent pour maître un autre chef que celui de l'empire. Mais les grades postérieurs de la franc-maçonnerie nous fourniront assez d'impies et assez de coupables,
sans en chercher dans les grades précédents.

Nous avons déjà dit précédemment que l'obéissance
aveugle au grand – maître, que l'on exige impérieusement par serment de chaque franc-maçon , rendoit
dangereux leur serment de liberté et d'égalité. Si, par
liberté on entendoit que tous les hommes naissent libres, qu'ils ont tous la faculté de faire le bien ou le mal,
que le choix leur en est laissé, qu'ils ont tous les mêmes
droits dans la société, sous l'empire des lois qui régissent
l'état qu'ils habitent ; si, par égalité, on veut dire qu'étant
tous les enfants d'un père commun qui a tout créé pour
le plus grand avantage de ses enfants, d'un même Dieu
qui leur a donné tous les mêmes droits au ciel, la facilité pour le gagner et la liberté pour l'obtenir , tous les
enfants ont le même droit à l'héritage du père , qui ne
les a formés que pour les faire participer à sa gloire, le
créateur leur a encore donné ses commandements et sa
loi sainte pour les gouverner ; il les appelle à lui tous indistinctement. Il leur recommande principalement la
charité et de s'aimer mutuellement comme des frères.

Si telle étoit la doctrine et la maxime des franc-maçons, ils n'auroient besoin que de l'évangile pour les instruire; nos temples suffiroient pour les éclairer; ils auroient plus de respect pour les ministres du Seigneur, et moins de soumission pour leur vénérable ou leur grand-maître, ou, pour mieux dire, ils n'auroient besoin ni de l'un ni de l'autre, ni de sociétés secrètes; ils seroient mieux instruits des grandes vérités de l'évangile, ils feroient fructifier et germer la vertu dans leurs cœurs, et ils en banniroient tous les vices. Mais le miel est seulement dans la bouche des chefs de la franc-maçonnerie, et le fiel est dans leurs cœurs. Il ne seroit pas nécessaire d'user de tant d'artifices et de tant de précautions, ni d'employer les menaces les plus terribles contre ceux qui révéleroient le serment du secret de la secte, si, par les mots liberté et égalité, on entendoit seulement que les hommes ne sont pas faits pour être esclaves, qu'il doit régner parmi eux un accord, une union, un esprit de bienfaisance et de charité fraternelle : on ne chercheroit pas des chiffres, des noms supposés, pour propager une telle doctrine; on la prêcheroit en plein jour, sous ses véritables noms de famille. Si la prétendue lumière des franc-maçons, si leur fausse science de vertu et de bonheur, étoient conformes aux lois du christianisme, au repos des empires et à la tranquilité des peuples, les franc-maçons ne rechercheroient pas tant les ténèbres pour se soustraire à la puissance des souverains, à la vigilance des magistrats et aux solides instructions des ministres du Seigneur.

Celui qui fait le bien ne craint pas de le faire en public, ni d'être connu. Jamais sectaire n'a péché par un zèle outré d'humilité : un fond d'orgueil et de présomption seroit plutôt son vice dominant. Celui qui fait le mal aime à se cacher, soit pour n'être pas connu, soit pour éviter la sévérité des lois contre les méchants, soit pour se mettre à l'abri de toutes poursuites. Voilà pourquoi il importe tant aux maçons de tenir leurs assemblées secrètes à la faveur de la nuit.

Plus l'on monte en grade dans la franc-maçonnerie, plus on est instruit des derniers mystères de la secte, plus aussi les épreuves sont longues et pénibles, et plus le serment est redoutable. Ce qu'il y a de surprenant, c'est qu'on n'ait pas découvert plutôt les ruses et les artifices des franc-maçons; car ils disoient à tout le monde qu'ils ne reconnoissoient dans leurs loges, ni les titres de marquis, ni les rangs de princes; qu'ils étoient tous égaux et frères. Il est étonnant qu'après tous ces aveux, si souvent répétés, on ne les ait pas approfondis, et que personne n'ait reconnu plutôt que la liberté et l'égalité étoient le grand objet de la franc-maçonnerie.

Il n'est pas moins surprenant que parmi tant d'ames honnêtes, vertueuses et délicates, qui faisoient autrefois partie de cette société, aucune n'ait soupçonné son but ultérieur, et que toutes se soient constamment laissé égarer et séduire par ses chefs corrompus. Plusieurs ne voyoient même dans la maçonnerie qu'une société de bienfaisance et de cette fraternité que tous les cœurs sensibles voudroient rendre générale.

Plusieurs grands et plusieurs riches vidoient gaiement leurs bourses, pour soulager, par préférence, leurs frères maçons indigents. Plusieurs même y ont sacrifié des sommes considérables qu'ils regrettent bien aujourd'hui, par l'abus que les chefs en ont fait. Il a fallu les tristes effets de la franc-maçonnerie, pour détromper une partie de ses adeptes.

On peut en croire les maçons de bonne foi, qui n'ont été désabusés des complots de la secte que par ses œuvres d'iniquité. Ils nous ont appris qu'ils avoient été trompés par leurs vénérables, qui cachoient avec soin, à la majorité des maçons mêmes, le renversement des trônes et des autels, que la secte se proposoit pour fin; ils nous ont dit que les chefs seulement, et un très-petit nombre de maçons élevés dans les hauts grades, avoient connoissance des derniers mystères; que les vénérables ne communiquoient les secrets qu'aux adeptes affidés, qui donnoient l'impulsion aux adeptes crédules et les maîtrisoient.

Ils nous ont avoué que, n'ayant en vue que la gloire de la maçonnerie, ils avoient été constamment dupes des artifices de ces vils intrigants, et du sérieux glacé de leurs vénérables. Ils ne nous ont pas dissimulé qu'ils regardoient comme un jeu d'enfant, ce serment de liberté et d'égalité qu'on leur avoit fait prêter pour les admettre dans la société ; mais qu'ils ont enfin reconnu, mais trop tard, que ce serment de liberté et d'égalité étoit déjà le plus funeste à la religion, au gouvernement et au peuple, et qu'il pouvoit devenir un fléau redoutable à l'univers entier.

On peut en croire ceux qui ont été élevés à l'école perfide et funeste des maçons : ceux qui témoignent de la douleur de leur ignorance, et qui avouent leur confusion, méritent bien une confiance entière, puisqu'ils décèlent leur ignominie.

Une foule de maçons, très-zélés autrefois, confessent encore aujourd'hui, avec amertume, ce fatal secret, qui réduit toute la science maçonnique à ces deux mots : égalité et liberté.

Dans la crainte que les aveux des maçons dupes ne soient pas suffisants pour convaincre ceux qui auroient encore quelques attraits pour cette société, nous allons encore rapporter les exclamations et les fanfaronades des vénérables et des chefs, dans l'ivresse de leurs triomphes. Comme il importe aujourd'hui que le but principal et les artifices de cette secte soient connus de tous les peuples, nous rapporterons les expressions mêmes des moteurs et des meneurs de la franc-maçonnerie.

Les franc-maçons, pour mieux assurer leurs succès, s'unirent et se soumirent aux illuminés d'Allemagne, qui, tout en naissant, furent plus méchants et plus corrompus que les franc-maçons, qui ne furent que les émules et les dignes collaborateurs des illuminés.

La destruction des gouvernements et de toute religion étoit le vœu des uns et des autres. L'impiété devint la colonne et l'édifice de ces deux associations monstrueuses, qui ne se réunirent que pour se corroborer et s'aider mutuellement dans leurs projets désastreux.

Les illuminés trouvèrent dans les arrière-loges maçonniques une conformité de principes, de haines, de systèmes et de complots. Dès-lors, ils ne s'occupèrent plus qu'à s'entr'aider mutuellement, pour les mettre à exécution ; dès-lors, ils ne firent qu'une seule et même conspiration, soit contre le Seigneur et son Christ, soit contre tous les potentats.

Cette union, devenue si fatale, existe encore aujourd'hui, et menace d'une ruine universelle toute la société. C'est déjà par les mouvements, l'impulsion, l'influence et l'action de ces deux sectes, que se sont commises toutes ces atrocités qui ont affligé la France, en l'inondant du sang de ses pontifes, de ses prêtres et de ses nobles, de ses riches, de ses citoyens les plus vertueux de tout rang, de tout âge et tout sexe. C'est par ces mêmes furies et par ces mêmes monstres que le vertueux Louis XVI, à qui ces cannibales ne purent faire d'autre reproche que celui d'être né roi, Marie-Antoinette son épouse, la princesse Élisabeth sa sœur, après avoir été abreuvés des outrages les plus sanglants dans une longue captivité, ont été solennellement assassinés sur un échafaud, et tous les souverains du monde fièrement menacés du même sort.

Si les arrière-loges des maçons ne sont composées que de monstres, tous les maçons ne sont pas des monstres : ceux qui ne sont point initiés dans les iniquités de la secte, en ignorent tout l'odieux.

Il suffit de leur faire connoître aujourd'hui l'abîme entr'ouvert sous leurs pas, pour qu'ils abandonnent incontinent une société qu'ils n'avoient formée que par curiosité, dans l'unique espoir de passer agréablement quelques soirées, en s'y égayant et en s'y récréant avec des amis sincères, et non avec des impies, des rebelles et des conspirateurs. Il suffit de prévenir les citoyens paisibles et honnêtes des écueils et des dangers des loges, pour les en faire déserter. Disons-leur avec confiance : Voilà les projets ultérieurs des vénérables : voilà jusqu'où s'étendent leurs complots, leurs conspirations et leur duplicité. Alors ces personnes délicates auront horreur du maître impitoyable qu'elles se sont choisi ; elles maudiront les loges avec leurs compas et leurs équerres, ainsi que la perfidie et la barbarie de ces modernes vandales.

Les gens probes ne cherchoient dans la maçonnerie qu'à resserrer les liens de la bienfaisance et de la charité fraternelle qui unissent tous les citoyens entre eux. Ils n'ont jamais entendu contracter des obligations contraires à la délicatesse, à l'honneur et aux devoirs de l'homme religieux et du véritable citoyen.

Au moment où les illuminés, par leurs intrigues, vinrent à bout d'influencer et de commander les loges maçonniques pour leurs projets révolutionnaires, plusieurs franc-maçons non seulement refusèrent d'y adhérer, mais firent encore des protestations publiques et des renonciations à la maçonnerie qu'ils aimèrent mieux abandonner, plutôt que de recevoir le joug odieux de ces étrangers, ou de partager les crimes des illuminés.

La majorité des franc-maçons ignoroit même le but de leur réunion à la secte des illuminés ; on avoit soin de ne communiquer ce secret qu'aux adeptes forcenés. Ce fut au 12 août 1792 que les simples maçons en eurent connoissance.

L'assemblée des meneurs et des rebelles résolut alors que, dès ce mement, la date de l'égalité seroit ajoutée, dans les actes publics, à la date de la liberté. Pour la première fois, éclata enfin publiquement ce secret, si cher aux franc-maçons, et prescrit, dans toutes leurs loges, avec toute la religion du serment le plus auguste et le plus inviolable. A la lecture de ce fameux décret, les initiés et les meneurs s'écrièrent tous d'une voix unanime : Enfin, nous y voilà ! la France entière n'est plus qu'une grande loge ; les François sont tous franc-maçons, et l'univers entier le sera bientôt comme nous. Les maçons jusqu'alors les plus réservés ne se gênoient pas d'annoncer sans le moindre déguisement, et même de publier avec emphase : Oui, enfin, voilà le grand objet de la franc-maçonnerie rempli. Égalité et liberté : tous les hommes sont égaux et libres ; tous les hommes sont frères. C'étoit là toute l'essence de notre code, tout l'objet de nos vœux et de nos travaux ; voilà toute notre science et tout notre grand secret.

Les plus zélés franc-maçons, les vénérables s'enorgueillissoient effrontément de ce triomphe ; ils crioient tout haut qu'ils voudroient que l'univers entier en fût instruit, pour la gloire des maçons, et que toute la

France en eût été témoin, pour qu'elle reconnût en eux ses bienfaiteurs, qu'elle les considérât comme les auteurs de toute cette révolution d'égalité et de liberté dont elle donnoit l'exemple à l'univers.

Tel étoit en effet le secret général des franc-maçons, le mot qui disoit tout, mais que tous ne comprenoient pas ; l'explication seule le rendoit innocent dans les uns, criminel dans les autres. Quand les initiés se réjouis-soient, la majorité des françois avoit tout lieu de s'attris-ter, ainsi que plusieurs simples maçons qui furent égale-ment victimes du triomphe des conjurés. Les maçons ap-peloient profanes ceux qui n'étoient pas reçus dans leur secte : mais les mots ne sont pas les choses; car plus on étoit initié dans les hauts mystères de la franc-maçon-nerie, mieux on méritoit le nom de profane, comme chaque lecteur doit en être convaincu, depuis que ce fameux secret n'en n'est plus un. Les chefs, énivrés de leurs succès, pour se faire valoir, ont été les premiers à rompre le secret de la franc-maçonnerie ; ils se faisoient gloire de le publier. Si leur vanité a été satisfaite, leur indiscrétion a servi à éclairer tout à la fois et les ma-çons de bonne foi, qui ne voyoient rien dans la secte de contraire à leur conscience, ni d'opposé à leur honneur, et les profanes, qui en ignoroient tout l'odieux. Ils ont instruit eux-mêmes l'Europe entière des abominations de la secte, jusqu'alors ignorées de la multitude, des franc-maçons mêmes et des profanes, puisque les vénérables prenoient tant de précautions pour les cacher, soit aux simples maçons, soit aux profanes. Si les chefs n'atten-doient, pour révéler les mystères de la secte, que le mo-ment où le grand objet seroit consommé, leur but a été rempli; et je crois aussi remplir mes devoirs envers mes concitoyens; en signalant à la postérité les franc-maçons comme des rebelles et des séditieux. Mon témoignage ne peut être suspect, puisque je ne me suis servi que des expressions des meneurs de la secte, qui n'avoient d'au-tre intérêt que la gloire de la maçonnerie, et qui tiroient vanité de son triomphe. Mais la joie ni la gloire ne peu-vent être de longue durée, quand l'on se réjouit et quand l'on se glorifie de ce qui est un vrai sujet de tristesse et de confusion; nous pensons avoir suffisamment dé-montré le danger de la franc-maçonnerie, même dans les premiers grades , que nous traitons d'innocents. Le lecteur qui ne trouvera pas nos preuves suffisantes , pourra prendre courage : nous en avons encore d'autres que nous réservons pour les grades plus élevés ; mais toutes sont tirées des aveux des sectaires et de la correspondance des chefs. Au grade d'élu succède celui chevalier de l'étoile , qui fera l'objet du sixième chapitre.

CHAPITRE VI.

*Grade de chevalier écossais. — Obligation imposée
à l'aspirant.—L'impiété en fait tout le fondement.*

LE grade de chevalier de l'étoile ne se donnoit qu'aux
adeptes dont l'impiété n'étoit nullement équivoque ;
on le cachoit avec tant de soin aux hommes religieux,
que beaucoup d'adeptes l'ignorent : c'est plutôt un grade
du nouveau philosophisme de l'impiété et de l'incrédulité, que de l'ancienne maçonnerie. En arrivant au
grade supérieur, il n'étoit plus possible de se dissimuler
combien le code maçonnique étoit incompatible avec
les moindres vestiges du christianisme. On y voit une
guerre ouverte et à outrance au Seigneur et à son Christ
par des frénétiques qui s'enveloppent du manteau de
philosophes franc-maçons, pour fouler aux pieds tout
ce que la religion chrétienne a de plus sacré et de plus
auguste.

Ici le vénérable prend le nom d'Adam, l'introducteur
celui de Vérité ; et voici une partie des leçons que ce
frère Vérité est chargé de donner au nouvel adepte en
récapitulant tous les emblèmes qu'il a vus jusque-là dans
la maçonnerie. Apprenez d'abord, dit l'introducteur à
son récipiendaire, que les trois premiers meubles que
vous avez connus, tels que la bible, le compas et l'équerre,
ont un sens caché que vous ne connoissez pas. Par la bible, vous devez entendre que vous ne devez avoir d'autre

loi que celle d'Adam, celle que l'Éternel avoit gravée dans son cœur : cette loi est celle que l'on appelle la loi naturelle. Le compas vous avertit que Dieu est le compas de toutes choses, dont les unes et les autres sont également proches et également éloignées. Par l'équerre, il nous est découvert que Dieu a fait toutes choses égales ; la pierre cubique vous avertit que toutes choses doivent être égales par rapport au souverain bien. La mort d'Iram et le changement de maître vous apprennent qu'il est difficile d'échapper aux pièges de l'ignorance ; mais qu'il faut se montrer aussi ferme que le fut notre véritable Iram, qui aima mieux être massacré que de se rendre à la persuasion de ses assassins. Si vous me demandez quelles sont les qualités qu'un maçon philosophe doit avoir pour parvenir au centre du vrai bien, pour mériter dignement le grade de chevalier de l'étoile, je vous répondrai que, pour y arriver, il faut avoir écrasé la tête du serpent de l'ignorance mondaine ; il faut avoir secoué le joug des préjugés de l'enfance, concernant les mystères dominants de la religion où l'on est né. Tout culte religieux n'a été inventé que par l'espoir de commander et d'occuper le premier rang parmi les hommes ; c'est la paresse qui l'a engendré par une fausse piété, ou par la cupidité d'acquérir les biens d'autrui ; c'est la gourmandise, fille de l'hypocrisie, qui l'entretient ; elle met tout en usage pour contenir les sens de ceux qui les possèdent, et qui lui offrent sans cesse, sur un autel dressé dans leurs cœurs, les holocaustes que la volupté, la luxure et le parjure lui ont procurés. Voilà, mon cher frère, tout ce qu'il faut savoir combattre ; voilà le monstre, sous la figure du serpent, à exterminer. C'est la peinture fidelle de ce que le monde adore sous le nom de religion. C'est le profane et le craintif Abiram qui, devenu, par un zèle fanatique, l'instrument du rit monacal et religieux, porta les premiers coups dans le sein de notre père Iram, c'est-à-dire, qui sapa les fondements du céleste temple que l'Eternel lui-même avoit élevé sur la terre à la sublime vertu.

Le premier âge du monde a été témoin de ce que j'avance. La simple loi de la nature rendoit nos pères les mortels les plus heureux. Le monstre de l'orgueil paroit sur la terre ; il crie, il se fait entendre aux hommes et

aux heureux de ce temps; il leur promet la béatitude;
il leur fait sentir, par des paroles emmiellées, qu'il faisoit
rendre à l'Éternel créateur de toutes choses, un culte
plus marqué et plus étendu que celui qu'on avoit jusqu'alors pratiqué sur la terre. Cette hydre à cent têtes
trompa et trompe encore continuellement les hommes
qui sont soumis à son empire; elle ne cessera de les tromper, jusqu'au moment où les véritables élus paroîtront
pour la combattre et la détruire entièrement (Voyez
grade des chevaliers de l'étoile, N°. 17).

Des leçons si impies n'ont pas besoin de réflexions;
et l'adepte, qui les écoute avec joie, les goûte avec plaisir, devient bientôt l'ennemi de Jésus-Christ et de la
religion qu'il a établie : il n'en sera que plus cher à la
secte; mais il faut un cœur bien corrompu, pour arriver
à ce point d'impiété, qui tient beaucoup à la fureur et
à l'extravagance. Comme l'on trouve rarement des personnes disposées à entendre de semblables leçons d'incrédulité, et à les suivre, un très-petit nombre de franc-
maçons, est instruit des obligations de chevalier de
l'étoile, et est admis au grade impie, aussi outrageant
pour la majesté divine qu'injurieux à ses ministres;
notre divin Sauveur, par une charité incompréhensible, s'est fait l'homme de douleurs, pour satisfaire
à la justice de son père, et pour expier les péchés de
tous les hommes; Jésus-Christ nous a aimés d'un amour
infini. Il a quitté sa gloire et sa puissance, qui le rendoient saint par essence et par nature; pour s'unir à
l'homme pécheur par état et par naissance. Le tout-
puissant et l'Éternel daigne s'unir à l'homme mortel,
qui n'est rien moins qu'un néant; et il passe par tous
les degrés, par toutes les misères qui sont propres à
l'homme (hors l'ignorance et le péché), pour lui apprendre à les supporter avec patience, et à les vaincre.
C'est par Jésus-Christ que toutes choses ont été réta-
blies en la terre et au ciel. Il a consommé sur la croix
le grand ouvrage de la rédemption du genre humain, et
il a recouvré la plénitude de sa divinité, par sa résur-
rection glorieuse. Mais la malice des chevaliers de l'étoile,
surpasse infiniment la cruauté des juifs et des bourreaux,
qui ne l'ont mis à mort, que parce qu'ils ignoroient qu'il

fût le Messie promis, tandis que les chrétiens, qui le reconnoissent pour leur maître et leur juge, qui l'adorent comme leur Dieu, qui l'invoquent dans tous leurs besoins comme le Seigneur des miséricordes, et comme le véritable souverain du ciel et de la terre, ne rougissent pas de faire alliance et secte avec les chevaliers de l'étoile, qui cherchent à lui ravir sa gloire et son culte. Aujourd'hui que Jésus Christ est au ciel, dans le sein de son père, il lui est plus sensible de se voir méprisé par les chevaliers de l'étoile, que d'avoir été outragé et maltraité par les juifs, lorsqu'il étoit au sein de la croix, et qu'il vivoit parmi les hommes. Ainsi, les chevaliers de l'étoile sont plus coupables et plus criminels que les juifs, qui ont crucifié notre Seigneur.

CHAPITRE VII.

Les trois grades de la chevalerie écossoise, avec leurs instructions à leurs disciples, qui deviennent les vils esclaves de leurs chefs, du moment qu'ils ont souscrit aux serments exigés.

Dans la franc-maçonnerie, du grade d'élu on passe, pour l'ordinaire, aux trois grades de la chevalerie écossoise; mais nous avons jugé à propos de ne pas passer sous silence celui des chevaliers de l'étoile. Nous prendrons encore nos preuves dans les écrits d'un des chevaliers les plus zélés pour la doctrine qu'il y voit renfermée; il met tout son génie à la torture pour la défendre; ainsi on ne pourroit choisir un auteur moins suspect. Il écrivoit pour ajouter aux lumières des frères; voici ce que les profanes peuvent conclure de ces leçons. Voyez les grades des maîtres écossois, imprimés à Stockholm, en 1784 : de telles preuves paroissent irrécusables, puisqu'elles sortent toutes des écrits et des aveux des principaux initiés dans la franc-maçonnerie. Mais, avant de donner les preuves contre les chevaliers écossois, nous allons tracer les préparations et les épreuves pour y être admis.

Tout maçon qui veut s'élever dans ces hautes loges écossoises, y apprend que, jusqu'à ce moment, il a vécu dans l'esclavage; c'est pour cela qu'il n'est admis devant les frères que sous la forme du plus vil esclave. Il s'y présente ayant la corde au cou, et demandant à rompre ses liens; il faudra que le candidat paroisse dans une posture plus avilissante encore, lorsque, du second grade de maître écossois, il voudra s'élever à celui de chevalier de Saint-André, qui est le troisième.

Le chevalier qui aspire à cet honneur, est enfermé dans un obscur réduit; là, une corde à quatre nœuds courants entrelasse son cou; là, étendu par terre, à la sombre lueur d'une lampe qui imite une lampe sépulcrale, il est abandonné à lui-même, pour méditer sur l'esclavage auquel il est encore réduit dans cet état de souffrance, où on ne le laisse dans une attitude si rampante que pour lui apprendre à connoître le prix de la liberté.

Un des frères arrive enfin, et l'introduit, en tenant la corde d'une main, et de l'autre une épée nue, comme pour en percer l'aspirant, s'il oppose quelque résistance. Il n'est déclaré libre qu'après avoir subi une foule de questions absurdes et criminelles, et sur-tout après avoir juré, sur le salut de son ame, de ne jamais trahir les secrets qui vont lui être confiés.

Chaque grade et chaque subdivision de grade a son serment : ils sont tous affreux. Il est inutile de les répéter sans cesse : tous indistinctement soumettent le candidat, qui est dans une position pire que celle d'un criminel que l'on conduit à la potence, aux plus terribles vengeances, ou de Dieu ou des frères, s'il manque de fidélité à garder son secret.

Pour éprouver les hommes à imagination ardente, les chefs font quelquefois fouler aux pieds les crucifix par les adeptes qu'ils veulent élever; d'autres fois, ils font usage de la même épreuve, pour chasser de leur sein des hommes couverts de crimes, ou repris de justice, ou flétris dans l'opinion publique.

La loge alors se compose de personnes bien différentes; dans la première hypothèse, on ne convoque que des impies et des furieux, et pour la seconde, on n'appelle que des personnes religieuses et pieuses qui applaudissent à la décision de leurs chefs, qu'elles croient sincèrement vertueux. De cette manière, les mêmes épreuves servent à expulser de la secte des crapuleux poursuivis par la vindicte publique, ou pour avancer en grade des hommes fougueux dont ils ont souvent besoin, pour les mettre à la poursuite des victimes qu'ils veulent immoler à leur haine et à leur vengeance.

Cette supercherie scélérate attache à la secte les hommes simples et probes; elle sert encore à garrotter des furieux qui s'engagent follement, sous la foi du serment et sous les menaces les plus fortes de la vengeance des sectaires, s'ils n'exécutent ponctuellement les ordres du grand-maître. Les chefs ont toujours grand soin d'insinuer à leur troupe d'assassins, qu'ils ont assez d'influence pour les soustraire à la justice et à la vigilance des magistrats, s'ils ont eux-mêmes assez de fermeté pour ne rien avouer et pour ne compromettre personne; ils ne disent jamais rien, parce qu'ils attendent du secours de ceux mêmes qu'ils ont égarés, et qui sont les vrais coupables; ils les préviennent encore que, si jamais ils violent le serment qu'ils viennent de faire, soit en révélant les secrets de la secte, soit en déclarant leurs complices, soit en désignant leurs maîtres, les poignards des frères seront plus prompts à les percer, que la foudre du ciel à les écraser.

Quand la fureur avec la malice domine un cœur, elle ne laisse point de discernement à la raison. Aussi, ces meurtriers se croient exempts des supplices, parce que leurs adeptes attendoient leur délivrance de leurs chefs, qu'ils craignoient toujours de compromettre. Ainsi ils croient aisément ce que leur disent leurs chefs, qui n'oublient pas de leur persuader qu'ils ne doivent jamais désespérer de leurs frères maçons, qui ne cesseront d'avoir pour eux la tendresse et les égards que leur dévouement commande; que leur confiance et leur fermeté chancelleroient plutôt que l'amour et la fidélité des maçons qui auront les yeux ouverts sur eux jusqu'aux pieds de la potence, et même jusques sur l'échafaud; que la secte est toujours assez puissante pour les en faire descendre, et qu'elle a assez de crédit pour garantir du supplice leurs frères et amis.

Cette perfidie consommée, jointe aux promesses et aux menaces aussi scélérates, fait que leurs assassins conservent toujours quelques espérances, tant qu'ils ne sont pas effacés du livre de vie. La folle persuasion où ils sont qu'ils auront de leurs frères maçons le secours qu'ils en attendent, fait qu'ils ne révèlent jamais rien contre eux.

Il est très-facile de reconnoître les sectaires à leur audace et à leur impudence : lorsqu'on les interroge sur leurs crimes, ces téméraires ne répondent ordinairement que par des injures aux questions que les juges leur font, tant ils comptent sur la force et l'appui des frères maçons. Si, pendant le triomphe des sectaires, leurs assassins étoient certains d'échapper à la potence, aujourd'hui le changement de gouvernement a fait changer la face des choses; elle a réformé les juges et la justice qui n'avoient conservé que le nom; et les magistrats actuels, d'accord avec les lois et la justice, font expier aux conspirateurs brigands leurs forfaits sur les échafauds, malgré les menaces et les vociférations de leurs frères et amis, dont les meneurs ne sont ni moins coupables, ni moins criminels que ceux qui ont déjà été suppliciés.

Les soins que les frères prennent de leurs assassins, pour leur procurer les choses nécessaires à la vie lorsqu'ils sont détenus, et pendant tous le cours de l'instruction, sont tout à la fois une preuve de complicité et une ruse diabolique des sectaires, pour corroborer et fortifier leur troupe de meurtriers, afin qu'ils ne compromettent personne, aucun de leurs complices et de leurs maîtres.

C'est plutôt pour leur propre sûreté que par charité, pour soulager et consoler leurs frères dans les liens, qu'ils ont tant de soucis, et qu'ils font tant de démarches. Ainsi, les frères maçons ne prodiguent des secours à leurs frères assassins, que parce qu'ils craignent que les aveux de ces criminels, en dévoilant les forfaits et les turpitudes de la secte, dont ils sont eux-mêmes les complices, ne rompent l'anneau qui unit tous les conjurés entre eux. Alors, ce lien d'iniquité rompu, les horreurs et les abominations des sectaires, ainsi que le fil de leurs complots, les trouveroient à découvert; et les magistrats, instruits du gouffre puant des sociétés secrètes, auroient à poursuivre et à punir grand nombre de criminels, qui insultent depuis long-temps à l'humanité et la justice.

Mais, dans la crainte d'abuser de la patience de nos lecteurs, auxquels nous avons encore tant de choses à dire sur les sociétés secrètes, que tout ce que les conspirateurs appellent petits et hauts mystères, ne seront plus, aux yeux d'un chacun que des monstruosités, et des abominations d'audacieux conjurés, nous allons reprendre le fil des chevaliers écossois que nous avons interrompu un moment.

Dans la franc-maçonnerie, au premier grade de chevalier écossois, l'adepte apprend qu'il est élevé à la dignité de grand-prêtre ; il reçoit une espèce de bénédiction au nom de l'immortel et invisible Jehovah. C'est sous ce nom qu'il doit désormais adorer la divinité, parce que le nom de Jehovah est bien plus expressif que celui d'Adoniram ; mais, dans le second grade, la science maçonnique désigne pour père Adam lui-même, ensuite Noë, Nemrod, Salomon, Hugues des payens, fondateur des templiers, et Jacques Molay, leur dernier grand-maître ; ces premiers hommes deviennent tour à tour les grands sages de la franc-maçonnerie, les favoris de Jehovah. Enfin, dans le troisième grade, on apprend à l'adepte que la fameuse parole, si long-temps oubliée et perdue depuis la mort d'Iram, étoit le nom de Jehovah ; elle fut retrouvée, lui dit-on, par les templiers, à l'occasion d'une église que les chrétiens vouloient construire à Jérusalem. En fouillant le terrain sur lequel étoit jadis le temple de Salomon, appelé le saint des saints, on découvrit trois pierres qui servoient de fondement au temple de Salomon ; le nom de Jehovah étoit gravé sur la dernière : c'étoit là la fameuse pierre perdue par la mort d'Adoniram ; les chevaliers du temple n'eurent garde d'abandonner un monument si précieux.

Ils portèrent en Ecosse ces trois pierres ; et ils eurent une vénération particulière pour celle où étoit gravé le nom de Jehovah. Les sages écossois, à leur tour, n'oublièrent pas le respect qu'ils devoient à ce monument ; ils en firent les pierres fondamentales de leur première

loge ; et, comme cette loge fut commencée le jour de
saint André, ceux qui étoient dans le secret des trois
pierres et du nom de Jehovah, prirent le nom de chevaliers de saint André. Leurs héritiers, successeurs du
secret, sont aujourd'hui les maîtres parfaits de la franc-
maçonnerie : ce sont les grands-prêtres de Jehovah.

Parmi les questions absurdes et ridicules que l'on fait
à l'adepte, on lui demande s'il a bien retenu tout ce
qu'il a vu ou entendu dans la loge ou le temple de
Salomon ; si c'est là tout ce qu'il a vu ou entendu.
La réponse est celle-ci : J'ai vu bien d'autres choses ;
mais j'en garde le secret dans mon cœur avec les maîtres écossois. Ce secret se réduit à ne voir, dans le maître écossois, que le grand-prêtre de Jehovah, de ce
culte, de cette prétendue religion du déiste, que l'on
nous dit avoir été successivement celle d'Adam, de
Noé, de Nemrod, de Salomon, d'Hugues des payens,
du grand-maître Molay, des chevaliers du temple,
celle qui doit être aujourd'hui la seule religion du parfait maître franc-maçon.

Les adeptes pouvoient s'en tenir à ces mystères qui
sont de pures fables inventées à plaisir. Les maçons
écossois étoient désormais déclarés libres, et tous également prêtres de Jehovah. Ce sacerdoce les délivroit
de tous les mystères de l'évangile, et de toute religion
révélée. La liberté et le bonheur que les sectaires attachoient vers le retour du déisme disoit assez clairement
aux adeptes le mépris qu'ils faisoient de Jésus-Christ,
et la haine qu'ils avoient contre le christianisme, et
contre son divin fondateur. Cependant, allons plus
loin : les hauts mystères d'impiété et d'iniquité ne sont
pas encore épuisés. Il restoit aux franc-maçons à découvrir le véritable assassin d'Adoniram ou d'Iram.
D'après leurs diverses fables, aussi impies que révoltantes, celui qui a détruit le déisme sur la terre, ainsi
que la fameuse parole de Jehovah, c'est Jésus-Christ
lui-même, lorsqu'il s'est fait homme pour le salut de
tous, lorsqu'il a donné sa divine loi aux hommes, ou
lorsqu'il a fondé son église pour établir le christianisme.
La secte déteste ce ravisseur ; et pour inspirer la même
haine à ses adeptes, elle a établi un nouveau grade de

I

7

franc-maçon, auquel elle a donné le nom de chevalier de rose-croix. Nous avons beaucoup abrégé les questions et les épreuves qui ont lieu pour la réception des chevaliers écossois ; nous n'avons rapporté que les principales, que nous avons jugées suffisantes pour donner à nos lecteurs une juste idée des chevaliers écossois.

Nous allons à présent les entretenir du grade de chevalier de rose-croix, et enfin de celui de Zadosch.

vvvvvvvvvvvvvvvvvvvvvvvvvvvvvvvvvvvvvvvvvvvvvvvvvvvvvvvvvvv

CHAPITRE VIII.

*Il renferme les épreuves et les obligations attachées
au grade de rose-croix*.—L'impiété, étant la mère
de la rebellion et de la philosophie, est préchée à
outrance au nouveau chevalier, par les meneurs
qui ne déguisent plus leur scélératesse et leur impiété. — Effets funestes de la philosophie, qui conduisent les adeptes au pur déisme.*

Les franc-maçons, dans le grade de chevalier de rose-
croix, font de Jésus-Christ même le destructeur de
l'unité de Dieu. Ils en font le grand ennemi de Jehovah.
C'est assurément le plus atroce des blasphêmes, que
d'accuser Jésus-Christ d'avoir détruit, par sa religion
et sa doctrine, l'unité de Dieu. Le plus évident de tous
les faits, c'est que la destruction de tous ces faux Dieux,
qu'adoroit l'univers idolâtre, n'est due qu'à Jésus-Christ;
il peut seul s'en attribuer toute la gloire, quoi qu'en
puissent dire tous les franc-maçons; et des merveilles
si surprenantes ne peuvent être que l'ouvrage d'un

---

* Le sens caché des chefs, au grade de rose-croix, est d'outrager
le crucifié, de le fouler aux pieds; ils font allusion à un terme trivial
dont l'on fait communément usage pour désigner quelqu'un à battre et
à maltraiter; dans la crainte bien fondée d'indisposer leurs adeptes,
les meneurs n'ont cependant osé employer le mot *rosser*, dont celui de
rose-croix est expressif.

Dieu. Les sectaires demandent aujourd'hui les mêmes
miracles que Jésus-Christ a opérés pour la rédemption
du monde, et ils combattent et attaquent la quantité
prodigieuse de merveilles de Jésus-Christ, qui ont le
plus haut degré de certitude et qui sont parvenues à la
connoissance des plus ignorants comme des plus savants;
les aveugles et les avenglés sont les seuls qui s'obstinent
à ne les pas croire. Mais en manifestant l'unité de nature dans la divinité, l'évangile nous a découvert la
trinité des personnes. Cet ineffable mystère, et tous
ceux qui captivent l'esprit sous le joug de la révélation,
sont trop au-dessus de la portée des orgueilleux sophistes
pour les comprendre, et leurs interprétations impies et
ridicules n'aboutissent qu'à les tourmenter et à les couvrir de confusion. Il n'appartient pas à ceux qui nient la
vertu, de vouloir s'élever au-dessus de celui qui l'a
établie. Ingrats envers le sauveur du genre humain, qui
prêchoit au monde l'unité de Dieu, après avoir renversé les autels des idoles, les incrédules lui ont juré
une haine éternelle, parce que le Dieu juste, rémunéra-
teur de la vertu et vengeur du crime qu'ils prêchoient,
n'est pas le Dieu qu'ils désireroient; et parce qu'ils ne
peuvent le comprendre, ils ont la démence de chercher
à faire passer dans le cœur de leurs adeptes la haine
dont ils sont eux-mêmes dévorés contre Jésus-Christ
et sa doctrine. Ils n'ont ajouté à la franc-maçonnerie
le grade de rose-croix, que pour injurier la religion
catholique, et pour blasphêmer contre son fondateur.
Dans ce grade, tout est relatif à l'auteur du christianisme; l'impiété y est portée à son comble. La décora-
tion ne semble faite que pour rappeler la tristesse du jour
où notre Seigneur fut immolé sur le Calvaire. Un long
drap noir tapisse les murailles ; un autel dans le fond ;
au-dessus de cet autel est un transparent qui laisse
apercevoir trois croix, et celle du milieu est distinguée
par l'inscription ordinaire des crucifix. Les frères, en
chasuble sacerdotale, sont assis par terre, dans un profond silence, l'air triste et affligé, le front appuyé sur la
main en signe de douleur ; mais l'événement dont ils
feignent d'être attristés, n'est rien moins que la mort
et passion du fils de Dieu, victime de nos crimes. Ils ne
sont attristés que de ce que notre divin Sauveur vient

établir le christianisme sur les débris des autels des idoles. Le grand objet de leur douleur se manifeste dès la réponse à la première question par laquelle s'ouvrent ordinairement les travaux des maçons. Le président interroge le premier surveillant : Quelle heure est-il? lui dit-il. La réponse varie suivant les grades ; pour celui de chevalier de rose-croix, elle est conçue en ces termes : Il est la première heure du jour, l'instant où le voile du temple se déchira, où les ténèbres et la consternation se répandirent sur la surface de la terre, où la lumière s'obscurcit, où les autels de la maçonnerie se brisèrent, où l'étoile flamboyante disparut, où la pierre cubique fut brisée, où la parole fut perdue. (Voyez, grade de rose-croix).

L'adepte, qui a suivi dans la maçonnerie le progrès de ses découvertes, n'a pas besoin de nouvelles leçons pour entendre le sens de ces paroles : il y voit clairement que le jour où le mot Jehovah fut perdu, est précisément celui où Jésus-Christ, ce Fils du Dieu mourant pour le salut du genre humain, consomma le grand mystère de la religion chrétienne, et détruisit toute autre religion quelconque. Plus un maçon est attaché à la parole, c'est-à-dire, à la doctrine de sa prétendue religion naturelle, plus il aura de mépris pour Jésus-Christ, de haine pour le divin législateur, et d'aversion pour l'auteur et le consommateur de la religion révélée. L'inscription *inri*, apposée sur la croix, qui signifie Jésus de Nazareth, Roi des Juifs, lui fournit les moyens de satisfaire sa fureur et sa haine contre le Dieu des chrétiens. L'adepte rose-croix apprend à y substituer le blasphème, ou l'interprétation suivante : Juif de Nazareth, conduit par Raphaël en Judée. Mais celui qui ose attaquer le Sauveur du monde, est comme un torrent débordé ; il porte tout à l'extrême. Ce blasphème inouï n'est connu que des seuls rose-croix ; il ne fait plus de Jésus-Christ qu'un juif ordinaire, emmené par le juif Raphaël à Jérusalem, pour y être puni de ses crimes. Dès que les réponses de l'aspirant ont prouvé qu'il connoît ce sens maçonnique de l'inscription *inri*, le vénérable s'écrie : Mes frères, la parole est retrouvée. Tous les adeptes présents applaudissent au trait de lumière

par lequel le frère leur apprend que celui dont la mort
est le grand mystère de la religion chrétienne, ne fut
qu'un simple juif crucifié pour ses crimes. Fut-il jamais
absurdité ou monstruosité plus grandes ; fut-il jamais
blasphême plus horrible ! C'est une double impiété.

De crainte que la haine que les rose-croix gravent dans
leurs cœurs contre Jésus-Christ ne s'éteigne, ils ont fait
du mot *inri*, le mot du guet qui distingue ce grade. Un
maçon rose-croix est tenu de le répéter, lorsqu'il rencontre un maçon du même grade. C'est ainsi que les sectaires ont su faire l'expression et le blasphême de leur
haine contre Jésus-Christ, de ce même mot qui rappelle
aux Chrétiens tout l'amour qu'ils doivent au fils de
Dieu, pour les avoir rachetés d'une manière si admirable, et la reconnoissance qu'il exige pour son précieux
sang, qu'il a versé pour le salut de tous.

Ce n'est point sur la foi de personnes étrangères à la
maçonnerie, que nous dévoilons ces atroces mystères
des arrière-loges; mais nous les tenons des franc-maçons
eux-mêmes. Malgré leur fidélité à cacher ce secret, le
repentir d'avoir été dupes si long-temps leur a enfin
arraché ces aveux sincères. Ils convenoient que la mé-
tamorphose de cette inscription *inri*, subie dans leur
grade de rose-croix, étoit le plus grand blasphême contre la divinité, et qu'en y réfléchissant on ne pouvoit,
sans se rendre grandement coupable, faire plus long-
temps partie d'une secte aussi infernale. Les chefs en
connoissoient tout le danger, et ils ne conféroient le
grade de rose-croix que rarement, difficilement, et toujours avec beaucoup de précautions.

Si l'adepte étoit un de ces hommes que l'on ne peut
rendre impie, on cherchoit à le détourner de la foi de
l'église, sous prétexte de le régénérer; on lui représen-
toit qu'il régnoit dans le Christianisme actuel une foule
d'abus contre la liberté et l'égalité des enfants de Dieu.
La parole à retrouver pour eux étoit le vœu d'une révolution qui rappelât ces premiers temps où tout étoit
en commun parmi les Chrétiens. Il n'y avoit alors chez
eux, ni riches, ni pauvres, ni hauts, ni puissants seigneurs, et ils n'en étoient que plus heureux : la fraternité
étoit leur précieux trésor. On leur annonçoit le renouvel-

lement le plus avantageux du genre humain, et en quelque sorte, de nouveaux cieux, une nouvelle terre. Beaucoup se sont laissé éblouir par ces belles promesses; ils regardoient la révolution comme un feu qui devoit purifier la terre, pour la rendre plus fertile et plus féconde. Aussi les a-t-on vus la seconder avec tout le zèle qu'ils auroient pu mettre à l'entreprise la plus sainte : les plus fous alloient jusqu'à élever la maçonnerie au-dessus de la perfection de l'évangile; ils étoient si enthousiastes du titre de maçon, qu'ils le préféroient à celui de chrétien, jusqu'au moment où la révolution françoise vint corriger les erreurs et rectifier les idées. Par ces artifices alors nouveaux, les sectaires ont trompé beaucoup de personnes vraiment charitables et pieuses. C'est ainsi qu'une princesse, sœur du duc d'Orléans, a pu être séduite, avec beaucoup d'autres, au point de désirer cette révolution, comme nécessaire pour ramener l'âge d'or, et pour régénérer l'univers entier. A la vérité, ces personnes ont été bientôt désabusées : lorsqu'elles ont vu les tristes effets de la révolution, elles ont été convaincues de leur extravagance; mais, hélas! il n'étoit plus temps. Elles s'étoient laissé aller au torrent, et le torrent les a entraînées et submergées; elles ont connu, mais trop tard, le précipice qu'elles s'étoient aidées à creuser sous leurs pas. Les beaux mots de liberté et d'égalité qui leur plaisoient tant, et dont on avoit si bien su leur cacher le vrai sens, leur ont appris, par leurs fruits amers, qu'ils n'étoient qu'une pieuse fraude des séditieux, pour les entraîner dans un abîme de maux.

Il a fallu la révolution françoise, pour déchirer le voile dont les conspirateurs enveloppoient, avec tant d'art, les mots liberté et égalité, qu'ils mettoient avec soin en avant, pour mieux corrompre et séduire le peuple françois; et, à la honte de la nation, les sectaires n'ont que trop bien réussi dans leurs vues criminelles. N'a-t-on pas vu ce peuple, d'ailleurs aimable et fait pour la société, puisqu'il passoit pour le peuple le plus civilisé de l'Europe, une fois impie et corrompu, ou imbu des principes désorganisateurs des franc-maçons et des illuminés, épouvanter l'univers par ses atrocités et par ses impiétés. L'instant où ce peuple, autrefois si religieux et si policé, abandonna la morale évangélique et la religion chrétienn e, fut aussi l'instant de ses malheurs. Au moment de devenir impie, il étoit encore plein de mépris pour les conspirateurs ; mais sitôt qu'il eut abandonné Dieu, il ne connut plus ni lois, ni magistrats, ni princes ; il suivit aveuglément les principes destructeurs des sectaires dont il avoit avalé les maximes pernicieuses. De peuple docile, par les insinuations perfides des séditieux, il devint tout-à-coup un peuple féroce et barbare.

Une fois que les conspirateurs se virent maîtres de la multitude, ils n'eurent pas de peine à la porter aux plus grands excès : elle ne cessa de conspirer comme eux, pour détruire la religion de Jésus-Christ, et elle étonna l'Europe entière par ses meurtres et son brigandage.

Lorsque l'abomination des abominations fut établie dans le lieu saint, n'a-t-on pas vu les libertins et les impies accourir dans nos temples, pour encenser de viles prostituées, dans l'endroit même où le peuple françois avoit coutume de s'assembler auparavant pour adorer la divinité, en rendant un culte humble et pur au créateur ; mais ce même peuple, une fois corrompu, n'eut plus honte d'applaudir à l'impiété et à l'incrédulité des meneurs des sociétés secrètes qui le maîtrisoient.

Rougissons au moins de nos fautes, ne craignons pas de les avouer ; mais craignons de ne pouvoir les expier, et cherchons à les réparer et à n'y plus retomber. L'impiété et le crime ont uni les illuminés et les franc-maçons ; sachons, au moins, signaler les fraudes et la perfidie qu'ils ont employées les uns et les autres, pour nous entraîner dans le plus profond des abîmes, et pour nous forger des fers, sous lesquels ils nous ont tenus si long-temps captifs.

Les séditieux s'étoient d'abord revêtus du titre glorieux de philosophes ; ce vain nom leur procura beaucoup de créatures. Il avoit tellement désorganisé toutes les têtes, que chacun, à l'envi, ambitionnoit le titre de philosophe, et faisoit son possible pour le mériter et l'obtenir. Nous disons, vain nom, parce que le sens que les conjurés attachèrent à la philosophie, fut celui d'une raison impie, dont la haine pour le christianisme fut toute la vertu.

Les philosophes ont bien la sotte vanité de se dire les sages de la terre ; mais les mots ne sont pas les choses, les faits sont plus puissants que les paroles : que ces présomptueux pratiquent donc les œuvres de sagesse, avant de se glorifier de l'honorable titre de sages.

Si l'enveloppe de philosophes vous a été utile pour vous procurer beaucoup de partisans, pour vous aider à renverser les trônes et les autels, attendez un moment : si vous ne changez de ton et de langage, ainsi que de conduite, votre philosophie pourroit bien vous conduire, sinon à l'échafaud, du moins à un bannissement perpétuel. En rendant les hommes impies, vicieux et méchants, vous les avez plongés dans toutes sortes de misères ; vos fruits amers sont plus sensibles et plus éloquents que vos paroles.

Voltaire, votre maître, fut constamment un impie, tourmenté par les doutes où le plongèrent ses extravagances. Dalembert, votre second chef, fut un impie, tranquille dans ses doutes et son ignorance. Frédéric, un impie qui croyoit triompher de ses doutes, en laissant triompher Dieu dans le ciel, pourvu qu'il n'eût point d'ames sur la terre. Diderot se glorifia d'être le héros des impies ; il fut tour à tour athée, matérialiste, déiste et sceptique ; il fut toujours impie, et toujours fou à jouer tous les rôles qu'on lui destinoit.

Tels furent les coryphées des philosophes de nos jours, dont il importe spécialement de connoître les caractères, l'immoralité, la fourberie et l'impiété. Pour mieux dévoiler la trame de la conspiration dont ils furent les moteurs, les instigateurs et les chefs, nous en avons déjà constaté l'existence, nous en avons indiqué l'objet précis ; nous en avons développé les moyens et les progrès : nous allons encore établir et prouver leur connexité. Lorsque nous nommons Voltaire, Frédéric, Diderot et Dalembert, comme chefs d'une conspiration antichrétienne, nous leur supposons, non-seulement le vœu bien prononcé de détruire le christianisme, mais encore un ensemble de moyens, un concert d'intelligences secrètes, pour l'attaquer, le combattre et l'anéantir. Nous disons donc qu'ils se communiquèrent tous le vœu qu'ils avoient formé, chacun en particulier, de détruire la religion de Jésus-Christ, et qu'ils combinèrent, de concert, les moyens de le réaliser : mensonges, séduction, calomnies, impiété, perfidie, promesses, caresses et menaces, tout fut mis par eux tour à tour en usage; ils n'épargnèrent rien, chacun, pour arriver à leur but désastreux, et pour propager leurs pernicieuses maximes. Ils furent l'appui et les principaux directeurs des philosophes secondaires, qui entrèrent dans leur complot criminel; ils le poursuivirent avec toute l'ardeur, toute l'intelligence, et toute la constance de véritables conjurés. Les grandes preuves de complicité de ces infames désorganisateurs se trouvent dans les archives des conjurés, dans leur correspondance intime et long-temps secrète, dans les aveux et dans les diverses productions des principaux adeptes de la conjuration.

Le langage secret, le mot du guet si souvent répété dans les écrits de ces quatre impies coalisés, consistoit en ces deux mots choisis par Voltaire, et dictés par le démon de la haine, de la rage, et de la frénésie : *Ecrasez l'infame*. Ces deux mots, dans la bouche de Voltaire, de Frédéric, de Diderot et de Dalembert, signifièrent constamment : Écrasez Jésus-Christ, la religion de Jésus-Christ. Il est donc bien constant que ces quatre conjurés s'étoient unis contre le Seigneur et son Christ. Il paroît également indubitable que leur conspiration ne se bornoît pas seulement à la destruction de la religion chrétienne, mais qu'elle s'étendoit encore sur celles de toutes les autres sectes. Le premier plan des conjurés fut vaste et immense : ils dirigèrent les coups qu'ils devoient porter, d'abord contre les catholiques, comme étant les plus attachés à Jésus-Christ, leur divin maître, et lui rendant l'hommage le plus pur. En attaquant, par préférence, les catholiques, qui étoient les plus fermes remparts de la religion de Jésus-Christ, ils cherchèrent aussi à établir par-tout le règne de l'impiété et de l'incrédulité. Ils savoient que la religion est la sauve-garde de tous les empires, et ils cherchèrent d'abord à abattre ce boulevard, pour mieux amener le bouleversement général qu'ils complotoient également.

Ils n'ignoroient pas que la chute des autels entraîne-
roit celle des trônes, et que ces deux remparts étant détruits, la ruine de la société devenoit inévitable. D'ailleurs,
l'expérience, cette mère de la sagesse, l'a assez justifié. Il
est difficile de produire des preuves plus satisfaisantes
et moins suspectes, puisqu'elles sont le résultat des
aveux, des écrits et de la correspondance des conjurés
eux-mêmes, tandis que ces quatre chefs de sédition appeloient la chute du trône et de l'autel, par leurs productions désorganisatrices, dont ils inondèrent tellement la France, qu'ils infectèrent de leurs écrits incendiaires non seulement les palais des rois et des grands,
mais encore la modeste habitation de l'artisan, et jusqu'à l'humble chaumière du vertueux et paisible cultivateur. Voilà les œuvres des prétendus sages, voilà
les personnages que les philosophes de nos jours ont
choisis pour chefs et pour modèles. Ils se sont attachés
à ce qu'il y avoit de plus impie et de plus corrompu;
ils n'avoient les mots de sagesse et de philosophie que
dans la bouche; mais au fond ils n'étoient que quatre
grands impies et quatre grands conspirateurs. Frédéric,
comme roi, n'entendoit pas faire la guerre aux trônes;
mais il ne contribua pas moins à leur chute, parce que
la guerre à outrance qu'il se plaisoit à faire au Seigneur et à son Christ, entraîna la perte des trônes qu'il
n'avoit pas su prévoir.

Sous les doux noms de frères et amis, que l'on prenoit dans les sociétés secrètes, parurent sur la même
ligne les adeptes d'Olbach, et ceux de Philippe-Égalité,
les Mirabeau aîné, Sieyes, Brissot, Carra, le duc de la
Rochefoucault, Clavière, Lepelletier de S. Fargeau,
Valadé, Laf......, Lalande, Dupuis, Bonneville, Volney,
Fauchet, Bailly, Guillotin, Menou, Chapelier et autres
dont l'énumération seroit trop longue; ces nouveaux blas-
phémateurs et ces nouveaux conspirateurs se joignirent
aux anciens pour les renforcer. Les pères, avec les enfants,
ne formèrent plus qu'une seule et même loge d'impies
et de séditieux, qui ont consommé, par leurs basses intrigues, leur perfidie et leur scélératesse, la chute du trône
et de l'autel. Tant de rebelles réunis aux loges maçonniques, qui avoient déjà fait leur jonction avec la secte des
illuminés, se trouvèrent bientôt en nombre suffisant

pour déployer leur force contre le gouvernement. Tous avoient les mêmes principes destructeurs que leurs pères les philosophes, qui avoient tout préparé en secret, et qui n'attendoient que le consentement de leurs nombreux enfants, pour tout bouleverser. Dès-lors, ils se jurèrent protection, secours, fidélité et un appui mutuel, conformes aux vues des philosophes leurs maîtres, auxquels ils demeurèrent tous soumis. Les chefs de l'impiété, exercés dans les complots contre la religion et les gouvernements, trouvèrent tout à coup dans les loges maçonniques un renfort considérable de disciples ardents, qui les aidèrent de toutes leurs forces, et tous ensemble, ils obtinrent un triomphe complet en France, à l'aide des ministres qui trahirent et le peuple et le souverain. La multitude, séduite et égarée par les séditieux, suivit aveuglément l'impulsion des meneurs et d'une nuée d'intrigants que les chefs avoient dispersés sur tous les points du royaume, afin que l'impulsion donnée dans la capitale produisît au même instant le même effet dans tous les coins de l'empire. Les esprits des adeptes étoient si bien préparés pour cette commotion générale, que les séditieux obtinrent par-tout un plein succès.

Ce moment fut l'heure des méchants et la puissance des ténèbres. La réputation et la vie des gens vertueux furent exposées à la rage des conspirateurs; cette fatale journée fut à la plupart des François une occasion de scandale et de chute. Les adeptes entraînèrent promptement la lie du peuple, qui est toujours aveugle, dans les plus grands désastres. Les temples du Seigneur furent bientôt souillés, dépouillés et détruits, ses fêtes abolies, son saint nom blasphémé, son culte proscrit. Des chansons obscènes et indécentes succédèrent promptement aux cantiques inspirés en l'honneur du Très-Haut. Les voûtes sacrées des églises ne retentirent plus que des chansons lubriques de ces furies devenues impies. Des chants profanes furent entendus dans les mêmes temples où peu de jours auparavant les mêmes personnes s'étoient assemblées pour glorifier la divinité par d'humbles prières, pour fléchir sa colère et implorer son infinie miséricorde : une divinité du paganisme eut la témérité sacrilége de s'asseoir sur le trône du saint des saints, pour y recevoir l'encens criminel des adeptes philosophes, entourée de cette vile canaille appelée la lie du peuple. Tels furent les fruits amers de l'impie philosophie, qui osoit se décorer du titre de sagesse. Voilà où nous ont conduits les écrits et les discours des philosophes ; voilà les œuvres des impies pour qui les choses saintes ne sont qu'une folie.

Les philosophes ont voulu faire la guerre au Seigneur et à son Christ ; ils ont voulu juger de tout ; ils ont voulu instruire et conseiller leurs adeptes ; ils ont voulu leur apprendre ce qu'ils ne pouvoient comprendre ; ils ont cherché à s'élever au-dessus de la sagesse incréée, et ils ont convaincu l'univers que les philosophes, avec toute leur sagesse, ne sont que des faux sages, et qu'avec toute leur science, ils n'étoient que des faux savants, d'habiles conspirateurs et des impies outrés. Les philosophes ont rendu le peuple françois mille fois plus coupable que les payens et les idolâtres, puisqu'élevé dans la religion chrétienne et instruit des vérités saintes de l'évangile, il est devenu tout à coup non-seulement apostat, mais encore l'assassin des fidèles ministres de Jésus-Christ. Mais, ô honte ! ô infamie ! l'impulsion fut si forte et la commotion si violente, que des personnes de tout âge, de tout sexe et de toute condition, prirent part à toutes ces abominations, et applaudirent à ces impiétés sans exemple. Au milieu de tant d'horreurs et de tant de meurtres, le clergé de France, ainsi que la famille des Bourbons, étoient dans la douleur et la consternation. Les séditieux avec leurs adeptes étoient dans l'alégresse des désastres qu'ils avoient produits.

La devise favorite des chefs à leurs nombreux disciples, étoit : Jure, parjure-toi, mais garde le secret de la franc-maçonnerie. Les conspirateurs n'avoient encore osé faire connoître publiquement le dernier secret des arrière-loges, parce qu'ils savoient que la saine et majeure partie des François étoit extrémement attachée au vertueux et débonnaire Louis XVI ; mais l'impiété avoit obtenu un triomphe complet, et les séditieux, énorgueillis de ce succès, mirent autant d'ardeur à publier l'insubordination et la révolte, qui sont le dernier mystère de la franc-maçonnerie, qu'ils avoient pris de soins auparavant à le tenir caché. Ainsi, impiété et rebellion sont les derniers secrets de la franc-maçonnerie ; ils sont aussi les seuls travaux des philosophes ; ils en font leur seul mérite et toute leur gloire. Les maçons appellent Zadosch le grade où le voile contre les souverains se déchire totalement. Il sera l'objet du chapitre suivant, sous le nom d'homme régénéré.

~~~~~~

CHAPITRE IX.

Grade de Zadosch, ou l'homme régénéré. — C'est le plus élevé et le dernier des grades de la franc-maçonnerie. — Il a enfanté une foule de petits raisonneurs. Ces petits maîtres répètent effrontément, dans tous les carrefours, les leçons d'impiété et de révolte des faux savants qui séduisent les chefs et les premiers philosophes de la franc-maçonnerie dégénérée en rebellion.

On conduit d'abord l'initié au fond d'un abîme, à travers des souterrains profonds, où tout respire l'épouvante et la frayeur : là, il est enfermé, lié, garrotté, et abandonné à lui-même en cet état; par fois, il se sent élevé avec des machines qui font un bruit affreux ; il monte lentement, suspendu sur ce puits ténébreux ; il monte, quelquefois pendant des heures entières, des échelles en cordes, fabriquées à dessein pour cet usage; on le fait retomber tout-à-coup, comme s'il n'étoit pas retenu par ses liens ; souvent on le fait encore remonter et redescendre, dans les mêmes angoisses. L'aspirant doit se garder sur-tout de témoigner la moindre crainte, ou de pousser quelques cris qui marquent la frayeur.

Cette description ne rend que foiblement une partie des épreuves dont nous parlent des hommes qui les ont
~~~~~~

subies eux-mêmes : ils ajoutent qu'il leur seroit impossible d'en faire une exacte description ; que leur esprit se perd, qu'ils cessent quelquefois de savoir où ils sont, qu'ils perdent souvent la raison, qu'ils ont besoin de breuvages fréquents pour se soutenir, que les chefs en ont des préparés pour les leur donner : et ajouter à leurs forces épuisées, sans ajouter au pouvoir de réfléchir, ou plutôt qui n'ajoutent à leurs forces, que pour ranimer, tantôt le sentiment de la terreur, tantôt celui de la fureur. On y renouvelle également le grade où l'initié se change en assassin ; mais le maître des frères à venger n'est plus Iram : c'est Molay, le grand-maître des templiers ; et celui qu'il faut tuer, c'est un roi, c'est Philippe-le-Bel, sous qui l'ordre des chevaliers du temple fut détruit. Au mome nt où l'adepte sort de l'antre, portant la tête de ce roi, il s'écrie : Néham ! je l'ai tué. Après cette atroce épreuve, on admet l'initié au serment. Un des chevaliers Zadosch se tient debout devant l'aspirant : il tient un pistolet à la main, et fait signe de le tuer, s'il refusoit de prononcer le serment. Enfin, le voile se déchire : l'adepte apprend que, jusqu'alors, la vérité ne lui a été manifestée qu'à demi ; que cette liberté et cette égalité, dont on l'avoit nourri dès son entrée dans la maçonnerie, consiste à ne reconnoître aucun supérieur sur la terre ; qu'elle appartient à tous, et que ses fruits sont communs. On lui apprend à ne voir dans les rois et les pontifes, que des hommes égaux à tous les autres, et qui n'ont d'autres droits sur leurs trônes ou auprès des autels, que celui qu'il plaît au peuple de leur donner ; on lui dit que ce même peuple peut les leur ôter quand bon lui semblera. On lui enseigne encore que, depuis long-temps, les princes et les prêtres abusent de la bonté, de la simplicité des peuples ; on le prévient que le dernier devoir des maçons, pour bâtir des temples à la liberté et à l'égalité, est de chercher à délivrer la terre de ce double fléau, en détruisant tous les autels que la crédulité et la superstition ont élevés en l'honneur de l'oisiveté et de la mollesse, ainsi que tous les trônes, où l'on ne voit que des ambitieux ou des tyrans régner sur des esclaves.

La marche de tous ces mystères d'iniquité est lente et compliquée ; mais elle n'en est pas moins profondément combinée. Chaque grade tend directement au but, et on ne connoît clairement tous les secrets de la franc-maçonnerie qu'au grade de Zadosch, qui est le dernier de la secte et la fin de tous ces mystères.

Dans les grades d'apprenti et de compagnon, qui sont les deux premiers de la franc-maçonnerie, la secte ne fait pas grande difficulté pour y admettre tous ceux qui se présentent, parce qu'ils sont insignifiants; elle commence cependant à jeter déjà en avant ses mots d'égalité et de liberté; ensuite elle n'occupe ses novices que de jeux puérils, de repas maçonniques et de fraternité, pour les égayer et détourner leur attention des réflexions qu'ils pourroient faire sur l'avantage ou le but ultérieur de la franc-maçonnerie.

Les maçons n'exercent leur bienfaisance qu'à l'égard de leurs frères et par ostentation, non par un vrai motif de charité; car ils sont durs et cruels envers les autres indigents qu'ils traitent même avec dédain de profanes, tandis que la vraie charité, la charité évangélique, se plaît à secourir également tous les malheureux et particulièrement ceux qui sont dans le plus pressant besoin, comme les malades. Elle ne voit dans tous les pauvres à secourir que les membres souffrants de Jésus-Christ, et elle s'efforce de les tous assister indistinctement de tout son pouvoir, parce qu'elle les considère tous également chers à notre divin maître. La secte, en étalant en loge quelques vertus apparentes, n'oublie pas ses vues ultérieures et personnelles. Elle séduit les ames charitables qui sont dans son sein, pour les engager à vider leurs bourses dans les mains du vénérable, pour les frères indigents. Cette ruse sert également pour attacher les foibles et les crédules à la secte qui recommande le plus grand secret sur les opérations de la loge à ses disciples, qu'elle garrotte encore par un affreux serment. Dans celui de maître, elle raconte son histoire allégorique d'Adoniram, elle incite déjà à venger sa mort et à chercher la parole qu'il faut retrouver. Dans le grade d'élu, on commande la vengeance aux adeptes, on les y accoutume déjà sans leur dire sur qui elle doit tomber; on leur prêche la loi naturelle où tous étoient également prêtres et pontifes; mais elle ne dit pas encore qu'il faille renoncer à la religion révélée depuis les patriarches. L'impiété est mieux développée et suivie dans le grade de chevalier de l'étoile ; il y supplée assez, il ne laisse aucun doute, même à l'aspirant le plus borné ; ce dernier mystère se développe également dans les grades de chevaliers écossois. Les maçons y sont enfin déclarés libres. La parole si long-temps recherchée est celle du déiste ; c'est le culte de Jehovah, tel qu'il fut reconnu par les philosophes de la nature. Le vrai maçon devient le pontife de Jehovah ; c'est là le grand mystère qui lui est présenté comme laissant dans les ténèbres tous ceux qui n'y sont pas initiés. Ce n'est qu'au grade de chevalier écossois que se découvrent les ténèbres que les maçons appellent lumière; mais l'esprit du monde n'est point capable des choses qui sont de l'esprit de Dieu. Dans le grade des chevaliers rose-croix, celui qui a ravi la parole, qui a détruit le vrai culte de Jehovah, c'est l'auteur même de la religion chrétienne ; c'est de Jésus-Christ et de son évangile qu'il faut venger les frères, les pontifes de Jehovah.

———

CHAPITRE X.

La soumission à l'autorité civile et ecclésiastique peut seule rendre également heureux les sujets et le monarque, démontrée par l'expérience, tandis que l'impie philosophie ne produit que des fruits amers.

Enfin, dans le grade de Zadosch, l'assassin d'Adoniram devient le roi qu'il faut tuer pour venger le grand-maître Molay, et l'ordre des maçons, successeurs des templiers; pour retrouver la parole ou la doctrine de la vérité maçonnique, il faut détruire la religion de Jésus-Christ, ou tout culte fondé sur la révélation : cette parole, dans toute son étendue, c'est la liberté et l'égalité à rétablir par l'extinction de tout roi et par l'abolition de tout culte. Dans la plupart des loges, on ne s'entretenoit autrefois ni de l'état, ni de la religion; il sembloit même que la franc-maçonnerie n'avoit ni l'un ni l'autre pour objet : ce n'est que dans les initiations que l'adepte réfléchi pouvoit s'apercevoir du but ultérieur de la secte.

Dailleurs les chefs exigeoient des serments différents dans les grades supérieurs que dans les inférieurs, et ils n'élevoient à la connoissace des derniers mystères que ceux dont ils connoissoient l'immoralité et le dévouement entier pour la secte. De cette manière tous ceux qui avoient du zèle pour la religion, ou de l'attachement pour leur souverain, étoient exclus des derniers grades, ou on ne leur faisoit conoître que des choses insignifiantes. Les épreuves que l'on faisoit subir à l'aspirant tournoient plutôt en divertissement pour le commun des frères, qu'en réflexions sérieuses. La secte cherchoit également à écarter tout soupçon, jusqu'à ce qu'elle vît des dispositions plus favorables au développement; c'est pourquoi la plupart des maçons n'apercevoient rien de contraire à la religion et à l'état dans tous leurs mystères. Ils soutenoient tous qu'il n'y avoit rien dans leur secte qui pût tendre à inspirer la haine des souverains ou à faire détester la religion chrétienne. Mais aujourd'hui que le voile est levé, que les opinions sont changées, les idées corrigées, et beaucoup d'adeptes désabusés, il n'y a plus que des séditieux qui puissent conserver quelque attachement pour une société si entachée.

Il seroit plus honorable et plus avantageux aux maçons de suivre les leçons de l'évangile, de se soumettre aux lois de l'empire, d'être dociles aux magistrats et fidelles aux souverains, et de pratiquer constamment la religion de nos pères; ils étoient bons, sincères, modestes, obéissants, aimés et respectés de tous les étrangers; ils furent constamment fidèles à Dieu et à leur roi; ils étoient gens d'honneur et de probité; ils ont toujours su se conserver sans tache. La vaillance et la justice sont deux vertus qui ne marchent guère ensemble : cependant nos ancêtres ont su les allier. C'est le propre des grandes ames de vivre sans ambition : elle aiment mieux la médiocrité que l'excès : nos ancêtres, en bornant leurs désirs, ont su se faire respecter des peuples et se rendre redoutables à leurs voisins; par leur exemple, leur sagesse et leur prudence, ils nous ont appris que l'obéissance et la fidélité étoient la première source de la félicité publique. Nos pères, sans cesser d'être religieux et vertueux, étoient courageux, prudents et braves; ils savoient joindre la douceur à la valeur, et la modération à la gloire des combats. Ils ont su s'agrandir en conservant leur réputation et leurs conquêtes; mais ils étoient unis et ils allioient l'obéissance avec la bravoure, et la fidélité avec la prudence et la sagesse. Ce talent procure bien autant de gloire, et a bien un autre mérite que le saccagement et la dévastation.

Il ne peut exister de plus beau panégyrique des grands hommes, que leurs actions. Les grands faits seuls, et non la narration, immortalisent : ainsi il est toujours infiniment plus glorieux de faire les bonnes actions, que de les décrire. S'il est toujours plus honorable, pour un souverain, d'être le père de son peuple, que d'en être le conquérant, il n'est pas moins avantageux, pour les sujets, de chérir et respecter un prince qui maintient la paix, qui combat les vices, et qui fait rendre à chacun la justice, plutôt qu'un prince ambitieux, dévoré par une soif démesurée de conquêtes. S'il est louable de relever les autels abattus, il ne l'est pas moins de renverser les remparts que l'impiété et la révolte ont élevés. Les conspirateurs, abandonnés à eux-mêmes, eurent bientôt oublié la nature ; ils firent taire les lois, pour opprimer et persécuter les innocents ; ils ont chéri et cherché la malédiction, ils se sont précipités : qu'ils n'entraînent au moins pas les autres dans leur abîme ! Nos pères n'ont jamais connu de sociétés secrètes, de sectes conspiratrices, et ils n'en ont vécu que plus heureux. Ils ne méditoient aucun crime en secret ; ils manifestoient en public, comme dans leurs maisons, les sentiments religieux dont ils étoient animés. Chacun est bien convaincu aujourd'hui que l'impiété est la mère de tous les vices et de tous les crimes, et que c'est la philosophie qui nous a fait ce funeste don. Chacun sait également que l'impiété a produit la révolte, que la rébellion a enfanté tous les maux dont nous avons été affligés, et que l'impie philosophie en fut la première source. Ainsi, les philosophes d'aujourd'hui, loin de se glorifier de marcher sur les traces des Voltaire, des Diderot et des Dalembert, ont tout lieu de s'attrister et d'en être humiliés. Qu'ils apprennent au moins, par les derniers sentiments que ces chefs de l'impiété ont témoignés, par le repentir qu'ils ont manifesté, étant détenus au lit de la mort, combien ils s'avouoient coupables et criminels, et combien ils déploroient les égarements de la philosophie.

Voltaire, Dalembert et Diderot nous ont laissé, dans leurs derniers moments, un grand exemple de la force et de la puissance de la religion sur les cœurs même les plus corrompus. Ils nous ont au moins bien convaincus que l'homme vivant pense bien différemment que l'homme mourant : l'un estime le monde, avec tous ses vains honneurs; l'autre en méprise et en déteste la vanité; il regrette encore amèrement de s'être abandonné à ses douceurs. Lorsque ces chefs de l'impiété étoient en santé, ils auroient voulu anéantir Jésus-Christ, sa religion et ses ministres ; mais, à la lueur du flambeau qui les a éclairés au lit de la mort, tous trois ont imploré l'infinie miséricorde du Seigneur; tous trois ont appelé à leur secours ces mêmes ministres qu'ils avoient tant persécutés; tous trois ont désavoué les erreurs contenues dans leurs volumineux ouvrages, qu'ils n'avoient composés que dans leurs moments de fureur et de rage; tous trois ont eu recours à la clémence de celui qu'ils osoient traiter d'infame ; tous trois auroient désiré réparer le scandale qu'ils avoient occasionné. Leur philosophie n'étoit plus, pour eux, qu'un vain nom : les ruses, les artifices, les séductions, les moyens ténébreux, mensongers et révoltants qu'ils avoient employés pour corrompre les peuples, leur revenoient alors dans l'imagination, et les plongeoient dans une frayeur mortelle. L'idée accablante de leur impiété et de leur philosophie, dans leurs derniers moments, faisoit leur humiliation et leur tourment. Ces prétendus esprits forts frémissoient du mal qu'ils avoient fait par leur obstination dans la fureur de leur haine contre Dieu. Voltaire, Diderot et Dalembert, dans leurs remords amers et dans leurs repentirs déchirants, auroient tout donné pour la faculté de se reconcilier avec Dieu, et pour revenir à celui qu'ils avoient si long-temps et si indignement outragé. Ils réclamèrent en vain les secours spirituels : leurs disciples, dans la crainte que leur repentir et la rétractation de leurs erreurs n'éclairassent de la lumière de la vérité ceux qui partageoient leur impiété, leur refusèrent constamment les dernières consolations de l'Église. Ces trois impies n'eurent que la peur et la foiblesse des esclaves. Leurs iniquités étoient trop multipliées et trop grandes; elles leur fermèrent la bouche. Ils furent trompés et maîtrisés par leurs adeptes; ils moururent dans une impiété que leur cœur maudissoit, et garrottés des chaînes qu'ils avoient forgées eux-mêmes. Ils avoient préféré les ouanges des hommes à la gloire de Dieu; ils avoient renoncé le Seigneur des seigneurs, pour plaire au monde; leur philosophie, leurs folies, leurs extravagances et leur impiété leur avoient valu tous les honneurs sur la terre; dans leurs écrits, ils avoient tourné en ridicule et en dérision les maximes saintes de l'évangile; ils avoient abusé de leurs talents, pour outrager la divinité; ils avoient mieux aimé être fous que chrétiens, et ils sont morts, tous trois, en réprouvés.

Les philosophes d'aujourd'hui, ainsi que les chefs des sociétés secrètes, ne sont ni moins impies, ni moins scélérats que leurs pères. Ils enseignent et montrent aux brigands les forfaits à commettre; puis ils vont se tapir et se cacher derrière la toile. Leur cœur est bien le gouffre de tous les crimes et de tous les meurtres ; mais le courage de commettre eux-mêmes les forfaits leur manque, par la seule crainte d'être connus, repris et suppliciés. Dans les transports de leur rage et de leur frénésie, ils aiguisent en secret leurs poignards ; ils en arment leurs adeptes féroces, dupes et ignorants ; ils leur désignent les victimes de leur fureur et de leur vengeance. Leur troupe d'assassins et de bourreaux, ainsi armée, se met à la poursuite des têtes qu'ils ont proscrites, et ils les guettent si bien, et les épient si long-temps, qu'elles finissent par tomber sous les coups de leurs brigands. Si la récompense promise est proportionnée aux dangers que ces monstres courent gaîment, l'infamie et le supplice ne peuvent égaler leur scélératesse, ni celle de leurs chefs qui osent préparer et commander de semblables forfaits.

Lorsque le meurtre d'un souverain ou d'un prince a été commis, les chefs sont si perfides et si lâches, qu'ils se réunissent pour se réjouir en secret, entre eux, de leurs trophées et de leurs succès. Ces frénétiques ne sont dans l'alégresse que lorsque tous les gens de bien sont dans la douleur. Ces cannibales, en présence des personnes honnêtes, plaignent le sort des victimes; ils jurent et se parjurent que les assassins méritent le plus cruel supplice; mais ils gardent un profond silence sur les moteurs du forfait, qui sont plus criminels que les assassins eux-mêmes; car, sans leur scélératesse consommée, le meurtre n'eût pas été commis. Ceux qui fournissent les poignards, qui désignent les victimes et qui récompensent les attentats, sont plus scélérats que ceux qui les commettent; mais les intrigants et les meneurs savent toujours si bien prendre leurs précautions, pour se mettre à l'abri de toutes recherches et de toutes preuves de complicité, que la justice n'atteint jamais les grands scélérats qui ont préparé et commandé le meurtre, mais seulement ceux qui l'ont commis. De cette manière, les plus grands criminels ne sont point justiciés; de simples soupçons planent seulement sur la tête de ces monstres, qui y sont si peu sensibles qu'ils sont déjà tout occupés à chercher de nouvelles victimes et de nouveaux bourreaux. Très-souvent même il est arrivé que les chefs, brigands finis, au lieu d'être suppliciés, recueilloient les dépouilles de leur propre victime qu'ils convoitoient et qu'ils s'approprioient.

La facilité que les conspirateurs ont de changer de nom, et de correspondre entre eux avec de simples cartes ou de simples chiffres, comme se fait la correspondance entre les chefs des sociétés secrètes, dit assez clairement qu'ils sont forcés d'avoir recours à ces précautions artificieuses, pour se soustraire aux supplices qu'ils méritent.

Je ne vois pas pourquoi on est si exigeant pour l'instruction et la forme de la procédure, envers des scélérats si consommés, qu'ils n'en veulent qu'aux têtes couronnées, pour mieux bouleverser les empires. Des crimes extraordinaires demandent des moyens extraordinaires pour les réprimer; des conspirateurs demandent aussi des supplices extraordinaires, pour les intimider et les châtier.

Sitôt que les chefs de l'impiété furent morts, leurs enfants, les philosophes et leurs disciples, sacrifièrent leur repos, leur liberté, leur honneur, leur conscience, leur religion et leur Dieu, pour perpétuer les maximes de l'impie philosophie que leurs idoles leur avoient laissées dans leurs volumineux écrits pestiférés: nos maîtres ne font que sommeiller, dirent-ils, car ils vivront éternellement dans leurs ouvrages; ne les perdons pas de vue, ni les leçons qu'ils nous ont données. Le nombre prodigieux d'adeptes qu'ils ont instruits, doit répéter avec nous; écrasons non-seulement tous les autels, mais brisons encore tous les sceptres; le même cri et le même vœux furent répétés par tous les philosophes, et par tous les sectaires. Nos maîtres ne sont plus, mais ils nous ont assez instruits. Haïr et détester, jalouser, détruire et écraser, bouleverser et anéantir; voilà toute la science de la sagesse philosophique. Haïr l'évangile, calomnier son auteur, renverser les autels, ne reconnoître aucun souverain, bouleverser les empires, anéantir la société : telles sont les leçons de nos maîtres. Ils sont morts; ils n'ont pu achever leur ouvrage : c'est à nous que l'honneur et la gloire en sont réservés.

Voltaire a planté l'impie philosophie; Dalambert l'a arrosée; mais Diderot lui a donné son accroissement. Substituons, comme eux, la science à l'ignorance, la vérité au mensonge; sachons tout bouleverser, si nous voulons conserver le beau nom de philosophes que nous ont acquis nos chefs, titre glorieux qui les a rendus si illustres. Achevons l'ouvrage que Voltaire et Dalembert avoient commencé, et que Diderot a terminé. Comme eux, décorons-nous de l'incomparable nom de philosophes, et renversons jusqu'au dernier temple et jusqu'au dernier trône; osons seulement entreprendre, si nous ne voulons rester en arrière. Sachons utiliser les maximes et les leçons que nos habiles maîtres nous ont données; s'ils vivoient encore, l'univers en feu ne seroit qu'un amusement pour eux, pourvu qu'il ne pût sortir de ses cendres ni prêtre, ni roi. Sachons mettre à profit leurs instructions. Ne perdons pas de vue le serment que nous avons fait à notre entrée dans la secte; tenons-nous unis et serrés; mettons en usage l'*Aqua-toffana*, le plus efficace des poisons qu'ils nous ont indiqués; servons-nous des poignards dont ils nous ont armés, et qui sont déjà aiguisés, pour percer le sein de ceux qui refuseroient d'exécuter les ordres de nos chefs, ou qui les enfreindroient, ainsi que le serment par lequel nous nous sommes tous obligés d'écraser les prêtres et les souverains : eux seuls forgent des fers au peuple. Souvenons-nous que tous les hommes naissent égaux et libres, et que le plus sot est celui qui se soumet aux princes et aux pontifes. Tous les adeptes n'ont été armés que pour la défense de la liberté et de l'égalité ; l'honneur et la gloire du triomphe leur est réservé ; tous sont instruits du rôle qu'ils doivent jouer, et tous sont prêts à remplir les obligations de véritables frères et amis.

Tel fut le langage séduisant des illuminés et des arrière-loges de la franc-maçonnerie, réunis pour renverser le trône et l'autel ; et dans un instant la France entière fut en combustion. Les conjurés étoient tellement versés dans l'art des séditions, que leurs succès dépassèrent de beaucoup leurs espérances. Ainsi parlèrent et agirent les dignes émules des Voltaire et des Dalembert. Les disciples oublièrent bien vite les marques de douleur et de repentir que leurs maîtres en philosophie et en conspiration avoient données au lit de la mort. Ils oublièrent bientôt les transports de fureur, de rage et de désespoir, qu'ils avoient ressentis dans les angoisses de leur agonie ; mais les adeptes avoient été trop bien instruits à l'école de l'irréligion et du crime, et ils ne songèrent plus qu'à se livrer à l'impiété et au plus affreux brigandage. Les disciples n'avoient pas oublié les leçons de leurs chefs, qui leur avoient appris à braver les reproches de l'homme vertueux, et à étouffer tous les remords des plus honteux forfaits : ils avoient déjà effacé de leurs cœurs jusqu'au nom de vertu évangélique. La pudeur, la douceur, la charité, la reconnoissance, l'amour filial, la tendresse paternelle, la fidélité conjugale, le désintéressement, la bonne foi, et jusqu'à la probité, leur paroissoient méprisables auprès de leur idole. Ils suivirent aveuglément leur goût et leur penchant pour l'impie philosophie, qui leur avoit appris l'ambition, l'orgueil des faux honneurs et la fausse gloire ; mais elle leur convenoit, parce qu'elle les flattoit et qu'elle leur avoit inspiré l'horreur de la religion et l'amour de tous les vices, celui des plaisirs charnels et de toutes les plus infames passions. L'on peut même avancer hardiment qu'ils n'étoient plus les disciples de l'impiété, qu'ils en étoient devenus les véritables maîtres et les coryphées ardents. Ils pensèrent avec raison qu'ils n'avoient plus besoin de guides dans la carrière des vices et des crimes, qu'ils pouvoient impunément tout tenter, et se livrer avec audace à toutes sortes d'excès et de meurtres; que tous les adeptes ne devoient plus rivaliser qu'en forfaits, et toujours donner la préférence aux plus horribles, à ceux qui entraînoient la perte des empires et la ruine de la société. Tous les adeptes répétèrent ensemble : Qu'il n'existe plus ni autel, ni trône; et ce cri séditieux, horrible et infame, s'est fait entendre dans le lointain.

L'observateur éclairé, et qui réfléchit, trouve, dans Voltaire seul, l'auteur premier de cette grande révolution qui a saccagé la France, désolé ses voisins, et étonné l'Europe, en répandant de toutes parts l'inquiétude chez les peuples et l'alarme dans les cours. Voltaire, avec sa philosophie impie, a corrompu les peuples; il nous a procuré tous les maux que nous avons soufferts, et ceux dont l'Europe entière est menacée aujourd'hui. Ce héros de l'impiété n'a pu voir les effets de ses travaux et de sa doctrine, mais il a préparé tous les matériaux des désastres que nous avons ressentis, et de ceux dont nous sommes fièrement menacés. C'est lui qui a enfanté cette foule de raisonneurs, de petits politiques, qui ne cessent encore de répéter aujourd'hui à la populace grossière et ignorante, mais méchante, que les souverains ne sont que des personnages plus onéreux qu'utiles dans un gouvernement, et qu'il est plus avantageux de s'en passer, quand on le peut, que de se soumettre à leur autorité.

Nous avons déjà assez démontré que de tels principes étoient aussi extravagants que dangereux, et combien ils avoient été funestes aux François qui s'y étoient laissé entraîner. Que les leçons de la fatale expérience qu'ils en ont faite serve au moins d'exemple à toute l'Europe, et que la France elle-même, instruite par ses propres désastres et par ses propres malheurs, ne retourne plus à ses anciens égarements; qu'elle travaille avec ardeur à prévenir les maux qui la menacent encore; qu'elle voue au mépris, et qu'elle réduise au silence, cette foule de raisonneurs et d'ignorants politiques, qui débitent effrontément leurs grossières erreurs pour des vérités. Ces déhontés petits maîtres publient ouvertement leurs maximes empoisonnées, qui ne ten-

dent rien moins qu'à entretenir les divisions et à ramener les troubles dont nous avons déjà été inondés, et
dont nous avons ressenti toute l'amertume pendant
le règne de l'impiété et de l'anarchie de l'usurpateur.
Ces hommes anti-sociaux ne peuvent voir, sans inquiétude, leurs concitoyens paisibles vivre heureux dans
leurs familles, sous la protection et l'autorité de nos
rois légitimes.

La douceur, la justice, la modération et la paix, sont
les attributs et le mobile des gouvernements monarchiques, et aucun souverain n'a encore pu vaincre les
Bourbons en tendresse, en générosité, et en amour
pour leur peuple; il est temps enfin de fermer la
bouche à ces insensés et audacieux petits maîtres, qui
ne se servent de leur langue que pour outrager la vérité, la vertu et la raison. La violence, la férocité et
le brigandage sont les seules armes que les usurpateurs
emploient pour envahir l'autorité légitime, ainsi que
pour établir le règne de la tyrannie, de l'impiété et de
l'anarchie.

Il n'y a pas si long-temps que nous avons éprouvé
toutes nos blessures, puisqu'elles sont encore saignantes,
et nous n'avons que trop long-temps gémi sous l'oppression de nos politiques novateurs, pour que nous
eussions déjà oublié leur dureté; je pense bien que c'est
en vain qu'ils cherchent à nous humilier de nouveau
et à nous replonger sous leur dur esclavage. Mais un
esprit de cabale et de faction, fatigue les gens paisibles,
qui n'aiment que l'ordre, la tranquillité et la paix; il
entretient dans une mutinerie continuelle ceux qui
ont le malheur de goûter le venin de la pernicieuse doctrine de ces petits raisonneurs, qui ne se plaisent qu'à
faire germer et fructifier le poison qu'ils ont dans le
cœur. Ces effrontés jaseurs troublent et déchirent la
société qu'ils cherchent à exciter à la sédition. S'ils ne
peuvent porter le peuple à la révolte, ils le retiennent
toujours dans une agitation continuelle, qui n'est pas
alarmante à la vérité, mais qui est au moins inquié-
tante, parce qu'un peuple agité et mutiné est semblable à une étincelle qui couve sous la cendre, et à laquelle le moindre air suffit pour occasionner un em-
brâsement.

Ainsi ces petits maîtres, avec leur fanfaronnade ridicule, n'en sont pas moins les ennemis jurés de leur patrie, à laquelle ils voudroient pouvoir arracher les entrailles; ces absurdes intrigants ne peuvent voir un état tranquille et heureux; ils cherchent à ravir à la pudeur sa beauté et son éclat; ils mettent tout leur mérite à semer le trouble et l'impiété. L'immoralité et l'anarchie, qui sont les plus terribles fléaux dont un état puisse être frappé, font leur unique joie et leurs seules délices; ils appellent vice ce qui est vertu, et vertu ce qui est vice; ils nomment liberté le plus dur esclavage; fraternité, le meurtre et l'assassinat; et industrie, le brigandage; ils désignent sous le nom de tyrannie l'autorité d'un souverain légitime, qui exerce dans son empire un gouvernement juste, paternel et doux. La justice est par eux traitée de témérité et d'impudence; l'ignorance et la sottise, de philosophie. L'aveuglement, la fureur et l'audace font toute la force de ces petits raisonneurs, plus effrontés que savants : l'impunité fait leur triomphe; mais un bannissement perpétuel devroit être leur partage.

Les conjurés avoient si bien su démoraliser le peuple françois, qu'il n'employa constamment toute sa force et tout son courage que contre les ennemis du dehors, sans s'occuper des vipères affamées qui lui déchiroient le sein dans l'intérieur. Depuis long-temps, il étoit fatigué des cruautés et des brigandages sans nombre des maîtres impitoyables qu'il s'étoit donné, qui n'étoient autre chose que de vrais loups ravissants. Long-temps il eut à gémir sous la tyrannie de ces lions rugissants, qui le comprimèrent tellement par la terreur, qu'il avoit perdu tout sentiment d'humanité, de générosité et de sensibilité. Ce peuple, autrefois si généreux et si belliqueux, étoit tombé dans une apathie, une insouciance et une langueur mortelles. Les grands maux dont il avoit été et dont il étoit encore affligé, lui avoient enlevé toute sa force et toute son énergie. Les crimes énormes dont les gouvernants d'alors s'étoient couverts envers ce peuple trompé, égaré et séduit, étoient assez connus, puisqu'il n'est aucune famille qui n'ait eu à en gémir; mais les François étoient si épuisés et si affaissés, qu'ils ne pouvoient pas eux-mêmes en tirer une vengeance éclatante contre les séditieux qui s'étoient rendus leurs maîtres et leurs bourreaux. Tous la désiroient ; mais seuls, ils ne pouvoient l'opérer. Ils n'avoient seuls, ni la force, ni le courage de rompre leurs liens ; mais nous verrons plus tard que l'usurpateur et les conspirateurs surent y pourvoir par leur aveuglement et leur endurcissement même.

Le contentement des sujets fait la prospérité des empires et la gloire du monarque ; mais la félicité parfaite d'un état ne peut s'acquérir sans l'observance de la religion chrétienne, dans un prince qui la fait pratiquer et qui la pratique lui-même. Alors le monarque est assuré d'être respecté, aimé et obéi de ses sujets. Soumis lui-même à son créateur et aux lois qui régissent son empire, il n'en est pas moins le seul monarque et le seul souverain à qui tous les sujets doivent obéissance et fidélité. Il veille à ce que les lois soient droites, justes, et dirigées au bien public ; mais à lui seul est réservé le droit de les faire exécuter et de les sanctionner ; c'est sa puissance, c'est ce qui constitue son autorité, avec le droit de naissance ou de légitimité.

Les lois ont été établies pour protéger les propriétés, la sûreté des personnes, la liberté des hommes paisibles, en un mot, pour maintenir chacun dans ses droits, et pour réprimer la cupidité des ambitieux et la fureur des méchants, enfin pour punir les criminels. Ceux qui crient le plus contre les lois ne sont certainement pas ceux qui les observent le mieux, mais bien leurs plus grands transgresseurs. Ils ne crient contre elles que parce qu'ils se sentent galeux, et qu'ils craignent qu'on ne leur en applique toute la sévérité, comme ils le méritent.

L'homme paisible se soumet avec joie aux lois et à son souverain ; mais l'homme méchant ne voudroit ni lois, ni souverain. Il déteste la loi, parce qu'elle le condamne, et l'autorité, parce qu'elle fait châtier les coupables. Les lois et les souverains étant toujours dirigés vers le bien général, les conspirateurs, qui leur sont en tout opposés, ne peuvent les supporter ; ils ne voudroient que des lois et des princes qui les autorisent dans leurs troubles, ou qui les laissent croupir tranquillement dans leurs désordres et leurs vices ; ils ne se plaignent des magistrats que quand ils ne peuvent les tromper, ou de la rigueur des lois, que quand ils ne peuvent eux-mêmes les transgresser impunément. Les séditieux ne se répandent en injures et en vociférations contre les ministres et les magistrats, que quand ils s'opposent aux bouleversements et aux révolutions qu'ils voudroient faire naître. Ne nous y trompons pas : celui qui parle toujours, n'est pas celui qui dit les meilleures choses, comme celui qui crie le plus, n'est pas toujours celui qui a le plus raison. Un criminel appréhende toujours d'être supplicié et réduit au déshonneur : cela ne l'empêche pas de commettre le crime; il craint d'être connu, jugé et puni en public; il n'ignore cependant pas que les juges le condamneront. S'il est convaincu, malgré les preuves évidentes de sa culpabilité, il ne laisse pas de crier après les lois et ses juges ; et les criminels qui ne sont pas connus, et qui jouissent de leur liberté, crient encore plus fort : ils espèrent, par leurs clameurs séditieuses, intimider les magistrats, et échapper à la justice. L'homme vertueux conserve son calme et sa tranquillité; il ne craint ni les magistrats, ni la justice, ni les lois, parce que sa vertu l'élève au-dessus des lois : les méchants n'applaudissent qu'aux méchants. Le magistrat qui remplit le mieux ses devoirs, est celui qu'ils blâment le plus ouvertement : ils n'aiment que celui qui favorise leurs intérêts ou leurs passions.

L'ordre, la paix et le calme étant la tranquillité des peuples, un état qui sait conserver et apprécier ces avantages, sera toujours plus florissant, plus heureux et mieux affermi dans le bien, que celui qui est divisé : celui qui est continuellement agité, est exposé à des secousses violentes, qui sont toujours de vraies calamités pour les peuples. Ainsi les petits philosophes, qui ne font que crier à la multitude qu'ils sont les défenseurs de ses droits, en sont plutôt les ennemis et les bourreaux.

Toute nouveauté dans un gouvernement, comme en matière de religion, est plutôt pernicieuse qu'avantageuse; elle demande toujours d'être pesée et approfondie. D'abord, toute nouveauté doit être conforme aux mœurs des habitants, à leur caractère dominant, à leur situation locale et à leur religion. Il est toujours plus

avantageux pour un état de n'avoir qu'un maître, que
d'être entouré de petits philosophes, qui sont autant
de petits tyrans qui se croient appelés à commander
et à maîtriser leurs concitoyens. L'union fait non-seulement la force des états, mais elle en fait encore l'affermissement. Tandis que ces petits partis maintiennent
les haines, et nourrissent les rancunes et les vengeances, elles font naître les divisions qui engendrent les
troubles, et les troubles alimentent les séditions qui enfantent les révolutions.

Ceux qui parlent le plus de liberté, et qui la promettent aux autres, ne sont pas toujours ceux qui la possèdent. Les philosophes ne sont que les vils esclaves de
leurs passions, et ils offrent aux autres ce qu'ils ne
peuvent obtenir pour eux-mêmes. L'homme vertueux et
sage, que les philosophes se plaisent à calomnier et à
persécuter, est le seul mortel qui jouisse de la liberté et
qui sache en faire usage. Les autres ne sont que des furieux, qui cherchent à jeter le flambeau de la discorde
entre les peuples et les rois: mais, pour bien commander,
il faut savoir obéir, et les philosophes commencent par
se rendre désobéissants et rebelles envers les magistrats
et le souverain, pour établir leur domination; ils ne
veulent reconnoître, ni lois, ni supérieur. S'ils étoient
moins orgueilleux et moins présomptueux, ils seroient
moins contradictoires et plus sages, ils se posséderoient
mieux et renonceroient à leur prétendue liberté et égalité. Car, loin de rendre les hommes meilleurs et plus
heureux, les esprits forts, avec toute leur science et avec
toute leur sagesse, n'ont fait que de les rendre plus vicieux et plus malheureux.

Autrefois les peuples s'empressoient à l'envi de gagner l'amitié du souverain par leur dévouement, leur
obéissance, leur fidélité et leur exactitude à remplir
leurs devoirs de chrétiens et de citoyens; l'amour, la
fidélité et la justice unissoient le monarque aux sujets;
l'honneur, la tranquillité et la prospérité de l'état étoient
leur guide commun, et non l'intérêt, ni une folle ambition ou un fol orgueil : de tels liens sont plus forts,
plus puissants, plus durables, et illustrent mieux leurs
auteurs que ceux de la liberté et de l'égalité de nos mo-

dernes philosophes. Nos novateurs n'ont pour mobile qu'un fol amour-propre, et un vil égoïsme; ils n'ont pour fin que le règne de l'impiété et de l'anarchie. Tant que nos pères ne connurent ni les philosophes, ni les sociétés secrètes, ils furent fidèles et dociles; aussi ils furent constamment heureux : la prospérité des sujets faisoit la joie et la gloire du monarque. Mais du moment que les François se sont laissé égarer et séduire par les philosophes, ils sont devenus ingrats, apostats, parjures et rebelles; par leurs excès et leurs débauches, ils se sont précipités d'abîme en abîme; ils se sont souillés de tous les crimes; ils ont irrité le Tout-Puissant; ils se sont attiré le courroux du ciel; par leur férocité, ils sont devenus la haine du genre humain; ils ont appelé sur eux ce déluge de maux qu'ils ont essuyés en punition de leur aveuglement et de leurs meurtres.

C'est en France que la philosophie trouva le plus grand nombre de partisans : elle y fit des progrès rapides; mais ses désastres furent encore plus prompts. Les François furent les premiers à accueillir les philosophes; mais ils furent aussi les premiers châtiés et les mieux punis.

Puisque les philosophes n'ont jamais pu établir ni morale ni gouvernement pour le bien général, et qu'ils n'ont jamais fait que hâter la ruine des peuples, cherchons une saine morale et un bon gouvernement parmi les peuples sages qui ont dédaigné et rejeté l'impie philosophie. Sans sortir de ma patrie, je crois trouver dans nos ancêtres les matériaux que je cherche; je souhaite qu'ils puissent satisfaire et convaincre le lecteur et les philosophes : car enfin ce sont les effets et non les paroles qui démontrent la sagesse des bons gouvernements.

Le meilleur gouvernement pour un peuple quelconque est, sans contredit, celui qui le rend plus heureux, plus tranquille au dedans, plus fort et plus puissant contre les ennemis du dehors; et certainement tant que les François ont été soumis à la puissance des Bourbons, ils ont joui d'une tranquillité et d'un éclat que tous nos voisins envioient et admiroient. Sous l'égide de tels monarques, la France a non-seulement été constamment heureuse et florissante, mais elle a encore transporté au loin les bornes de son territoire. Nos voisins plusieurs fois se sont coalisés pour l'humilier, et ont essayé de lui dicter des lois : mais ils n'ont jamais pu ni l'envahir, ni la maîtriser. Le courage des sujets dociles et fidèles, dirigé par la sagesse et la prudence des Bourbons, a toujours triomphé de la jalousie que leurs ennemis portoient à leur prospérité et à leur grandeur. Pendant neuf siècles, la tige auguste des Bourbons a gouverné les François d'une manière irréprochable : ces princes ont toujours considéré leurs sujets comme leurs propres enfants; ils n'ont jamais eu pour eux que des entrailles de pères; ils se sont toujours attachés à former leur peuple à la piété; ils l'ont toujours fait élever dans la crainte et l'amour de Dieu; ils le consoloient, ils l'exhortoient et le conjuroient de se nourrir de la parole de Dieu et de se conduire d'une manière digne du créateur qui nous a tous appelés à son royaume et à sa gloire. La piété et la religion furent long-temps les liens qui unissoient les François aux Bourbons et le monarque à son peuple; et ces liens ont fait le bonheur et la prospérité de nos pères, ainsi que la gloire de nos souverains.

Nos ancêtres se faisoient honneur de témoigner à leur prince leur attachement par une docilité et une obéissance rares, ainsi que par une fidélité inviolable; le monarque, à son tour, savoit récompenser un si généreux dévouement, par un amour sans borne : une telle union faisoit non-seulement leur force, mais elle les rendoit encore tous paisibles et heureux, en les élevant au comble de la grandeur et de la gloire. Le monarque s'attachoit encore ses sujets par des ordonnances douces, sages et justes; des bienfaits, des emplois élevés étoient la récompense de la fidélité, des talents, du mérite et de la vertu. On encourageoit les belles actions; l'empire de la justice étoit bien affermi, ainsi que le règne des bonnes mœurs; la religon étoit protégée, les ministres du Seigneur respectés, la vertu triomphante et le crime puni; mais les Bourbons, surtout étoient chéris et aimés. Si le peuple françois a toujours aimé si tendrement ses souverains, c'est qu'il étoit payé de retour par ses princes qui travailloient à sa félicité et à sa gloire, et que chacun s'empressoit de remplir ses devoirs, le roi, en commandant, et les sujets, en obéissant ; mais tous y trouvoient également la paix et le bonheur. Le monarque veilloit avec soin à la prospérité et à la sûreté de l'état. Si l'empire étoit menacé par des ennemis, le monarque faisoit un appel à ses sujets, et le souverain, ainsi que les jeunes gens, s'armoient gaîment pour la cause commune. Le soldat savoit obéir à son chef ; le même accord et la même harmonie qui régnoient dans l'intérieur du royaume, se faisoient également sentir dans l'armée. Monarque vigilant, commandant fidèle, troupe courageuse et docile, rendirent long-temps la France victorieuse et redoutable à ses ennemis : le roi, les généraux et les soldats n'avoient qu'un seul but ; ils ne formoient tous que le même vœu, celui de la félicité générale ; tous y travailloient sans déguisement de toutes leurs forces ; toujours ils l'obtenoient et ils en jouissoient paisiblement tous ensemble.

Mais les ennemis de la France, de concert avec les novateurs, non moins jaloux de la splendeur de la France, ont troublé cette harmonie admirable ; dès-lors, cette belle France est devenue la proie des philosophes séditieux. Que nos malheurs passés nous servent d'instruction pour l'avenir : nous désirons tous d'être heureux ; prenons-en donc les moyens. Si nous voulons jouir de la prospérité et de l'élévation de nos ancêtres, si nous voulons avoir part à leur mérite, à leurs vertus et à leur bonheur, suivons les exemples de nos pères et la marche qu'ils nous ont si bien tracée. Comme eux soyons simples, religieux, dociles et obéissants ; évitons les nouveautés et méprisons les philosophes novateurs ; alors nous ne tarderons pas à goûter le repos et à jouir de la félicité de nos aïeux : comme eux revêtons-nous des armes de la justice et de la cuirasse de la foi. Personne ne mérite mieux la qualité d'homme courageux, que celui qui triomphe des plus cruels ennemis de la société qui s'enveloppent de l'écorce de philosophes ou d'esprits forts ; mais leur extérieur n'est qu'un sépulcre blanchi, qui cache dans son intérieur de vrais loups ravissants, qui sont dominés par la haine, l'envie, par une folle ambi-

tion et par un fol amour de célébrité, qui les tient enchaînés : ils portent tout à l'excès, pour satisfaire leurs
infames passions.

Les philosophes conspirateurs, pour établir leur empire, après avoir ôté à la majeure partie des François
sains, réfléchis et pensants, la faculté de parler, exilè-
rent le clergé; ils forcèrent encore les grands et les riches à chercher leur salut dans la fuite, et ils garrottèrent
de si fortes chaînes tous les bourgeois qui s'opposoient à
leurs désastres, qu'ils se rendirent les maîtres absolus
de la France. Les séditieux, par leur noirceur et leur
scélératesse, eurent grand soin de s'emparer de toutes
les places éminentes et de tous les trésors. Pour mieux
opprimer le peuple, et pour contenir son indignation,
ils distribuèrent jusqu'aux emplois les moins élevés à
leurs créatures. Dès-lors toute tentative contre les conjurés devint impossible : inutilement la Vendée et plusieurs villes principales du royaume cherchèrent à se
soustraire à la tyrannie et à la persécution de ces modernes Vandales; tous échouèrent également, et leur
dévouement à la bonne cause ne servit qu'à ajouter au
triomphe et à la fureur de ces cannibales.

Les propagandistes de la liberté et de l'égalité ne
laissèrent aux exilés et aux proscrits que leurs talents,
leur mérite et leurs vertus, qu'ils ne purent leur enlever et qu'ils emportèrent avec eux chez l'étranger. Dès-
lors les conspirateurs recueillirent en France tous les
fruits de leur impiété et de leur philosophie, qui leur
avoient procuré tous leurs triomphes. Ils furent seuls
dans les honneurs, dans l'abondance et dans la joie;
ils firent leurs délices de se gorger des richesses de leurs
honorables victimes; ils s'approprièrent tout ce qu'il
y avoit de bon, et laissèrent aux autres le repentir, les
larmes et la douleur. La misère, le désespoir, une
affreuse servitude, furent le partage du François religieux et fidèle, pendant tout le cours du règne des séditieux; peu d'hommes vertueux purent échapper au
glaive des assassins qui inventèrent divers genres de
supplices pour immoler plus promptement leur grand
nombre de victimes. Le plus cruel étoit de survivre à
ceux qui succomboient aux tourments que la cruauté

de ces monstres avoit préparés. Ainsi, en réduisant, d'après l'évidence, à leur juste sens les beaux mots de liberté et d'égalité, mis en avant par les franc-maçons et par les illuminés, et répétés si souvent dans leurs différents grades, nous devons être convaincus que leur égalité se réduisoit à rendre tous les hommes également impies et vicieux, et que leur liberté ne tendoit qu'à persécuter, dépouiller, massacrer et égorger impunément les hommes les plus distingués, les plus élevés et les plus vertueux.

La liberté et l'égalité, si vantées par les philosophes, n'ont abouti qu'à unir l'impiété de profonds scélérats, qui nous ont forgé des fers et qui nous ont chargés long-temps de chaînes rudes et avilissantes. Les séditieux, à l'aide de leur noirceur, sont venus à bout de ruiner tous les François tranquilles, probes, honnêtes et fidèles, échappés à leur fureur. La révolution a dépouillé un nombre infini d'hommes vertueux qui sont aujourd'hui dans le besoin et qui gémissent dans leur misère, pour enrichir une poignée d'audacieux philosophes ; tandis qu'un conspirateur, ou un impie étale présentement un luxe insolent et une effronterie abominable, sans que sa nouvelle aisance ait diminué en rien son caractère féroce et barbare. Dur envers les pauvres, ingrat et parjure envers son souverain, il ne respire toujours que crimes et vengeance : il préféreroit à l'existence d'un souverain ou d'un prêtre, la ruine totale de l'univers. Les rapineries des séditieux n'ont servi qu'à les enfler de vanité, et à canoniser leur cruauté.

La douleur et la plus affreuse misère sont devenues le partage de tous les bons François. Les conspirateurs ont immolé jusqu'à certains intrigants, qui les avoient aidés dans le commencement, dans le dessein de s'enrichir ; mais ensuite, désabusés, ils s'étoient retirés honteux de s'être associés avec de tels anthropophages. Philosophes, voilà vos œuvres : voyez si vous avez lieu d'être si pétris de vanité ; voyez si vos actions sont conformes à vos paroles ; jugez-vous vous-mêmes. Nous vous avons déjà mis sous les yeux les déchirements qu'ont éprouvés vos trois maîtres en impiété à l'article de la mort. Nous n'avons pas séparé Voltaire de Dalembert et de

Diderot, quoique nous n'ignorions pas que les deux premiers seulement étoient morts au commencement de la révolution françoise, que Diderot seul existoit et qu'il en a été la cheville ouvrière et en même temps le premier assassin de Gustave ; mais comme ils avoient été tous trois vos maîtres, et les chefs de l'impie philosophie, nous avons pensé que les remords que vos pères avoient éprouvés dans leurs derniers moments pourroient instruire leurs enfants et les disposer à renoncer à leurs erreurs et à leurs égarements, pour se soustraire aux angoisses que ces trois impies ont ressenties à leur dernière heure. Pour ne rien vous laisser ignorer, nous vous avons également mis sous les yeux la grandeur et l'élévation de nos ancêtres, sous le gouvernement paternel des Bourbons, mais sans l'intermédiaire des philosophes. Voyez à présent si nos pères n'étoient pas plus sages que nous ; et avant de prendre le titre d'esprit fort, apprenez que ce nom glorieux n'appartient qu'à nos aïeux qui savoient obéir et se vaincre eux-mêmes ; et que le plus lâche des hommes est celui qui se laise maîtriser par ses passions. Savoir se dompter soi-même, voilà la vraie science, la vraie raison, la véritable sagesse, voilà ma philosophie, voilà nos ancêtres, voilà les véritables héros et les seuls sages et libres. Ils sont féconds en bonnes œuvres, ils mènent une vie pure, ils font une sainte mort, ils obtiennent une heuseuse éternité. Mais pour se vaincre soi-même, il faut souffrir tout des autres et ne faire souffrir personne. Ce langage, il est vrai, est un langage barbare pour des séditieux, des adeptes et des philosophes. Concluons donc qu'ils ne peuvent prétendre ni aspirer à un haut degré de perfection et de gloire.

Quand les conjurés nous eurent entièrement dépouillés, ils nous firent le funeste don de l'oiseau de proie Bonaparte ; celui-ci, non moins avide, ni moins ambitieux que les conspirateurs, ne pouvant satisfaire sa cupidité en France, chercha querelle à tous ses voisins pour l'alimenter ; il saccagea tour à tour tous les empires. Il fit tant, par sa soif dévorante de conquêtes, que les souverains indignés et affligés des fleuves de sang qu'il avoit fait répandre, se coalisèrent tous contre la France, pour arrêter les ravages de l'aigle à deux becs

et à triple griffe ; il ne fallut rien moins que toutes les
bayonnettes étrangères, pour mettre fin aux désastres
communs. Les armées ennemies envahirent la France
épuisée d'hommes et d'argent. Les généraux seuls et
les conjurés étoient gorgés de richesses ; mais rien ne
manquoit à la gloire de l'impie philosophie. Le peuple
étoit dans une apathie extrême et dans le plus affreux dénuement. Malgré toute la répugnance qu'il avoit de sentir pénétrer sur son territoire des ennemis nombreux,
qui auroient pu se venger des concussions que les armées françoises avoient exercées dans leurs foyers, le
peuple françois n'opposa aucune résistance aux progrès
des alliés ; l'espoir d'un meilleur avenir le soutint et lui
fit supporter patiemment le joug qu'impose nécessairement le vainqueur. Les armées ennemies parvinrent jusqu'aux environs de Paris, sans éprouver le moindre obstacle ; comme le foyer des séditieux et des dignitaires
étoit dans cette ville, l'usurpateur, d'accord avec eux,
avoit réuni toutes ses forces autour de la capitale, pour
sa propre sûreté, ainsi que pour celle de ses frères et amis,
tous également tremblants pour leurs œuvres. Là, des
flots de sang coulèrent encore pour la défense d'une
cause injuste et désespérée. L'avantage resta toujours
aux alliés qui s'emparèrent de Paris. En entrant dans
la capitale, les souverains vainqueurs brisèrent les chaînes du peuple françois ; ils détrônèrent l'usurpateur,
qui avoit épuisé toutes ses resources pour se maintenir
sur son trône envahi ; il réléguèrent à l'île d'Elbe l'hydre
qui vouloit tout bouleverser et qui prétendoit maîtriser
l'univers, lorsqu'il eut déjà dévoré toute la jeunesse de
France, et qu'il ne lui restoit plus aucune espérance que
la générosité des vainqueurs. Bonaparte, qui avoit paru
si orgueilleux et si vain dans ses triomphes, qu'il prétendoit dicter des lois à tous les potentats, se montra aussi
foible, aussi timide et aussi lâche dans ses revers, qu'il
avoit été présomptueux et insolent dans ses succès. Avide
de gloire, mais encore plus ami de la vie, il n'eut que la
foiblesse d'un esclave ; pour conserver ses jours infames,
il souscrivit volontiers à tout ce que les souverains exi-
gèrent de lui.

Les alliés connoissoient les vœux des vrais François :
ils leur accordèrent ce qu'ils désiroient depuis long-

temps, et ce que les François auroient dû tenter d'eux-
mêmes et exécuter sans le concours des étrangers. Car
il sera toujours humiliant pour nous de n'avoir pas secoué le joug honteux et révoltant de l'usurpateur et de
l'avoir porté si long-temps, sans avoir essayé de briser
nos fers. Il est vrai que la troupe étoit tellement aveu-
glée qu'elle ne connoissoit plus ni patrie, ni concitoyens;
elle étoit entièrement dévouée aux caprices du lâche
déserteur, qui ne caressoit les soldats que pour les mieux
dévorer. Les monarques alliés rappelèrent l'ancienne
famille des Bourbons pour gouverner la France; ils nous
rendirent notre légitime souverain. Notre roi bienfaisant
chercha d'abord à cicatriser nos plaies; mais nos blessures étoient si nombreuses et si profondes, qu'il ne put
qu'adoucir la douleur sans la guérir. Il trouva la France
dans un dénuement si absolu et avec des besoins si pres-
sants, qu'il ne put s'occuper qu'à garantir ses sujets de la
contagion qui avoit infecté si long-temps son royaume.
Mais comme nous nous proposons de traiter plus amplement cet article, qui paroît étranger à ce chapitre,
nous allons indiquer les remèdes que nous pensons
pouvoir opposer avec succès aux manœuvres de la franc-
maçonnerie que nous avons développées. Nous croyons
avoir assez démontré la source des maux qui ont désolé
la France notre patrie : cherchons à présent des remèdes
à nos blessures; et puisque la philosophie, l'impiété et la
révolte n'ont produit que des esclaves et des malheureux, méprisons les philosophes et les impies, évitons
et leur conduite et leur compagnie. Il est difficile d'être
long-temps homme de bien avec les méchants. Quoique
bouffis d'orgueil, ils ne sont qu'un cloaque d'impureté et
de corruption; ainsi abandonnons-les à leurs remords,
et cherchons à imiter nos ancêtres, en suivant la route
qu'ils nous ont tracée.

Nous allons à présent engager nos lecteurs à rentrer
en grâce avec Dieu et avec les puissances de la terre, en
marchant sur les traces de nos ancêtres, dont se sont
écartés les franc-maçons qui ont suivi les instructions
de leur Grand-Orient, qui ne leur prêchoit dans leurs
antres ténébreux que l'impiété, l'infidélité et l'insubordination, pour les conduire insensiblement et par de-

grés au grade de Zadosch, où l'impiété de la secte paroît dans tout son jour. Mais si les franc-maçons se sont perdus par l'impiété et l'infidélité, s'ils sont devenus rebelles et parjures en jurant fidélité à leur Grand-Orient, qui est toujours un maître obscur, impie et parjure, qui ne cherche qu'à perdre ses adeptes avec lui, nous croirions manquer à notre devoir si nous n'indiquions aux maçons de bonne foi les moyens de sortir de la boue où les ont précipités leur vénérable ou leur Grand-Orient. L'impiété et l'infidélité les ont égarés; ils se sont laissé entraîner et garrotter par un serment contraire à l'honneur et à la soumission que tout sujet doit à son légitime souverain, et ils ne peuvent sortir du puits de l'abîme, ni briser leurs chaînes humiliantes, qu'en s'attachant irrévocablement à leur souverain légitime, que leur conscience, la paix et le repos de leurs concitoyens leur imposent l'obligation indispensable de défendre au péril de leur vie.

Nous pensons avoir démontré suffisamment à nos lecteurs que les chefs de la franc-maçonnerie même, en cherchant du secours et de l'appui parmi ceux qui se disoient comme eux les amis de la liberté et de l'égalité, ou les ennemis du crucifié et de toutes les têtes couronnées, amenèrent en France une foule d'étrangers de la secte des illuminés; mais ceux-ci, plus méchants et plus furieux que les franc-maçons, ne cherchèrent qu'à leur dicter des lois et à les maîtriser. Ils garrottèrent à leur tour jusqu'au Grand-Orient de la maçonnerie, qui devint lui-même une des principales victimes de la fureur de la secte Allemande, qui déshonora entièrement les adeptes de la franc-maçonnerie, par les brigandages et les meurtres qu'elle leur fit commettre.

La soumission à l'autorité civile et ecclésiastique peut seule rendre les sujets et le monarque également heureux. Ne courons plus après des chimères de bonheur que les philosophes et les adeptes promettent, puisque nous en possédons déjà la source véritable dans notre monarque légitime que la divine providence a replacé sur le trône de ses ancêtres; attachons-nous irrévocablement à son autorité paternelle, puisque nous pouvons jouir à notre aise de son amour et de sa tendresse. Jamais on n'a pu vaincre les Bourbons en générosité; ils ont toujours été dignes de régner, puisqu'ils ont fait constamment la gloire et le bonheur des François pendant l'espace de plus de neuf siècles. Quelque grands que soient nos torts, leur bonté, leur tendresse et leur amour pour leur peuple sont encore plus grands: soumettons-nous donc avec joie à leur doux empire; mais soumettons-nous en même temps, au joug du Seigneur, qui est tout à la fois le Dieu des miséricordes et des vengeances. Après tant de naufrages, ce sont les seules planches qui nous restent pour arriver sûrement au port. Soyons religieux, et nous serons bientôt humbles, dociles et fidèles, et nous ne tarderons pas à jouir de la paix et des bienfaits du prince; mais surtout soyons sincèrement repentants à l'égard du Seigneur que nous avons outragé si indignement pendant tout le cours de la révolution. Ne nous abandonnons pas au désespoir, mais cherchons par des bonnes œuvres à fléchir la colère du Tout-Puissant; implorons sa clémence infinie: quelque grands que soient nos péchés, la miséricorde de Dieu est encore plus grande. Que notre pénitence soit seulement proportionnée à nos crimes, et le sang de Jésus-Christ suppléera à tout. Nous chancellerons plutôt dans nos bonnes résolutions, que notre divin Sauveur ne manquera à sa parole de verser ses grâces les plus abondantes sur les cœurs contrits et humiliés.

Celui qui a été offensé, a seul le droit d'accorder le pardon; mais c'est à l'offensant à s'humilier pour demander grâce. La pénitence est un martyre auquel il nous est permis de nous présenter: c'est un sacrifice agréable au Seigneur; mais on ne peut être vraiment pénitent que par l'humilité et la contrition. Si nous voulons nous rendre le créateur propice, et lui témoigner en même temps notre amour et notre repentir, soyons contrits et humiliés et le Seigneur ne tardera pas à exaucer nos prières et à nous être favorable. On ne peut plaire à Dieu qu'en l'aimant: que notre amour soit donc le juge qui règle notre pénitence. Nous avons beaucoup offensé Dieu, tâchons donc de l'aimer beaucoup, si nous voulons l'apaiser et nous le rendre propice. L'on ne peut arriver au lieu du repos et du rafraîchissement sans travail, comme l'on ne peut gagner de victoire sans combat. Si le travail nous effraye, que la récompense nous anime ; le poids de la pénitence ne pourra jamais égaler le comble des espérances ; pour un moment d'affliction ou de souffrance nous pouvons gagner une éternité de bonheur. Sachons donc employer utilement ce moment si précieux.

Chacun doit travailler avec soin à conserver l'unité d'un même esprit, par les liens de la paix. Il ne devroit y avoir, parmi nous, qu'un corps et qu'un esprit, comme il n'y a qu'une espérance à laquelle nous avons été tous appelés ; il n'y a qu'un Seigneur, qu'une foi, qu'un baptême, qu'une même patrie qui est le ciel ; il n'y a qu'un Dieu, père de tous, un Sauveur et un médiateur pour tous : il étend sa providence sur tous les mortels, et il réside dans le cœur de tous les hommes. Ce n'est point assez d'être appelé au christianisme, il faut encore en pratiquer les vertus ; comme il ne suffit pas de lire l'évangile, il faut en faire la règle de sa conduite ; il vaut mieux en pratiquer les maximes saintes, que de les croire ; il est toujours plus avantageux à un chrétien d'exercer la douceur, l'humilité et la patience, que de faire aux autres l'éloge de toutes ces vertus. Un chrétien doit encore employer tous ses soins à conserver la paix avec ses frères : vivre dans la division, c'est contredire la religion chrétienne qui exige de nous que nous soyons tous unis par les liens de la charité et de la paix.

Ainsi, ceux qui cherchent à troubler l'union qui doit régner dans un empire, auroient grand besoin du repentir et des larmes de saint Pierre, pour effacer toutes leurs souillures.

Dieu nous a fait un commandement exprès de la charité : Aimez-vous les uns et les autres, nous a ordonné notre divin législateur, comme je vous ai aimé moi-même. Dieu nous a encore donné la foi, qui est le lien le plus fort, pour unir tous les hommes ensemble ; il nous a également fait don du baptême, qui unit tous les chrétiens à l'Église, et de l'espérance que nous avons de participer tous ensemble au même bonheur, dans le ciel destiné de toute éternité à être la récompense du juste.

Que de puissants motifs, pour nous engager à renoncer aux erreurs et à l'impiété de la philosophie, à rechercher les vérités éternelles, et à pratiquer la loi sainte de l'évangile, pour mériter d'être élevés à la gloire et à la liberté des enfants de Dieu! que la malice des impies et des méchants serve à nous attacher à Dieu plus fortement, et, loin de nous nuire, nous y trouverons notre propre avantage : elle nous procurera notre repos et notre bonheur. Quand nous aurons acquis la connoissance de la vérité, efforçons-nous de la suivre; quittons promptement les ténèbres de l'erreur et du mensonge. C'est à l'ouvrage que l'on connoît l'ouvrier : ne jugeons plus des hommes sur leurs paroles, mais sur leurs actions. Faisons union avec des personnes de piété; nous avons tout à gagner avec elles. Pour nous avancer promptement dans la connoissance de nos devoirs, imitons les exemples que les gens religieux nous donnent; aimons la lecture des livres saints, et pratiquons ce que nous y lisons; fuyons les nouveautés et les maximes empoisonnées des novateurs, qui ne tendent qu'à réveiller toutes les passions et à les flatter, pour que l'on s'abandonne plus volontiers à leurs fausses douceurs. Mais, au jour de la clarté éternelle, la lumière paroîtra avec le Dieu vengeur. Chacun recevra alors selon ses œuvres : les bons seront amplement vengés de la fureur des méchants; des ténèbres et des supplices éternels, seront le partage et la punition des libertins et des impies; la lumière, une gloire éternelle, et un bonheur sans fin, seront la récompense des élus.

Nous avons déjà dépeint les remords qu'éprouvent les méchants, dans leurs derniers moments, ainsi que les angoisses et les déchirements de leur agonie; nous avons même pris pour exemple, les chefs de l'impiété et de l'incrédulité; mais ces prétendus esprits forts, ces gens extraordinaires en apparence, ont démenti, à la mort, tout ce qu'ils avoient avancé pendant leur vie; ils ont demandé les secours de cette même religion qu'ils cherchoient à détruire : ces trois impies sont morts dans le désespoir et la rage de ne pouvoir goûter les douceurs et les consolations de cette religion sainte qu'ils avoient si indignement blasphémée. Mais, pour mieux convaincre les libertins et les incrédules, consultons à présent les sentiments du juste pendant sa vie, et ceux qu'il éprouve au lit de la mort.

Le royaume de Dieu, nous dit le juste, est dans les œuvres, et non dans les paroles. Quand même nous aurions dix mille maîtres sur la terre, nous n'avons toujours qu'un seul père, dans le ciel, un seul sauveur et un seul médiateur, qui est Jésus-Christ, et un seul Saint-Esprit, pour nous éclairer et nous conduire dans la voie du salut, que notre divin législateur nous a tracée. Deux choses sont absolument nécessaires à l'homme, pour la suivre : la nourriture et la lumière. La parole de Dieu est la lumière de nos ames; et l'auguste sacrement de l'Eucharistie, en est le pain de vie. Sans cette lumière et cette nourriture, notre misérable vie nous seroit insupportable. Notre existence, il est vrai, n'est pas de longue durée, et nous avons très-peu de temps à rester sur la terre; mais nous nous égarerions bientôt, si nous n'avions un guide sage pour nous conduire. Les plaisirs que l'on goûte dans le monde sont si séduisants! mais leur douceur se change en amertume, dès qu'on en a joui : ils ne laissent à celui qui s'y abandonne que la honte et les remords de s'être laissé séduire par leurs trompeuses amorces.

Travaillons donc à obtenir la vie éternelle à laquelle Dieu a bien voulu nous appeler. Réjouissons-nous de la confiance que nous avons, que nos noms sont écrits dans le ciel. Revêtons-nous des armes de la justice et de la cuirasse de la foi, et avec de telles armes nous serons assez forts pour éviter les piéges des adeptes et des philosophes, et pour nous soustraire aux embûches du démon.

Nul n'est si lâche, que celui qui s'abandonne aux plaisirs mondains, et qui se laisse vaincre par ses propres passions. En leur accordant tout ce qu'elles désirent, c'est se donner des maîtres impitoyables, dont on auroit pu aisément triompher en leur résistant : c'est s'avouer vaincu à la vue de son ennemi, sans oser se mesurer avec lui, lorsque l'on pouvoit être facilement victorieux. Selon le sage, personne ne mérite mieux la qualité d'homme courageux, que celui qui triomphe de tous les obstacles de son salut, en se domptant lui-même.

Notre corps est notre plus dangereux ennemi : c'est un lion rugissant, acharné à notre perte ; plus en lui accorde, plus il est exigeant ; mais aussi, plus on lui résiste, plus il est soumis. Cependant, tout est facile à celui qui aime vraiment Dieu. Ce qui abat et affoiblit la chair, fortifie l'ame et la rend féconde en fruits spirituels et en bonnes œuvres. Ainsi, les austérités, les jeûnes et la prière, sont les meilleures armes pour maîtriser le corps, et pour fortifier l'ame. Allons au fils de Joseph, nous dit encore le juste, lui seul peut nous consoler et nous guérir. Adressons-nous donc au Seigneur, et disons-lui avec confiance : Jusqu'à quand, Seigneur, laisserez-vous souffrir vos serviteurs, sur la terre ? cependant que votre saint nom soit béni, que votre volonté sainte s'accomplisse ! Quel droit avons-nous de nous plaindre de nos maux ! la maladie et la santé, ne sont-elles pas l'ouvrage du Seigneur ? Possédons-nous le moindre bien, qui ne soit un don de sa libéralité ? Ce qui paroît en Dieu une folie, est plus sage que la sagesse même des hommes ; et ce qui paroît en Dieu une foiblesse, est plus fort que la force de tous les hommes. Il a choisi les foibles, selon le monde, pour confondre les grands et les puissants ; il a destiné les simples, selon le monde, à confondre les impies et les philosophes orgueilleux. C'est le Seigneur qui blesse et qui guérit, c'est lui qui tue et qui vivifie. La douleur qu'il nous fait sentir, les croix qu'il nous envoie, sont autant de moyens dont Dieu se sert, pour nous épurer, pour nous avertir de notre propre néant, et pour éprouver la fidélité de notre constance et de notre amour. Les afflictions acceptées et supportées avec joie, sont souvent les précurseurs de grandes graces. Le Créateur nous a pétri de limon sujet à se corrompre, et nous n'avons reçu la vie qu'à condition de souffrir depuis le moment de notre naissance jusqu'à celui de notre mort. Souffrons donc, tant qu'il plaira au Seigneur : S'il est juste que nous souffrions, il n'est pas juste que nous offensions Dieu en souffrant : trop heureux, s'il fait servir nos souffrances à l'expiation de nos péchés.

Si les amis du juste, vont le visiter au lit de la mort, c'est plutôt pour recevoir ses avis et ses instructions, que pour chercher à le consoler; ils y vont par bienfaisance, par charité et par amitié, pour lui rendre les derniers devoirs, et recueillir ses dernières paroles. S'ils veulent lui témoigner la douleur qu'ils ont de le quitter, il les reçoit avec un visage serein, il les écoute avec le calme qu'inspire une vie pure, et avec la tranquillité d'une conscience sans reproche. Venez-vous? mes amis! leur dit-il avec sécurité, m'annoncer qu'il faut partir : que cette nouvelle m'est agréable! prenez part à ma joie: voici le précieux moment qui va me rendre libre pour toujours! que les hommes ont tort de peindre la mort si affreuse! elle ne l'est que pour les méchants. Depuis que Jésus-Christ l'a aimée, il en a adouci toutes les rigueurs. Elle plait même dans l'horreur des tourments, parce qu'elle est toujours accompagnée de l'espérance d'une vie bienheureuse.

Voulons-nous trouver la mort telle que le juste nous la dépeint? songeons-y souvent, faisons pénitence, mortifions nos sens, méprisons la vie, haïssons-nous nous-mêmes, ne nous attachons qu'à Jésus-Christ, n'aimons que lui seul, faisons tout dans la vue de lui plaire; si nous voulons trouver tout, quittons tout pour le Seigneur, et nous éprouverons un jour combien il est doux de mourir quand on a su bien vivre. Autant les sentiments du juste sont différents de ceux de l'impie, autant l'agonie du méchant est pénible et douloureuse; autant la mort est douce et consolante pour les justes qui ne l'envisagent que comme un sommeil agréable qui doit les arracher des misères de cette vie pour les introduire dans le séjour des vivants, autant la mort de l'impie est affreuse est cruelle. Les méchants ne la redoutent si fort que parce qu'ils la regardent comme la fin de leurs joies et le commencement des supplices qu'ils ont mérités en préférant leurs plaisirs sensuels et charnels, à Dieu devant qui ils vont paroître pour lui rendre compte de toutes leur conduite déréglée. Cette pensée accablante leur occasionne ces frayeurs et ces déchirements qu'ils éprouvent dans leurs derniers moments, et qui ne sont que le prélude des terribles vengeances que Dieu doit exercer sur eux en l'autre vie. Un très-petit nombre en ce monde se met en peine des tourments et des angoisses de l'impie : aussi beaucoup en ressentiront les effets foudroyants.

Celui qui s'endort au bord du précipice, ne peut s'empêcher de faire naufrage ; tàchons donc, par notre douleur et notre fidélité, de mériter l'estime et la bienveillance du monarque légitime qui nous gouverne et qui nous offre généreusement notre pardon, pourvu que nous nous attachions à son service et que nous lui obéissions avec l'ardeur, l'empressement et le dévoument de nos pères. Mais que notre douleur soit encore plus vive d'avoir outragé si indignement et si longtemps le Très-Haut, le maître des maîtres ; c'est le seul moyen qui nous reste pour apaiser la majesté divine et pour rentrer en grâce avec Dieu. Ne nous abusons pas, car rien d'impur ne peut entrer dans le royaume des cieux, et ce n'est que par l'esprit de Dieu, que nous pouvons être lavés et purifiés de nos souillures. Le corps n'est point pour la sensualité, mais pour le Seigneur ; et le Seigneur est pour l'ame et le corps : il ressuscitera l'un et l'autre par sa puissance pour les faire paroître devant son tribunal au grand jour du jugement. Soyons donc attachés à Dieu, si nous voulons être un même esprit avec lui. Disons souvent au Seigneur : Nous vous avons offensé par beaucoup de péchés, mais que votre miséricorde sans borne nous fasse effacer toutes nos souillures par les larmes de la pénitence. Nous reconnoissons que les peines et les afflictions que nous avons éprouvées ne sont que des effets de vos desseins impénétrables sur nous, que vous ne nous envoyez ces croix, que pour faire éclater votre puissance et pour nous contraindre à ne pas nous appuyer sur nos propres forces, mais à recourir à vos bontés. Faites que nous les recevions avec un esprit de reconnoissance et de soumission à votre volonté adorable, afin qu'elles nous soient utiles. Pour les rendre plus efficaces, aimable rédempteur, percez nos côtés et nos cœurs de la lance divine de votre saint amour ; et quand vous les aurez purifiés, venez habiter dans nos ames et apportez-y le trésor de vos grâces, afin que vous demeuriez en nous et que nous demeurions en vous. Vous aurez ainsi de nous tout ce que vous demandez, et nous aurons de vous tout ce que nous désirons. Les maux que nous souffrons sont la juste punition de nos égarements, car nous nous les sommes tous attirés par nos énormes crimes; mais, Seigneur miséricordieux, ne consultez que votre cœur, n'ayez égard qu'à nos besoins, à nos misères, à nos foiblesses, et non à nos iniquités sans nombre.

L'impiété, l'ignorance, l'infidélité et l'ingratitude, nous ont précipités d'égarements en égarements qui ont attirés sur nous un déluge de maux. Puisque nous en connoissons aujourd'hui la source, c'est à nous à chercher à la faire tarir; mais nous ne pouvons briser nos chaînes, divin rédempteur, sans l'assistance de votre grâce: nous vous la demandons avec instance, pour nous aider à nous retirer du gouffre où nons nous sommes réduits.

La vérité, la piété et la fidélité faisoient le mérite et la gloire de nos ancêtres. Si les François d'aujourd'hui veulent être heureux, sages et vertueux comme eux, ils ne pourront également y parvenir qu'en marchant sur leurs traces et en suivant le chemin de l'honneur et de la fidélité qu'ils nous ont tracé: toute autre voie que celle qu'ils nous ont apprise ne peut que nous précipiter et nous perdre. Nous avons voulu suivre l'impulsion des sociétés secrètes et les maximes de l'impie philosophie: nous nous sommes précipités dans le labyrinthe des erreurs et des doutes. Une fois que les conspirateurs nous ont eu rendus impies, ils n'ont pas eu de peine à nous faire commettre les abominations qu'ils complottoient depuis long-temps dans leurs antres ténébreux.

Ce que nous avons déjà dit de la franc-maçonnerie n'est pas sans connoissance de cause ni sans fondement. Nous n'entendons cependant pas accuser tous ses membres, comme nous l'avons déjà dit, mais seulement les chefs et ceux qui sont initiés dans les derniers grades de la franc-maçonnerie, où le voile se déchire contre la religion et contre les souverains; car leur prétendue liberté et égalité ne sont que des vains mots mis en avant pour outrager le Seigneur et son Christ, pour contrister les monarques et pour désoler la société. Les arrière-loges maçonniques se donnent beaucoup de peine pour devenir les esclaves de Satan : les initiés aiment mieux renoncer à l'héritage céleste que d'avoir part à la glorieuse adoption d'enfants de Dieu ; car après des chutes si honteuses, le repentir est bien rare, et le pardon bien difficile. D'ailleurs ceux qui abandonneront Dieu, pour plaire aux hommes, seront abandonnés de Dieu et souvent même des hommes dès cette vie, comme le lecteur a pu s'en convaincre par les exemples de Voltaire, de Dalembert et de Diderot, que nous avons déjà cités. Les preuves que nous rapportons pour les franc-maçons ont toutes leur origine dans les aveux faits par plusieurs sectaires devant les magistrats où leurs juges légitimes. Elles résultent encore des écrits originaux des sectaires, de leur correspondance, de leurs instructions secrètes qu'ils n'ont pu taire lors de leurs triomphes, dont ils ont voulu tirer une sotte vanité. Mais en se glorifiant ils ont dévoilé tous leurs mystères d'iniquités.

Comme il y a identité de principes et connexité entre les franc-maçons et les illuminés, nous avons suivi la même marche pour les différents grades de la secte allemande que nous tracerons bientôt à nos lecteurs, que pour celle de la franc-maçonnerie. L'on voit dans l'une et l'autre société, des soi-disant philosophes traiter les hommes vertueux et les monarques avec tout le mépris qu'ils méritent eux-mêmes. Ils regardent comme une folie le serment de fidélité fait aux souverains et à la patrie ; ils ne sont stricts observateurs que de celui qu'ils jurent à la secte, parce qu'il est de leur goût et qu'il les conduit plus sûrement à leur fin criminelle. Mais si la violation d'un serment est horrible n'a-t-on pas droit de leur dire que le serment fait à l'état est de rigueur et d'obligation à tous les sujets ; qu'il est le premier à garder puisqu'il est le premier devoir à remplir et qu'ils ne peuvent en souscrire un second sans se rendre criminels et sans devenir rebelles et parjures. Si jamais la foi du serment a été respectée, si jamais elle a dû être sacrée, n'est-ce pas plutôt envers la patrie ou envers les souverains légitimes, qu'envers des séditieux et des conspirateurs. Puisque les méchants se servent du serment pour lier et garrotter leurs adeptes, ils n'ignorent donc pas des obligations qu'impose le serment ; puisqu'ils menacent de la vengeance et de la foudre de la secte, ceux qui lui seroient infidèles, ils ne méconnoissent toute la force du serment qu'envers le souverain et les magistrats, et s'ils sont si sévères pour les transgresseurs d'un serment qui ne convient qu'à des rebelles et à des parjures, quel châtiment ne méritent-ils pas eux-mêmes, pour avoir violé et fait violer à leurs adeptes le plus sacré des serments, celui de fidélité au prince et à la patrie ? N'est-ce pas le seul à qui tout véritable bon citoyen doit rester fidèle, puisqu'il est d'obligation indispensable à tous, et que de son observance dépendent la félicité et la tranquillité publiques.

Il sied mal à des hommes vicieux et couverts de crimes de recommander la fidélité du serment à leurs adeptes ; quand les maîtres et les disciples font gloire de jurer et de se parjurer, c'est prêcher de bouche la vertu et pratiquer effrontément le vice. Les ennemis de l'ordre menacent de leur haine implacable et de leurs poignards assassins ceux qui seroient tentés de violer le serment de fidélité à la secte : puisqu'ils sont si instruits des devoirs du serment, chacun n'a-t-il pas le droit de leur dire : Puisque vous êtes si sévères envers vos subordonnés, quel supplice ne méritez-vous pas, vous qui violez gaîment et avec réflexion le serment de soumission aux souverains et aux magistrats, qui est le plus saint de tous les devoirs ? Jugez-vous vous-mêmes, méchants serviteurs ; vous ne voudriez être indulgents que pour vous-mêmes ; ou pour devenir injustes et cruels envers les autres. Vous qui vantez tant la raison, daignez du moins l'entendre, et ne soyez pas en contradiction si évidente avec vous-mêmes, en traitant de folie les lois divines et humaines ; que votre chute ne soit pas à tous un sujet de scandale. Soyez au moins d'accord avec vous-mêmes : ce n'est pas en jugeant de tout, ni avec les discours éloquents de la sagesse humaine, que l'on peut détruire la sagesse incréée et renverser l'autorité des princes. Si les effets démentent évidemment les paroles, la honte et la confusion deviennent bientôt l'apanage de tels instructeurs, qui ne sont que des faux sages que surprend leur fausse prudence.

Il est honteux à ceux qui se mêlent de prêcher la fidélité aux autres de donner eux-mêmes les premiers exemples d'infidélité. L'obéissance, l'amour de l'ordre et de la paix, sont les liens de fidélité et d'attachement du sujet envers son souverain. Mais l'impiété et la révolte sont les liens qui unissent les rebelles. Les devoirs de tout bon citoyen sont renfermés dans la pratique des vertus chrétiennes; si les sectaires les connoissent et les remplissent, ils sont les amis de l'état; dans le cas contraire ils en sont les ennemis; leurs œuvres, plus éloquentes que leurs paroles, les condamnent au silence, et s'ils voulent en appeler à la postérité, elle s'aura les juger.

Nous avons déjà dit à nos lecteurs que la première source de nos malheurs étoit l'ignorance, qui fait naître l'impiété; celle-ci engendre l'infidélité, qui produit l'ingratitude, qui est la mère de la scélératesse. L'ignorance entraîne à la corruption des mœurs et éloigne du Créateur. Car comment pratiquer la vertu, si on ne la connoît pas. C'est l'instruction qui nous apprend à tous les devoirs et les obligations que chaque état nous impose; elle nous aide à les remplir, elle nous fait aimer et chérir la vertu, elle nous garantit des piéges et des erreurs des ennemis du trône et de l'autel, elle nous éclaire dans la route que nous avons à suivre vers le bien, elle nous inspire une grande horreur du crime, elle nous apprend encore à connoître notre véritable maître, et à suivre sa loi divine. La vérité est méconnue partout où l'ignorance règne; la paix et la justice ne peuvent exister sans la vérité : elles maintiennent ensemble les bonnes mœurs, qui ne peuvent se soutenir sans la religion, comme la religion ne peut se conserver sans ministres pour éclairer et instruire le peuple qui est toujours ignorant; ainsi, sachons apprécier les fruits d'une bonne éducation, si nous voulons ne pas croupir dans l'ignorance, et nous élever à la plus haute et à la plus éminente vertu, qui est de connoître et de contempler le Créateur, et de lui procurer le plus grand nombre possible d'adorateurs : car, nous ne serons savants, qu'autant que nous saurons adorer Dieu en esprit et en vérité.

La rareté des pasteurs se fait grandement sentir à présent, et il est à craindre que les peuples n'en soient entièrement privés. Les villes ne manquent ni de ministres, ni d'instructions; mais les campagnes en sont dépourvues : elles en ont cependant un pressant besoin ; les établissements où se forment les disciples du Seigneur ont aussi besoin d'encouragement et d'appui. Ils demandent à être environnés comme d'un bouclier, pour les mettre à couvert de cette secte impie, ennemie jurée du trône et de l'autel. Si les sectaires forment leurs adeptes à la révolte et à l'irréligion dans leurs repaires souterrains, c'est aussi dans les maisons d'enseignement que l'on élève la jeunesse à la fidélité, à la piété, et à la vertu. Ce seroit une chose étrange en France, s'il n'y avoit pas autant d'empressement pour le bien, que les conspirateurs ont d'ardeur pour le mal. Cette secte infâme se nomme la lumière, tandis qu'elle n'est que ténèbres ; elle fuit et redoute le grand jour, parce qu'elle craint de connoître le mal qu'elle produit, et que d'autres ne s'en aperçoivent aussi. Après tant de naufrages, sans ministres, nous serons bientôt dépourvus de foi, de charité, d'espérance, et de toutes les vertus chrétiennes ; ce sont cependant les seules planches qu'il nous reste pour réparer nos infidélités et nos impiétés ; mais comment le peuple pourra-t-il pratiquer ces précieuses vertus, s'il n'a point de ministres du Seigneur pour les lui faire connoître.

Les hommes de Dieu peuvent seuls graver la piété dans les cœurs : ils savent les réconcilier et calmer tous les esprits ; ils savent apaiser les haines, ils s'arrêtent surtout au pardon des injures qu'ils veulent absolument que l'on oublie, ils savent effacer jusqu'à la moindre trace de division et de dissention, ils savent faire aimer et pratiquer toutes les vertus chrétiennes ; ils combattent tous les vices, ils condamnent tous les déréglements. Les méchants sont les seuls qui n'aiment pas les ministres du Seigneur, parce que les vérités qu'ils annoncent font la confusion et le tourment des impies.

Le bonheur ou le malheur de la société dépendent principalement de l'éducation des enfants, des principes qu'ils ont reçus dans leur jeunesse, de la conduite et de l'exemple de ceux qui sont chargés de l'enseignement ; car le bon exemple fait plus d'impression sur ces tendres cœurs, que cent sermons éloquents. Ces jeunes plantes deviennent ordinairement vertueuses ou vicieuses, d'après l'exemple et la doctrine des maîtres qu'on leur a donnés. Sachons enfin combien les soins d'une bonne éducation sont avantageux, et combien des maîtres pieux sont précieux, puisqu'ils peuvent attirer des grâces sans nombre sur leurs élèves, et qu'ils contribuent si efficacement à la paix et au bonheur de la société. Comprenons enfin que les grands principes de piété, une fois gravés dans le cœur de ces jeunes plantes, ne s'effacent jamais entièrement. Toujours on se les rappelle dans l'occasion, et si on a le malheur de donner dans quelques égarements, tout en se rappelant les impressions salutaires qu'on a reçues pendant son enfance, on revient à Dieu, et elles sont ordinairement pour tous de vraies sources de grâces, de conversion et de salut.

La pratique des vertus chrétiennes a toujours fait et elle fera à jamais la gloire et la félicité des peuples, ainsi que du monarque qui les gouverne. Ainsi, ceux qui sont élevés en dignité ne peuvent s'estimer heureux qu'autant qu'ils peuvent contribuer à soutenir dans l'empire la piété et la justice. Sitôt que l'une chancelle, l'autre s'écroule et entraîne la ruine de l'état. Les sujets doivent au monarque soumission et obéissance; ils doivent reconnoître en lui l'autorité divine : ils doivent s'attacher à sa personne, la défendre, veiller à la conservation du trône et à la défense du royaume, au péril de leur vie. La plus petite insubordination, dans un vaste empire, peut quelquefois avoir les suites les plus funestes. C'est au monarque à commander, et aux sujets à obéir; dès que ceux-ci cessent d'être dociles et soumis, ils deviennent rebelles et parjures. Nous savons qu'on n'a jamais pu vaincre en tendresse et en générosité les Bourbons, et que nos pères furent constamment heureux, en s'attachant à leur autorité et à leur couronne. Par leur soumission et leur fidélité, ils firent leur propre félicité, la gloire et le bonheur des Bourbons qui les gouvernoient. Une suite non interrompue de plus de neuf siècles paroît suffisante pour réduire aux abois les sectaires, et au silence tous les novateurs dont le règne a été une suite non interrompue de brigandages et de forfaits. La vérité et le soleil de justice n'ont reparu en France, qu'a-

vec la présence des Bourbons. Ils ont dissipé toutes les ténèbres du gaspillage, des pirateries, et des déréglements
des novateurs ou des déhontés fripons. Les lys ont été
partout triomphants ; la gloire et la magnificence des
Bourbons éclatèrent partout.

Pour voiler les habits entachés des séditieux, le peuple les couvrit de boue et de crotte, sans pouvoir enlever
les taches qui leur resteront jusqu'à leur dernier soupir.
Les Bourbons, en partant, avoient laissé les François
jouissant de la félicité et du bonheur qu'ils leur avoient
procurés par la sagesse de leur gouvernement juste et
paternel ; mais à leur retour, ils les retrouvèrent plongés
dans la misère et les vices : ils pardonnèrent aux séditieux qui s'étoient couverts de tous les crimes.

Il leur reste encore une œuvre importante et pénible
à leur cœur, mais nécessaire, pour qu'ils ne puissent
plus éprouver de contradiction, pour opérer le bien, et
pour conserver à jamais la tranquillité dans leur empire :
elle consiste à publier les vices et les crimes des membres de toutes les sociétés secrètes ; à faire fermer tous
leurs repaires ténébreux, sous les peines les plus humiliantes et les plus infamantes, qui seroient également
applicables aux obstinés et aux endurcis qui refuseroient
dès à présent de se soumettre à des lois si justes et si
nécessaires dans les circonstances actuelles. Si certains
membres, par démence, par orgueil ou par un fol amour-
propre, s'obstinoient à méconnoître l'autorité, bannissez
pour toujours du sol françois ces vipères qui voudroient
propager leur venin, au mépris des lois, du repos, et de
la tranquillité de l'Europe. Que les magistrats fassent
valoir l'autorité qu'ils ont en main, et qu'ils n'ont reçue
que pour punir le crime et pour protéger l'innocence.
Pour assurer à jamais la dissolution de ce monstrueux
assemblage, rendez tous les sectaires personnellement
responsables de tous les maux qu'ils feroient et de tous
les frais qu'ils occasionneroient. S'ils n'abjurent les principes de la secte, et s'ils ne l'abandonnent, ils méritent
d'être chassés de tous les emplois civils et militaires qu'ils
occupent. Chacun est fatigué des ravages qu'a occasionnés cette maudite secte ; chacun désire de jouir long-
temps de la paix, de la justice et du repos dont nous

jouissons, et dont nous ne sommes redevables qu'aux Bourbons; chacun demande également la punition des grands coupables, qui ne cessent de conspirer. N'est-il pas honteux pour les magistrats, de se laisser maîtriser et dicter des lois par une poignée de furieux, sans principes, sans morale, entachés de tous les vices, et couverts de tous les crimes? Ce n'est déjà plus qu'un feu qui couve sous la cendre, et qu'il est très-facile d'éteindre entièrement; mais si on le néglige toujours, il pourroit, à la longue, occasionner un gros embrasement.

Une seule loi, ou une seule ordonnance, qui seroit mise partout sévèrement à exécution par les magistrats, suffiroit actuellement pour éviter beaucoup de désordres et de maux. Elle suffiroit pour déjouer tous les projets des méchants, et pour leur enlever tout espoir de nuire à l'avenir. Beaucoup sont entrés dans cette secte sous le régime tyrannique, où elle étoit victorieuse et triomphante, et quand ses membres occupoient généralement toutes les places. Aujourd'hui l'on est bien désabusé : une partie a déjà renoncé à la secte, et la majorité la quitteroit avec joie, pour éviter de nouveaux désastres; ainsi la loi qui en ordonneroit la dissolution, ne seroit préjudiciable qu'aux moteurs et aux instigateurs, qui sont seuls les grands coupables. Les chefs se trouveroient humiliés de se voir réduits à leur propre fureur qui fait leur principale force, et s'ils vouloient se livrer à quelques excès séditieux, ils seroient bientôt arrêtés et punis; alors, l'ordre et la tranquilité seroient à jamais fixés parmi nous, les méchants seroient réduits aux abois et au silence, l'audace et le crime ne seroient plus impunis, et la vertu seroit pour toujours triomphante. Les magistrats n'éprouveroient plus d'obstacles à faire le bien; les séditieux ne pourroient plus se rencontrer sur leur chemin; ils seroient, sans crédit, sans force et sans vigueur, et même sans adeptes. Chacun s'avanceroit à pas de géant dans le sentier de la vérité, de la justice, de la douceur, de la modération et de la paix, qui peuvent seuls tranquilliser, et faire fleurir les empires. Cette mesure de rigueur rendroit les sujets et le monarque également heureux, en fixant à jamais parmi eux l'union, le repos et le bonheur. Quand les séditieux seront sans aucune influence, les ravages de l'impiété cesseront, et la religion revendiquera ses droits, elle recouvrera son empire, son éclat et son ancien lustre. Les furieux étant sans aucun emploi, ne pourront plus comploter la perte du monarque et de l'état; ils ne pourront plus être infidèles, ni trahir leur patrie. Les conspirateurs ne recevant plus les bienfaits de la cour, dont ils se sont déjà rendus si indignes, ne pourront plus être ingrats et parjures; puisqu'ils n'ont pas voulu quitter librement leurs vices, il est juste de les y contraindre par la rigueur des lois. Ils devroient déjà s'estimer fort heureux de ce que les Bourbons ont été assez généreux pour oublier leur longue suite de crimes, et de ce qu'ils ont la bonté de leur laisser terminer en France leur insupportable et ennuyeuse existence, sans songer à méditer de nouvelles secousses, et de nouveaux forfaits.

Mais les séditieux sont incorrigibles; ils ne peuvent demeurer en repos, ni y laisser les autres. La journée la mieux employée, pour eux, est celle où les plus grands crimes ont été commis avec audace par leurs adeptes; ainsi la société n'a qu'à perdre, en conservant de tels monstres dans son sein.

Avant Voltaire, la franc-maçonnerie n'étoit qu'un jeu puéril; mais depuis qu'il est devenu le chef de cette secte, il a su organiser tous ses adeptes qu'il a en quelque sorte enrégimentés : il a su les rendre impies, pour en former un corps de séditieux et de rebelles. Son envie de dominer, sa haine pour la religion de Jésus-Christ, le déterminèrent à diriger tous les coups contre le trône et l'autel; ainsi il n'y a nul doute, que les sectaires ne soient les implacables ennemis de tous les monarques, et de notre Seigneur Jésus-Christ. Une récente et funeste expérience, n'a que trop justifié ce que nous avançons; ainsi, un souverain qui souffre dans ses états les sociétés secrètes, s'endort au bord de l'abîme, et s'il ne s'oppose aux complots des séditieux, ils le feront succomber à leurs divers piéges. La franc-maçonnerie n'est pas la seule société secrète qui existe. Voltaire et Jean-Jacques Rousseau furent les deux maîtres de l'impiété; ils ont produit chacun leur secte, avec les mêmes principes; ils ont visé au même but, sous des noms différents.

Vueishaupt organisa en Allemagne la secte des illuminés, dont Jean-Jacques est l'auteur et le père; mais trouvant les Allemands trop lents à seconder ses désastreux projets, il envoya de ses adeptes à Paris, pour se réunir aux franc-maçons, afin de travailler de concert au bouleversement de l'Europe. Voltaire et Jean-Jacques Rousseau ont certainement été deux grands génies; mais l'abus qu'ils ont fait, l'un et l'autre, de leurs talents, les plaies profondes qu'ils on faites à la société et à la religion, flétrissent aujourd'hui leur mémoire, aux yeux des gens pensants. Les louanges que les novateurs ont prodiguées à ces deux héros de la révolte et de l'impiété, en leur décernant à tous deux les honneurs du Panthéon, n'étoient que la frénésie de certains malades, qui abusoient d'autres malades. Pour mieux persuader nos lecteurs, nous allons leur mettre sous les yeux, l'institution de la secte des illuminés, ses épreuves dans les différents grades, et la réunion de cette société avec celle de la franc-maçonnerie.

CHAPITRE XI.

De la secte des illuminés.—Des instructions données aux novices et aux initiants, ainsi qu'à ceux qui sont élevés aux grades de minerval et d'illuminé mineur, qui sont les premiers de la secte de l'illuminisme. — Des épreuves que l'on fait subir aux aspirants, et du serment que l'on exige d'eux pour les recevoir.—On y parle aussi des obligations que les élèves souscrivent en faveur de la société. — Nous laissons à nos lecteurs à prononcer si les illuminés ne sont pas coupables dès leur naissance, et si le titre de philosophe ou l'amour de la nouveauté n'ont pas séduit le grand nombre de leurs adeptes, qui ont appris à leurs dépens que le vrai bonheur ne peut exister que dans la lumière et la vérité, et non dans les ténèbres et dans l'erreur.

Dans les premières années de l'illuminisme, le temps d'épreuves pour les novices étoit de trois ans, pour l'élève agé de dix-huit ans; de deux ans pour celui qui se trouvoit entre dix-huit et vingt-quatre; et enfin d'un an pour celui qui approchoit de trente ans. Les circonstances, sans diminuer les épreuves, en ont seulement abrégé le temps. L'insinuant est responsable des indicrétions des novices ; le silence et le secret sont l'ame de l'ordre : la méfiance et la réserve en sont la pierre fondamentale ; on apprend aux novices à prévenir la ruine de la secte que la moindre indiscrétion pourroit entraîner. Les livres relatifs à l'ordre ne sont remis aux novices, qu'après des serments horribles qui les attachent à la secte et sous les menaces foudroyantes des illuminés, dont tous les bras sont armés pour percer le sein de celui qui violeroit les secrets de la société. Ils sont encore obligés, en cas de mort imprévue, de prendre les précautions nécessaires pour que les écrits de la secte ne tombent pas entre les mains des profanes. Les autres frères sont tenus de visiter assidûment un membre de l'ordre malade, soit pour le fortifier, soit pour empêcher toutes révélations que la crainte de la mort pourroit arracher au moribond, soit pour s'emparer de tous les livres de la secte. Parmi les illuminés, comme dans les derniers grades de la franc-maçonnerie, les sectaires ne sont désignés que par les noms de guerre qu'ils ont choisis et dont la connoissance n'appartient qu'aux sectaires. Ils prétendent que le but de la société est de favoriser l'avancement des gens de mérite, en rendant générales des connoissances encore cachées à la plupart des hommes ; toutes ces connoissances se réduisent à une obéissance aveugle aux chefs de la secte, et à un dévouement absolu pour sa propagation et sa durée. Ils font de l'obéissance un devoir pour précipiter leurs adeptes dans le l'abyrinthe des erreurs et des ténèbres. Telle est l'obéissance sans bornes des illuminés. Voici en quels termes sont conçus les ving-quatre questions faites à tous les élèves. Les réponses qu'ils font aux différentes questions les font admettre ou rejeter de la société des illuminés. Ainsi ce n'est qu'au mépris de l'obéissance due au souverains qu'ils cherchent à établir leur empire.

1°. Êtes-vous encore dans l'intention d'être reçu dans l'ordre des illuminés ?

2°. Avez-vous bien mûrement pesé que vous hasardez une démarche importante, en prenant des engagements inconnus ?

3°. Quel espoir, qu'elles causes vous portent à entrer parmi nous ?

4°. Auriez-vous ce désir, quand même nous aurions uniquement pour objet la perfection de l'homme, et point d'autre avantage ?

5°. Que feriez-vous, si l'ordre étoit une nouvelle invention ?

6°. Si vous veniez à découvrir dans l'ordre quelque chose de mauvais ou d'injuste à faire, quel parti prendrez-vous ?

7°. Voulez-vous et pouvez-vous regarder le bien de notre ordre comme le vôtre même ?

8°. L'on ne peut vous cacher que les membres entrant dans notre société, sans autre motif que l'espoir d'acquérir de la puissance et de la grandeur, de la considération, ne sont pas ceux que nous aimons le plus ; souvent il faut savoir perdre pour gagner : savez-vous tout cela ?

9°. Pouvez-vous aimer tous les membres de l'ordre, ceux-mêmes de vos ennemis qui pourroient s'y trouver ?

10°. S'il arrivoit que vous dussiez faire du bien à ces ennemis que vous auriez dans l'ordre, qu'il fallût les recommander, les exalter, y seriez-vous disposé ?

11°. Donnez-vous de plus à notre ordre ou société, le droit de vie et de mort ? Sur quel fondement lui donnez-vous ou refusez-vous ce droit ?

12°. Êtes-vous disposé à donner en toute occasion, aux membres de notre ordre, la préférence sur tous les autres hommes ?

13°. Comment voudriez-vous vous venger d'une injustice, grande ou petite, que vous auriez reçue des étrangers ou de nos frères ?

14°. Comment vous comporteriez-vous si vous veniez à vous repentir d'être entré dans notre ordre ?

15°. Voulez-vous partager avec nous bonheur et malheur?

16°. Renoncez-vous à faire jamais servir votre naissance, vos emplois, votre état, votre puissance, au préjudice ou au mépris des frères?

17°. Êtes-vous ou pensez-vous à devenir membre de quelqu'autre société?

18°. Est-ce par légèreté ou bien dans l'espoir de connoitre bientôt la constitution de notre ordre, que vous faites si facilement ces promesses?

19°. Êtes-vous résolu à suivre très-exactement nos lois?

20°. Vous engagez-vous à une obéissance absolue, sans réserve, et savez-vous la force de cet engagement?

21°. N'y a-t-il point de crainte qui puisse vous détourner d'entrer dans notre ordre?

22°. Voulez-vous, dans le cas qu'on en ait besoin, travailler à la propagation de l'ordre, l'assister de vos conseils, de votre argent et de tous vos moyens?

23°. Avez-vous soupçonné que vous auriez à répondre à quelques-unes de ces questions? Qu'elles-sont celles que vous soupçonniez?

24°. Qu'elles assurances nous donnerez-vous de ces promesses, et à qu'elle peine vous soumettez-vous si vous y manquez?

Voilà l'étendue du sacrifice qu'il faut faire, pour être de la secte des illuminés. L'on doit assujettir toutes ses volontés aux caprices des chefs; l'on doit se soumettre à leur empire au prix de son honneur, de sa conscience, de sa religion, de son Dieu, aux dépens de sa vie même, si l'ordre l'exige et si le récipiendaire ne jure d'être fidèle à toutes les lois de l'ordre, de l'assister de ses conseils, de sa fortune et de tous ses moyens, et s'il ne finit par se soumettre à tout sacrifier, plutôt que de manquer à sa promesse, à perdre son honneur, sa vie même plutôt que de trahir la secte. Si le novice ne reconnoît sans hésiter, cet étrange et redoutable droit de vie et de mort, et s'il ne s'y soumet par serment, non-seulement il n'est point admis, mais il encourt encore la haine de l'ordre qui fait dépendre des caprices des supérieurs, le terrible droit de vie ou de mort sur chacun de ses membres. Ces questions tendent toutes à soumettre entièrement le novice aux lois de l'illuminisme; l'introducteur répond des dispositions de son élève et demande en revanche pour lui, la protection de l'ordre. Alors l'initiant dit au novice : Votre désir est juste. Au nom de l'ordre sérénissime dont je tiens mes pouvoirs, et au nom de tous ses membres, je vous promets protection, justice et secours.

De plus je vous proteste de nouveau que chez nous, vous ne trouverez rien de contraire à la religion, aux mœurs, à l'état. Alors l'initiant présente au cœur du novice la pointe d'une épée nue, puis il continue : Mais si tu n'allois être qu'un traître, qu'un parjure, apprends que tous nos frères sont appelés à s'armer contre toi. Ne crois pas échapper ni trouver un lieu de sûreté; quelque part que tu sois, la honte, les remords de ton cœur, la rage de nos frères inconnus, te poursuivront, te tourmenteront jusque dans les replis de tes entrailles. Ici l'initiant replace l'épée sur la table et reprend : Mais si vous persistez dans le dessein d'être admis dans notre ordre, prêtez le serment qui vous est présenté.

La formule de ce serment est conçue en ces termes:

En présence de Dieu tout-puisant et devant vous, plénipotentiaires du très-haut et très-excellent ordre dans lequel je demande à être admis, je reconnois ici toute ma foiblesse naturelle et toute l'insuffisance de mes forces. Je confesse que malgré tous les privilèges du rang, des honneurs, des titres, des richesses que je pourrois avoir dans la société civile, je ne suis qu'un homme comme les autres hommes; que je puis perdre tout cela par les autres mortels, comme je l'ai acquis par eux; que j'ai un besoin absolu de leur agrément, de leur estime, et que je dois faire mon possible pour les mériter. Jamais je n'emploierai au désavantage du bien général ou la puissance ou la considération dont je puis jouir. Je résisterai au contraire de toutes mes forces aux ennemis du genre humain et de la société civile.

Les grades mystérieux de l'illuminisme, feront connoître les forces des parjures. Mais allons plus loin avec patience.

Je promets, continue le novice, de saisir ardemment toutes les occasions de servir l'humanité, de perfectionner mon esprit et ma volonté, d'employer toutes mes connoissances utiles au bien général, autant que le bien et les statuts de ma société l'exigeront. Je voue un éternel silence, une fidélité et obéissance inviolables, à tous les supérieurs et aux statuts de l'ordre. Dans ce qui est l'objet de ce même ordre, je renonce pleinement à mes propres vices, à mon propre jugement. Je m'engage à regarder les intérêts de l'ordre comme les miens, tant que j'en serai membre. Je promets de le servir de mon sang, de mon honneur et de mon bien. Si jamais, par imprudence, passion, ou méchanceté, j'agis contre les lois ou contre le bien du sérénissime ordre, je me soumets à tous ce qu'il lui plaira d'ordonner pour ma punition.

Je promets encore d'aider l'ordre de mon mieux et en conscience, de mes conseils et actions, sans avoir d'égard pour mon intérêt personnel. Je suis également disposé à travailler de toutes mes forces et de tous mes moyens, à la propagation et à l'accroissement de l'ordre. Je renonce dans toutes ces promesses à toutes restrictions secrètes et m'engage à les remplir toutes suivant le vrai sens que les mots en présentent, et suivant celui que la société y attache, en me prescrivant ce serment. Ainsi, Dieu me soit en aide, etc. Si le novice souscrit à tout, l'initiant lui déclare qu'il est admis dans l'ordre et élevé au grade *minerval*.

Ce qu'il y a d'étonnant, c'est que les novices jeunes, sans expérience, attirés par la curiosité et la nouveauté, ne réfléchissent pas au joug humiliant et révoltant qu'ils s'imposent par un semblable serment, qu'ils ne voient pas dans tous ce qu'on exige d'eux ; que l'accomplissement de promesses aussi révoltantes, loin de former une société d'hommes sages et vertueux, ne peut produire qu'une bande de brigands, une association d'assassins, une affiliation de monstres dévorants ; car la vérité n'a besoin ni de secret, ni de semblable serment, ni de menaces si effrayantes, ni des ombres de la nuit.

Ce qu'il y a de plus surprenant encore, c'est que des personnes qui sont dans l'aisance, dans les honneurs et les grandeurs, renoncent à tous ces avantages pour satisfaire leur curiosité ; qu'elles sacrifient leur dignité, leur honneur, leur conscience au plaisir funeste d'entrer dans l'ordre des illuminés, pour partager avec eux tous leurs crimes. Quel enthousiasme, quelle fureur de la nouveauté peut porter des hommes sages et honnêtes, qui peuvent si aisément être toujours heureux, à chercher à mettre un terme à leur bonheur en s'abandonnant à la méchanceté et aux erreurs des illuminés, et en jurant une obéissance aveugle à des hommes obscurs, vicieux et souvent flétris ? Par quelle fatalité la peine tombe-t-elle toujours sur les gens de bien ? Les lois et les instructions des sectaires ne sont ingénieuses que pour la scélératesse et la séduction. Les méchants seront-ils toujours plus laborieux pour le vice, que les honnêtes gens ne le sont pour la vertu.

Le désir d'être loué, la crainte d'être blâmé, la honte du crime, la réflexion sur la peine qu'il mérite, doivent influer sur la conduite de chaque homme, et ôter au vice au moins une partie de sa puissance. Ces considérations paroissent suffisantes, sinon pour réprimer le méchant, au moins pour rendre au mérite sa récompense, à l'homme probe et honnête son éclat et sa dignité, et au méchant un souverain mépris. Les questions que l'on fait, le secret si recommandé, le serment que l'on exige, devroient au moins inspirer des doutes et des craintes aux amateurs de la nouveauté.

Des sociétés de bienfaisance n'ont pas besoin d'être enveloppées de tant d'artifices et de tant de mystères, parce qu'elles n'ont que la charité pour objet. Ceux qui en sont membres, exercent leurs bienfaits en public et en plein jour, tandis que les sectes secrètes recherchent des antres profonds et les ténèbres de la nuit, pour séduire et corrompre ceux qu'ils ont imbus de leurs maximes pernicieuses : ils se les attachent encore par des serments exécrables qu'ils ne peuvent violer sans encourir la haine, la fureur et la vengeance de tous les membres de la société. Des réflexions si sages et si simples devroient au moins inspirer des craintes et de la méfiance aux gens réfléchis et pensants.

Les insinuants s'attachent à gagner des novices à la secte, et ceux qui ont le grade de minerval s'appliquent à rendre méchants des milliers d'hommes qui voudroient être bons. Mais ils s'attachent à les former à l'impiété, afin qu'ils puissent leur être utiles dans les grands forfaits qu'ils méditent, et qu'ils n'ajournent que pour en mieux combiner l'exécution, et pour la rendre plus certaine. Ils appellent vertu sublime, tout ce qui peut disposer les esprits au règne de la corruption et de l'anarchie la plus générale. Ils sont les héros du mensonge et de la fourberie ; ils conduisent leurs élèves aux forfaits, préparant les désastres de la société avec plus d'ardeur, avec plus d'artifice, que les bons ne mettent de zèle et de sagesse dans leurs travaux pour la vertu et le maintien des lois ; ils s'étudient avec soin à rendre les hommes tout à la fois impies, méchants et malheureux.

Hélas ! tout homme est menteur, foible et inconstant : chacun est sujet à s'échapper en paroles ; chacun est amateur de nouveauté ; chacun désire la louange et l'estime des autres. En vain le sage nous avertit qu'il faut se garder des hommes ; que l'homme a pour ennemis ceux de sa propre maison, et qu'il ne faut pas ajouter foi à ceux qui nous disent : Le vrai bonheur est ici, ou, il est là ; mais qu'il faut le chercher, non dans les ténèbres, mais dans la lumière et la vérité.

Plusieurs ont déjà appris à leurs dépens combien les sociétés secrètes sont dangereuses et funestes : Dieu veuille que ce ne soit pas à leur confusion ; que l'expérience leur serve de leçons, pour se tenir plus sur leurs gardes à l'avenir, et qu'elle serve encore d'instruction à la jeunesse, pour la garantir des pièges qu'on tend à sa foiblesse, pour l'attirer et l'engager dans ces sectes infernales.

Le caractère des curieux et des méchants est d'envenimer toutes les vertus et de mépriser tout ce que les gens de bien estiment, pour mieux établir le règne de l'incrédulité et de tous les vices.

Par ces considérations, les illuminés et ceux qui sont élevés en grade dans les loges maçonniques, soit haine, soit envie, soit désir du mal, interprètent toujours les meilleures actions en mauvaise part; il semble qu'ils n'aient reçu quelques talents que pour les employer à faire plus de mal; ils ne sont ignorants que dans les conseils de la vertu et de la sagesse; ils ont d'ailleurs, pour nuire, toute cette abondance, toute cette plénitude de conception, d'artifices, de ruses, de ressources nécessaires pour dominer à l'école du mensonge, de la dépravation et de la scélératesse; ils ne sont habiles que dans l'art de prêter à l'erreur le langage de l'illusion, aux passions et aux vices le masque de la vertu, et à l'impiété le manteau de la philosophie. A la faveur des ténèbres de la nuit, dans l'antre des complots, ils excellent à méditer les attentats, à combiner et à préparer les secousses violentes qui amènent la destruction des autels et des empires, avec la ruine des peuples.

Ces monstres odieux de la nature sont athées sans remords, hypocrites profonds, ennemis jurés de la justice, de la vérité, de la paix et du bon ordre. Avec tous ces vices et toute cette ardeur, ils séduisent la multitude aveugle qui devient de grands impies, à l'aide desquels les chefs des sectaires deviennent eux-mêmes de grands conspirateurs, de vrais démons, par le mal qu'ils font à la société, et celui qu'ils projettent.

Un seul trait échappe aux ténèbres dont ils s'environnent, et ce trait est celui d'une dépravation et d'une scélératesse consommées. Le scandale qu'ils redoutent n'est pas celui du crime: ils craignent seulement d'affoiblir le crédit et la confiance qu'ils se sont acquis sous le masque de la vertu. Effrontés et impudents parjures, ils invoquent ce qu'il y a de plus saint, pour couvrir toutes leurs infamies. Ils ont sans cesse dans la bouche les noms de bienfaisance et de fraternité, et avec de tels déguisements, ils enrôlent un nombre considérable de jeunes gens qui leur fournissent des légions d'assassins et de bourreaux.

Dès l'instant que l'œil de la justice les découvre, ils savent si bien se tapir derrière le rideau, que quelques novices seulement sont atteints, tous plus dignes de compassion et de piété que de châtiments ; mais cependant tous assez égarés et assez insensés, pour ne jamais révéler ni compromettre les chefs de la secte, qui sont les grands criminels.

Les novateurs n'ont pu s'empêcher d'admirer l'ordre, les lois et le régime des jésuites dispersés dans tout l'univers. Ces hommes évangéliques, réunis sous un même chef, en annonçant aux peuples ce qu'ils devoient à Dieu, et en instruisant partout la jeunesse, avoient si bien su, par cela seul, lier à leurs devoirs envers le prince et la société ces jeunes plantes, qu'ils en avoient fait tout à la fois des sujets religieux et fidèles. Les chefs des sectaires s'écrioient dans leur fureur : Pourquoi ne ferions-nous pas, contre les autels et les empires, ce qu'a fait le corps des jésuites, pour l'affermissement des autels et des empires ? pourquoi ne détruirions-nous pas dans les ténèbres ce qu'ils ont édifié en plein jour ? pourquoi n'anéantirions-nous pas, par l'artifice et le mensonge, au besoin par la violence, ce qu'ils ont établi par la douceur et la vérité ?

Les illuminés et les franc-maçons, à l'aide de leurs nouveautés, de leurs secrets, de leurs serments et surtout sous le masque du beau nom de philosophie, séduisirent bientôt un nombre prodigieux de curieux, d'hommes oisifs, que l'amour de la nouveauté, plutôt que l'amour du crime, avoient attirés dans leurs différentes sectes ; mais, par mille autres artifices, ils les remplirent de leur esprit destructeur, qui se répandit rapidement et empoisonna la multitude, à tel point que chacun ambitionnoit le titre de philosophe, que l'on croyoit follement ne pouvoir mériter et obtenir qu'en se faisant recevoir franc-maçon ou illuminé. Sous de tels déguisements, les sectes se multiplièrent à l'infini ; elles prirent une effroyable consistance ; e les formèrent des légions nombreuses qui minèrent sourdement les autels et qui creusèrent la ruine des empires. Par tous ces artifices, les chefs des sectaires rendirent impies, ingrats, rebelles et parjures, des milliers d'hommes qui seroient restés constamment religieux et fidèles à leur Dieu et à leur souverain.

A force de répéter au peuple : Ne vous fiez pas aux riches et aux puissants, aux prêtres et aux monarques, ces messsieurs n'ont d'autorité que celle que vous leur donnez, ils ont entraîné la multitude dans leurs pernicieuses doctrines; ils l'ont précipitée dans l'abîme; ils lui ont fait commettre les plus grands crimes qu'ils avoient médités en secret; la crainte des supplices, et la honte d'être connus pour scélérats, et non l'horreur du crime, soit foiblesse, soit lâcheté, soit fourberie tout ensemble, déterminèrent les chefs à se cacher derrière la toile, pendant qu'ils faisoient jouer à leurs adeptes l'infame comédie, des rôles divers qu'ils leur avoient assignés dans leurs leçons. Ici se termine au moins la carrière des dupes. Le grade de l'illuminé mineur ne tend qu'à captiver l'esprit de ses élèves, pour les mieux préparer à celui d'illuminé majeur ou novice écossois, où chaque adepte devient criminel.

CHAPITRE XII.

Grade de l'illuminé majeur, et les épreuves qui lient étroitement l'aspirant à la secte. — Les leçons qu'il reçoit à cet effet de ses maîtres, qui ne l'admettent à ce grade qu'après avoir reconnu les dispositions et la capacité du candidat à jouer le rôle infame d'enrôleur et de scrutateur.

L'ADEPTE, dans le grade d'illuminé majeur, se trouve enchaîné dans le crime par des liens toujours plus étrangers et plus resserrés. Au prix de tout ce que l'adepte peut avoir de plus cher, il s'engage de le sacrifier au besoin pour les intérêts de la secte; il s'oblige en outre de lui donner, sans dissimulation, l'histoire de toute sa vie, et par un écrit cacheté et signé. Lorsqu'il l'a remis, les chefs s'écrient : Pour le coup nous le tenons; nous le défions de nous nuire; s'il veut nous trahir; nous avons aussi ses secrets. Les scélérats ne font mouvoir tant de ressorts, que parce qu'ils voudroient pouvoir compromettre l'univers entier, et l'associer à tous leurs forfaits par des liens indissolubles. Oui, les scélérats, dans leurs antres, veulent se connoître, et s'assurer, par des épreuves non équivoques, si leurs complices sont aussi méchants qu'eux. Ils ne veulent ni dissimulation, ni réserve dans ce haut grade; toute la conduite du récipiendaire est mise au jour, soit par ses propres aveux, soit par l'espionnage de ses frères. La honte et la crainte feroient abjurer cette société, si le désir d'être élevé à un nouveau grade ne l'emportoit sur toute autre considération. On lui fait jurer qu'il est prêt à exécuter tout ce que l'ordre exige des frères en ce grade, et qu'il emploiera tout son crédit à procurer aux frères de son ordre tous les emplois et dignités dont il pourra disposer par lui-même, ou par ses recommandations. L'initiant, dès-lors, ne voit plus que les frères dignes d'être élevés, soit à la cour, soit à la ville, à toutes les places qui peuvent ajouter à la fortune, à à la puissance et au crédit de la secte. Après ce serment, le récipiendaire est admis au grade d'illuminé majeur; et on lui adresse le discours suivant.

O mon ami! ô frère! ô mon fils! depuis long-temps l'empire du monde est confié aux méchants. Depuis long-temps les prêtres persécutent les peuples, et les souverains les tyrannisent. Depuis long-temps, les dignités et les honneurs sont le partage des uns; le mépris, la honte et la confusion, celui des honnêtes gens. Ne cherchez pas à secouer le joug; mais reposez-vous-en sur nous. Cherchez dans les ténèbres des coopérateurs fidèles; profitez des ombres de la nuit pour poursuivre le grand œuvre d'une révolution générale, sous la conduite de vos chefs. Pour obtenir un jour ces résultats, emparons-nous des hommes de génie, de l'éducation de la jeunesse. Combattons hardiment pour faire, entre les meilleures têtes, un lien indissoluble. Mais dans ce grand projet, les prêtres et les princes nous résistent; bouleversons tout, renversons tout; chassons la force par la force, et changeons tyrannie pour tyrannie. Aujourd'hui il nous faut des moyens puissants : que tous les frères se tiennent unis et serrés; alors rien ne sera impossible à notre ordre. Pour le bien de la chose, cherchons à gagner toutes les places qui donnent de la puissance; mais tout cela doit se faire en silence.

Vous voyez, frère, un vaste champ s'ouvrir à votre activité : rendez-vous notre digne coopérateur, en nous secondant de toutes vos forces. Parmi nous, il n'est point de travaux sans récompense.

A ces leçons succède la lecture de deux chapitres dont l'illuminé majeur doit s'occuper. Le premier est le code d'enrôleur, le second est celui de scrutateur. Ensuite on passe au grade que l'ordre appelle chevalier écossois.

CHAPITRE XIII.

Grade de chevalier écossois, et le rôle qu'il doit jouer pour l'avantage de la secte de l'illuminisme.—Ses épreuves et sa réception.—L'écossois se donne autant de tortures pour la ruine des empires que les anciens chevaliers éprouvoient de fatigues et couroient de dangers pour la gloire de leur prince, et pour l'avantage de leurs concitoyens.

Aucun frère ne peut arriver à ce nouveau grade, sans avoir préalablement donné des preuves spéciales des progrès qu'il a faits dans l'art de scrutateur. On lui donne pour patron un des héros de la secte, et il doit s'efforcer de marcher sur ses traces, pour mériter le nouveau grade de chevalier écossois. On exige d'abord de lui qu'il donne par écrit l'assurance qu'il regarde les supérieurs de l'illuminisme comme les supérieurs secrets, inconnus, mais légitimes de la franc-maçonnerie; qu'il adhère et qu'il veut adhérer pour toujours au système maçonnique de l'illuminisme, comme le meilleur et le plus utile qu'il connoisse; qu'il se croit obligé de travailler sous la direction et sous les ordres de ses supérieurs, dans le sens et suivant le but de l'ordre, pour le bonheur du genre humain.

Munis de ces promesses, les chevaliers écossois invitent le nouveau frère au chapitre secret. C'est le nom que prend la loge de ce grade. Elle est tendue en vert, richement éclairée et décorée; sous un dais orné, et sur un trône de la même couleur, est assis le préfet des chevaliers, en bottes, en éperons. Une croix verte brille sur son tablier, et l'étoile de l'ordre sur son sein; le ruban de St. André en sautoir de droite à gauche, le maillet à la main. A sa droite est le frère porte-glaive, tenant l'épée de l'ordre; à sa gauche le maître des cérémonies, tenant un bâton d'une main, et le rituel de l'autre.

Les chevaliers, en bottes, en éperons, l'épée au côté, la croix suspendue à leur cou par un ruban vert; les officiers de l'ordre distingués par un panache, et un prêtre de l'odre, en robe blanche, composent la loge. Le préfet adresse au récipiendaire les paroles suivantes: En te créant chevalier, nous attendons de toi des exploits nobles, grands et dignes de ce titre : salut de notre part, si tu viens pour nous être fidèle; si, bon et honnète chevalier, tu réponds à notre espoir. Si tu ne dois être qu'un faux frère, sois tout à la fois maudit et malheureux. Que le grand architecte de l'univers te précipite dans l'abîme. A présent, fléchis le genou, et fais sur cette épée le serment de l'ordre.

A ces mots, le préfet s'assied: les chevaliers, debout, tiennent à la main l'épée nue; le récipiendaire prononce le serment suivant : Je promets obéissance aux très-excellents supérieurs de l'ordre; je jure de n'être jamais flatteur des grands, ni esclave des princes; de résister fortement, pour l'avantage de l'ordre et du monde, à la superstition et au despotisme. Je regarderai toujours le bonheur d'être membre de la société comme ma suprême félicité, etc. En récompense de ce serment, le préfet déclare au récipiendaire qu'il le crée chevalier de l'ordre de St. André, suivant l'antique usage écossais. Lève-toi, lui dit-il ensuite, et désormais garde-toi de fléchir le genou devant celui qui est homme comme toi.

A ces cérémonies, l'adepte Knigge en ajoute un certain nombre d'autres, purement dérisoires des rites religieux, et tellement impies et sacrilèges que Vueishaupt, chef des illuminés, les trouvoit dégoûtantes. Elles consistent dans la triple bénédiction que le prêtre illuminé prononce sur le nouveau chevalier. La cérémonie se termine par la cène, qui est une atroce singerie des mystères eucharistiques. Fut-il jamais invention plus abominable, et impiété plus sacrilège? L'on voit enfin que le système de toute corruption et de toute désorganisation a été de tous temps la doctrine et le secret des philosophes de l'illuminisme et des hautes loges maçonniques. Fut-il jamais assemblage plus artificieux et plus monstrueux?

On prévient le nouveau chevalier que ses grands ennemis sont l'ambition et tous les vices des prêtres et des princes, qui font gémir l'humanité sous leur oppression; que le christianisme du jour n'est que superstition et tyrannie; que le grand objet des recherches du nouveau chevalier, est de s'aider à renverser les prêtres, et à détruire l'état actuel des gouvernements par une grande révolution. On le prévient qu'il est destiné à former un grand établissement, pour le bonheur de l'humanité; que dès aujourd'hui on l'établit président d'un chapitre secret, chargé de procurer à l'ordre des sommes considérables dans sa province ou son district, afin de rendre les fonds de la société suffisants pour opérer, quand il en sera temps, la grande révolution.

Un autre soin, non moins important, des chevaliers écossais, est de marquer les emplois à donner, et de faire en sorte qu'ils soient toujours la récompense des frères : c'est un puissant aiguillon pour les encourager, et se les attacher invariablement. Pour y mieux réussir, il ne doit rien négliger, soit auprès des princes, soit auprès des ministres, pour procurer des emplois aux adeptes, moyennant la promesse de disposer de toutes les places vacantes en faveur des frères, et moyennant la surveillance des chevaliers; les sectaires, avec tant de précautions, seront bientôt en possession des bénéfices, des emplois et des dignités; ils seront, par conséquent, bientôt maîtres de toute la puissance de l'état.

Les chevaliers écossois, pour exercer une influence plus prompte sur les cours, doivent établir des chapitres secrets dans toutes les grandes villes, principalement dans celles où les souverains résident; ils doivent aussi créer des loges maçonniques dans les endroits considérables où il n'y en a pas encore; ils doivent rechercher et y admettre, par préférence, les hommes en place et d'une fortune aisée, quand même ils ne devroient pas être utiles aux deux sectes pour leurs projets ultérieurs. Pour le moment, l'influence des uns et la bourse des autres ne peuvent que leur être beaucoup avantageuses; les chevaliers écossois ne doivent rien épargner pour avoir la prépondérance sur les loges maçonniques qu'ils créeront, ainsi que sur celles qu'ils trouveront déjà établies, soit pour les réformer, ou les faire sauter, s'ils ne peuvent les maîtriser.

Quoiqu'il y ait des hommes d'un grand mérite dans les loges maçonniques, les chevaliers ne leur permettent pas facilement de visiter les leurs, sans l'agrément des supérieurs. Ils préfèrent les admettre à leur secte, afin de les gouverner mieux à leur gré; ils cherchent à soutirer l'argent des loges maçonniques, pour en enrichir leur ordre : ils n'en sont pas moins venus à bout par tous leurs expédients. Les illuminés dominèrent tellement les franc-maçons, que ceux-ci envoyoient annuellement au chapitre secret le dixième de la recette de chacune de leurs loges; par ce moyen, ils se sont fait un fonds considérable pour leur grande entreprise. Le trésorier, à qui ces fonds sont remis, les ramasse, et cherche par toutes sortes d'artifices à les augmenter.

Par mille différentes supercheries, ils avoient fait tant de dupes, qu'ils avoient en bourse un fonds de quatre-vingts millions, lorsque la révolution françoise éclata; et cet argent énorme, loin d'être employé à des actes de bienfaisance, ne servit qu'à soudoyer et à salarier des assassins et des brigands; le surplus fut consommé par les chefs en orgies sales et dégoûtantes. Ce que l'on demandoit pour secourir l'humanité souffrante, étoit destiné par les héros du brigandage, du larcin et de la filouterie, pour ne former que des malheureux, ou employé par eux en sensualités et en débauches.

L'aveuglement de la plupart des dupes fut si grand, que l'on payoit avec leurs propres deniers, soit ceux qui les dépouillèrent, soit ceux qui les immolèrent. Les chefs qu'ils s'étoient choisis devinrent alors leurs propres bourreaux; ils ne reconnurent leur faute d'avoir joué cette sanglante comédie, que quand ils en ressentirent tous les coups.

Les fonctions de chevaliers écossois obligeoient aux larcins et aux vols. Hélas! que ce grade de chevaliers brigands étoit mesquin et misérable! qu'il étoit différent du rôle des anciens chevaliers françois, qui bravoient tous les dangers, et qui sacrifioient leur fortune et leur vie pour la gloire et le bonheur de l'état! Ces derniers étoient vraiment des chevaliers d'honneur, de délicatesse, de probité, de désintéressement et de dévouement, tandis que les autres, sous le masque du déguisement, n'étoient que des hypocrites, des parjures, des escrocs, des véritables Cartouches et des vrais Mandrins.

Les uns, pleins de candeur et de loyauté, se couvroient de gloire, et s'immortalisoient par leur courage et leurs vertus, tandis que les chevaliers écossois s'enveloppoient de ce beau titre pour commettre impunément le crime, et pour se vautrer avec plus d'audace dans la fange et l'ordure, sous la conduite des maîtres féroces et cruels qu'ils s'étoient donnés, tous aussi lâches que profondément scélérats. Sous le nom de chevaliers, les anciens rivalisoient de fidélité, de courage, de valeur et de dévouement pour le bien général, tandis que les illuminés faisoient assaut de fourberie, d'impiété, de larcins et de forfaits, pour mieux désoler et ravager leur patrie. Au grade de chevalier écossois, succédoit celui d'épopte ou de prêtre illuminé, avec les grands et les petits mystères.

————————

~~~~~~

CHAPITRE XIV.

Grade d'épopte, si contraire à la sécurité des monarques et au bonheur des peuples.— Les instructions qu'on lui donne, les devoirs qu'on lui impose et auxquels il souscrit pour être admis à ce haut grade.— Formule d'un nouveau serment à exiger de tous les magistrats et de tous les fonctionnaires publics, pour prévenir les crimes nouveaux des sociétés secrètes réunies.

Le premier pas que l'adepte fait dans cette classe, l'initié au sacerdoce de la secte, de chevalier écossois il devient épopte ; c'est sous ce nom seul qu'il doit être connu de la classe inférieure ; pour les grades supérieurs, il est appelé prêtre. Vueishaupt redoute encore de trouver des élèves que le dernier objet de son illuminisme révolteroit, et pour les mieux conduire au vrai terme de ses complots, il divise ses monstruosités en grands et en petits mystères. Pour être admis à ces derniers, il faut que l'aspirant réunisse dans son esprit, dans sa mémoire, tout ce qu'il a reçu de leçons anti-religieuses et anti-sociales, pour donner par écrit ses réponses aux questions suivantes.

Les gouvernements, les associations civiles, les religions des peuples, remplissent-elles le but pour lequel les hommes les ont adoptées ? Les sciences dont ils s'occupent en général, leur donnent-elles de vraies lumières, les conduisent-elles au vrai bonheur ? ne sont-elles pas les enfants des besoins variés de l'état anti-naturel où se trouvent les hommes ? Ne sont-elles pas uniquement
~~~~~~

l'invention de cerveaux vides et laborieusement subtils?

Quelles associations civiles, quelles sciences vous semblent tendre au but? N'a-t-il pas existé autrefois un ordre de choses plus simple? quelle idée vous faites-vous de cet ancien état du monde?

À présent que nous sommes passés par toutes ces nullités, ou par toutes les formes vaines et inutiles de nos constitutions civiles, seroit-il possible de revenir à cette première et noble simplicité de nos pères, etc?

Comment faudroit-il s'y prendre pour ramener cette heureuse période? Est-ce par des mesures publiques, par des révolutions violentes, ou par des associations secrètes?

La religion chrétienne, dans sa pureté, ne fournit-elle pas quelques indices? n'annonce-t-elle pas un état et un bonheur semblables? ne le prépare-t-elle pas?

Cette religion simple et sainte est-elle aujourd'hui celle que professent les différentes sectes, ou est-elle meilleure?

Peut-on connoître et enseigner ce meilleur christianisme? ne seroit-il pas à propos de prêcher aux hommes une religion plus épurée, une philosophie plus élevée, et ensuite l'art de se gouverner chacun à son avantage?

Les princes et les prêtres ne sont-ils pas le plus grand obstacle au rétablissement du genre humain? L'intérêt personnel ne l'emporte-t-il pas à présent sur l'intérêt général du genre humain?

N'est-il pas temps de remédier en silence et peu-à-peu à ces désordres, avant qu'on puisse se flatter de ramener les temps heureux du siècle d'or? ne vaut-il pas mieux, en attendant, semer la vérité dans les sociétés secrètes?

Trouvons-nous des traces d'une semblable doctrine secrète dans les anciennes écoles des sages, des philosophes, dans les leçons allégoriques données par Jésus-Christ, sauveur et libérateur du genre humain, à ses disciples les plus intimes, etc.

Si les réponses du candidat ne sont pas claires et précises aux autres instructions des grades précédents, l'aspirant est rejeté pour toujours de la faveur qu'il croyoit obtenir ; mais si ses réponses sont satisfaisantes, si les supérieurs en sont contents, ils convoquent le synode du sacerdoce illuminé, ils fixent le jour pour l'initiation du nouveau candidat.

A l'heure convenue, l'adepte introducteur se rend chez le prosélite, lui jette un bandeau sur les yeux, et le fait monter en voiture. Conduit par la main, et toujours le bandeau sur les yeux, il monte lentement au vestibule du temple des mystères ; son guide le dépouille alors des symboles maçonniques, lui met à la main une épée nue, lui ôte son bandeau et lui défend d'entrer jusqu'à ce qu'il entende la voix qui le doit appeler. On laisse quelque temps l'aspirant seul, livré à ses rêveries ou à ses méditations.

Pour la pompe des mystères, quand les frères les célèbrent dans toute leur splendeur, les murs du temple sont couverts d'une tapisserie rouge ; la multitude des flambeaux en relève l'éclat ; une voix se fait entendre : Viens, entre, malheureux fugitif ! les pères t'attendent : entre, et ferme la porte derrière toi. Le prosélite obéit en tremblant à la voix qui l'appelle. Au fond du temple il voit un trône surmonté d'un riche dais ; au-devant du trône, une table couverte d'une couronne, d'un sceptre, d'un épée, de florins d'or, de bijoux précieux que des chaines entrelacent. Au pied de cette table, sur un coussin d'écarlate, sont une robe blanche, une ceinture et les ornements simples du costume sacerdotal ; le prosélite, au fond du temple, et en face du trône. Vois et fixe les yeux sur l'éclat de ce trône, lui dit le l'hiérophante. Si tout ce jeu d'enfant, ces couronnes, ces sceptres et tous ces monuments de la dégradation de l'homme ont des attraits pour toi, parle, et nous pourrons peut-être satisfaire tes vœux. Malheureux, si c'est là qu'est ton cœur, si tu veux t'élever pour t'aider à opprimer tes frères, va, essaie à ton propre péril. Cherches-tu la puissance, la force et de faux honneurs, des superfluités ? nous travaillons pour toi, nous te procurerons ces avantages passagers ; nous te mettrons aussi près du trône que tu le désires, et t'abandonnerons aux suites de ta folie ; mais notre sanctuaire te sera fermé pour toujours.

Veux-tu au contraire apprendre la sagesse, veux-tu montrer l'art de rendre les hommes meilleurs, libres et heureux? ah! sois trois fois pour nous le bien venu. Ici tu vois briller les attributs de la royauté; et là, sur ce coussin, tu découvres le modeste vêtement de l'innocence. Décide-toi, choisis, et prends ce que ton cœur préfère.

Si le candidat, contre toute attente, s'avise de choisir la couronne, il sera arrêté par ce cri: Monstre, retire-toi, cesse de souiller ce lieu saint; va, fuis tandis qu'il en est encore temps; à ces mots, il sera éconduit par le frère qui l'avoit introduit. S'il choisit la robe blanche: Salut à l'ame grande et noble, c'est là ce que nous attendions de toi. Mais arrête, il ne t'est pas encore permis de te servir de cette robe: il faut d'abord que tu apprennes à quoi nous t'avons destiné.

Le candidat s'assied; le code des mystères est ouvert; les frères, dans un profond silence, écoutent les oracles du hiérophante. Le président illuminé leur adresse à tous l'instruction suivante.

Une partie de nos secrets va être révélée: fermez aux profanes les portes du temple; je veux parler aux illustres, aux saints et aux élus. Je vais vous dévoiler les foiblesses humaines. C'est dans ces avantages qu'est la vraie source du pouvoir d'un homme sur un autre.

Entouré des illustres, tu vas dès aujourd'hui prendre une part intéressante au gouvernement de l'ordre sublime; le droit dans une société secrète est de gouverner les autres. Tu vas exercer cet empire avec toute l'exactitude, avec toute l'activité et dans tout le silence possible, sur les hommes répandus sur toute la surface du globe, et dans ses parties les plus éloignées. Réunir les distinctions et l'égalité, le despotisme et la liberté, l'état de nature et la morale évangélique: voilà le problème à résoudre, voilà la tâche que tu as à remplir, voilà les obligations que nous t'imposons sous le plus grand secret, car beaucoup de personnes nous tourneroient bientôt le dos, si l'on se hâtoit de satisfaire leur curiosité, tandis qu'elles travaillent sans le savoir à notre grand œuvre, en ne leur découvrant pas nos grands mystères. C'est à partager avec nous ces travaux que tu es appelé aujourd'hui. Observer les autres, les former, les surveiller, ranimer le courage des pusillanimes, l'activité et le zèle des tièdes, prêcher et enseigner les ignorants, relever ceux qui tombent, fortifier ceux qui chancellent, réprimer l'ardeur des téméraires, prévenir la désunion, cacher les fautes et les foiblesses de nos frères, se tenir sur ses gardes contre la curiosité du bel esprit, prévenir l'imprudence et la trahison, enfin maintenir la subordination, l'estime envers les supérieurs, l'amour des frères entr'eux, en leur inspirant une confiance entière dans leurs chefs : tels et plus grands encore sont les devoirs que nous t'imposons.

Mais enfin, sais-tu même ce que c'est que les sociétés secrètes? Quelles places elles tiennent et quel rôle elles jouent dans les événements de ce monde? Les prends-tu pour des apparitions insignifiantes et passagères? Eh! Frère! Dieu et la nature, disposant chaque chose pour le temps et les lieux convenables, ont leur but admirable, et ils se servent de ces sociétés secrètes comme d'un moyen unique, indispensable, pour nous y conduire.

Écoutes, et sois rempli d'admiration : c'est ici le point de vue auquel tend toute la morale ; c'est d'ici que dépend l'intelligence du droit des sociétés secrètes et celle de toute notre doctrine, de toutes nos idées sur le bien et le mal, sur le juste et l'injuste. Te voilà entre le monde passé et le monde à venir ; jettes un coup-d'œil hardi sur le passé : à l'instant les dix mille verroux de l'avenir tombent, et toutes ses portes sont ouvertes pour toi ! Tu verras la richesse inépuisable de Dieu et de la nature, la dégradation et la dignité de l'homme. Tu verras le monde et le genre humain dans sa jeunesse, si non dans son enfance, là où tu aurois cru le voir dans sa décrépitude, voisin de sa ruine et de son ignominie.

L'impie, le rusé charlatan Vueishaupt, sait bien qu'il ne débite à ses adeptes que des grandes sottises mêlées de grandes erreurs, de grandes impiétés ; il sait bien qu'il ment ; mais il veut atrocement tromper ceux qui ont la curiosité et la folie d'écouter ses leçons ou ses sottises. Quand il a trompés, il se joue, il se moque de leur imbécillité avec ses confidents; mais il sait aussi pourquoi il les trompe et à quoi il pourra les employer avec toutes leurs erreurs que l'on peut déjà traiter de folie : et plus les hommes qu'il a égarés jouissent d'une certaine considération , plus il se moque d'eux secrète-ment. Écoutons ce qu'écrit alors à ses amis cet astu-cieux et déhonté novateur.

Vous ne sauriez croire quelle admiration mon grade de prêtre produit sur notre monde. Ce qu'il y a de plus singulier, c'est que des grands théologiens protestants et réformés, qui sont membres de notre illuminisme, croient réellement que la partie relative à la religion , dans ce discours, renferme le véritable esprit, le vrai sens du christianisme. O hommes ! que ne pourrois-je pas vous faire croire! Franchement je n'aurois pas ima-giné devenir fondateur d'une religion. (Lettre 18ᵉ. de Vueishaupt à Zuach.)

Voilà comment ce gueux de chartatan se jouoit de gaîté de cœur de ceux qu'il avoit égarés et séduits; au reste ce qu'il appelle ces grands théologiens, ne pouvoient être autre chose pour les protestants que ce que sont pour les catholiques les apostats , les Sieyes , les d'Autun et quelques autres que la révolution a enfantés. Vous tous qui vous êtes laissés aveugler par les sophismes du fondateur de l'illuminisme , abjurez au moins aujour-d'hui votre ignominie et vos erreurs; votre indignation a déjà dû être fatiguée par la monstrueuse fécondité de ses horreurs, de ses impiétés, de ses blasphèmes contre l'évangile et votre Dieu, contre vos magistrats, contre votre patrie, contre vos lois, contre vos princes et vos prêtres, contre vos titres et vos droits, contre tous ceux de vos ancêtres et de vos enfants; rois et sujets, prêtres et chrétiens, riches ou artisans, laboureurs et com-merçants , citoyens de tous les ordres, apprenez enfin à connoître ce qui se trame contre vous dans le fond de ces antres ténébreux. Que votre léthargie ne nous accuse pas surtout d'une crédulité légère ou de vaines terreurs. Lisez donc, et si vous le pouvez, reposez-vous encore tranquillement sur le coussin de l'ignorance volon-taire, contents de vous être répété à vous-même que toute l'existence des conspirations contre l'institution des lois, des sociétés civiles et des gouvernements quelconques, ne gît que dans l'imagination; que toute conspiration contre l'existence de l'autorité légitime et des propriétés est vaine et chimérique. Attendez un moment, et nous vous donnerons des preuves convaincantes de la perfidie et des cruautés des sectaires.

Les leçons que les sectes secrètes regardent comme le chef-d'œuvre de leur code, sont à présent sous les yeux d'un chacun, telles qu'elles sortirent de la main de leur législateur, telles qu'elles parurent sortant de leurs archives, dont le souverain s'est em paré; il les a fait ensuite publier et livrer à l'impression pour avertir toutes les nations des complots qui s'ourdissent contre elles dans ces sociétés secrètes. Les évenements, pour le malheur du genre humain, n'ont que trop justifié ce que nous avançons : les aveux et le repentir de beaucoup d'initiés viennent encore déposer en notre faveur.

Comme il n'y a pires sourds que ceux qui ne veulent entendre, nous regardons aussi comme les ennemis les plus dangereux de l'état, ceux qui cherchent à présent soit à pallier, soit à révoquer en doute les infames complots des diverses sociétés secrètes, et nous ne craignons pas d'avancer, d'après l'importance que les sectes elles-mêmes mettent aux sociétés secrètes, et par tout ce qu'elles se flattent d'obtenir de leur existence mystérieuse, qu'une si monstrueuse affiliation ne peut être que très-funeste aux souverains et aux sujets, et infiniment nuisible et préjudiciable à toute la société.

C'est aux chefs de l'état à voir s'ils on t su apprécier jusqu'ici les moyens et l'importance de ces sociétés secrètes, comme ceux qui les fondent; si la crainte et les précautions d'un côté ne doivent pas au moins égaler la confiance et les moyens de l'autre. Les méchants ne peuvent rester en repos ni y laisser les autres; ils n'ont pas encore immolé une victime qu'ils en poursuivent déjà une autre; ils n'ignorent pas que ce qui n'est pas pour eux est contre eux, et qu'ils n'ont rien à redouter des honnêtes gens. Ils les pourchassent cependant avec acharnement, non qu'il les redoutent, mais pour arriver plus sûrement à leur but. Les honnêtes gens, à leur tour, instruits par l'expérience, demandent aujourd'hui si l'autorité sera toujours muette à l'égard des chefs des illuminés, franc-maçons ou carbonari, et s'ils sont encore destinés à devenir les nouvelles victimes de ces infames conspirateurs qui ne se plaisent qu'à dévorer des agneaux et des innocents. Les hommes paisibles tiennent aussi le même langage; ils disent également: Ce qui n'est pas pour nous est contre nous.

N'ayant pu corrompre les Bourbons, les séditieux ont trouvé un accès facile auprès des ministres, et dèslors la plus grande partie des emplois en France ont bientôt été occupés par les méchants. Le Roi espéroit les gagner à force de bienfaits; mais les cœurs profondément corrompus sont insensibles aux plus grandes faveurs; la crainte des suplices peut seule les réprimer et les contenir. Les ministres, en s'endormant au bord du précipice, ont déjà une fois perdu la cour et la France, et une clémence déplacée peut encore avoir aujourd'hui les conséquences les plus funestes.

Je n'ai pas le dessein de faire naître des craintes imaginaires ; l'autorité et la justice peuvent facilement anéantir toutes les sectes dangereuses, en faisant fermer pour toujours tous leurs antres ténébreux, et en condamnant au bannissement perpétuel ceux qui auroient la fureur et la témérité de vouloir maintenir ou propager cette monstrueuse affiliation. Les comités secrets sont connus dans toutes les villes, ainsi que les grandes loges ; la police peut aisément les atteindre partout. La privation des emplois quelconques seroit déjà suffisante pour faire rentrer chaque membre dans le devoir; un bannissement perpétuel seroit la peine à appliquer à ceux qui refuseroient de se rendre à cette invitation paternelle.

Nous avons assez démontré combien les sectes secrètes sont nuisibles à la société, pour solliciter contre tous ses membres une loi de rigueur, qui deviendroit tout à la fois une loi de justice et de sécurité envers les sujets et le monarque. Chaque homme en place, avant d'entrer en fonction, outre le serment de fidélité au monarque et à l'état, seroit encore tenu d'affirmer qu'il ne fait point partie des sectes des illuminés et des franc-maçons, ou des carbonari, ni d'aucune société secrète; qu'il s'opposera de toutes ses forces soit à leur maintien, soit à leur existence, comme étant le plus grand obstacle au bonheur et à la sécurité des monarques et des peuples, et généralement de toute la société.

Nul individu ne pourroit entrer en fonction avant d'avoir fait et signé le serment précédent; et en cas d'infraction de la part des magistrats ou fonctionnaires publics, de trouble et de sédition dans leur ressort, quand même ils n'auroient pris aucune part à la révolte, ils seroient considérés comme complices et poursuivis comme adhérents. Les insouciants et les négligents qui étoient en place, et faits par conséquent pour prévenir et arrêter le désordre, perdroient d'abord tous leurs emplois, puis seroient condamnés solidairement à tous les dommages qu'auroit occasionnés leur ineptie, sous réserve de plus grande peine, s'ils avoient participé à la révolte, soit en la favorisant par leurs paroles ou par leurs écrits, ou par leur nonchalance à prévenir le mal qu'ils pouvoient et qu'ils devoient empêcher. Les retraités ou pensionnés du gouvernement perdroient également soit leur retraite, soit leur pension, s'ils n'avertissoient l'autorité locale de ce qui se trame contre la sûreté de l'état et des princes. Des récompenses et des honneurs seroient décernés aux sujets fidèles qui s'aideroient soit à réprimer, soit à arrêter les séditieux.

Dans chaque département on établiroit deux colonnes sur la place publique du chef-lieu : sur l'une seroient incrits les noms de ceux qui se seroient signalés par leurs belles actions, leur dévouement et leur fidélité soit envers les princes, soit envers l'état ; cette colonne s'appelleroit la colonne d'honneur des hommes vertueux et courageux du département. Sur l'autre colonne, qui seroit appelée la colonne d'infamie, on y inscriroit les noms des traîtres, des rebelles, des ingrats, des parjures et de tous les grands criminels du département. Pour le bien général, il seroit aussi à souhaiter qu'on les marquât au front, dans l'endroit le plus apparent, afin qu'il fussent plus humiliés, et mieux reconnus d'un chacun. Ceux auxquels on appliqueroit quelque marque infamante seroient à jamais flétris. Chaque homme flétri ne pourroit, sous aucun prétexte, sortir de son département, ni occuper aucune fonction publique. De cette manière, les méchants seroient mieux connus, mieux surveillés, et plus méprisés, le mérite et la vertu plus appréciés et plus estimés; la paix, la félicité et le bon ordre se maintiendroient dans l'état; les peuples et les souverains seroient en parfaite sécurité; la police exerceroit son autorité contre les factieux; ceux qui ne donneroient aucune marque de repentir seroient mis sous la surveillance de la haute police, comme rebelles, nuisibles à l'empire et au monarque, et on pardonneroit aux égarés; mais on puniroit sévèrement les moteurs et les instigateurs des troubles.

Les chefs des conspirateurs veulent être inconnus à la plus grande partie de leurs associés; et pour y réussir, ils ont des signes, des mots du guet qui ne sont propres qu'aux initiés, qui quittent tous leurs noms propres de famille pour se revêtir de ceux que les meneurs de la secte leur donnent; ils emploient toutes les fourberies imaginables, ils prennent toutes les précautions nécessaires pour se soustraire à la vigilance de la police, pour échapper aux supplices, pour tromper la justice, et pour assurer le succès de leurs infames complots.

Les monarques ne virent dans le commencement de ces deux sectes qu'un amas d'insensés, méditant sans moyens de grandes secousses peu alarmantes dans le principe; ils n'aperçurent que des têtes exaltées, qui leur parurent plutôt dignes de compassion et de mépris que de châtiments; ils ne crurent pas nécessaire de prendre aucune précaution contre de telles associations, et ils ne jugèrent pas à propos d'employer leur autorité pour les réprimer. Dès-lors, la scélératesse trouva son excuse dans son excès même; elle poursuivit ses complots criminels avec d'autant plus de sécurité, de confiance, d'activité et de succès, que les gouvernements ne firent aucun cas des remontrances qui leur furent adressées plusieurs fois par des sujets fidèles sur les dangers à courir pour l'empire, en laissant se former et s'établir dans son sein des sociétés secrètes. Tous les gouvernements traitèrent de chimères ou d'exagérations les craintes bien fondées qu'on leur annonçoit;

tous pensèrent que leur autorité étoit trop bien affermie pour que les complots des sectaires pussent y porter atteinte : ils envisageoient même leur objet comme impossible.

Pour n'avoir vu que le délire dans les têtes des initiés, et la foiblesse dans les mains de leurs ennemis qui méditoient en secret leur ruine et qui creusoient sourdement leur tombeau, tous les trônes ont été ébranlés, tous les gouvernements se sont endormis paisiblement au bord du précipice, et leur insouciance a causé leur malheur et leur perte; une clémence déplacée a entraîné les maux que nous avons soufferts. Les monarques n'ont reconnu leur faute que quand tous les liens qui unissoient les sujets aux souverains ont été rompus. La France, en se croyant trop en sûreté, a perdu tout à la fois ses propriétés les plus chères, ses autels et son trône, ainsi que les hommes les plus précieux.

Avec les deux mots favoris, *liberté*, *égalité*, les sectaires, par toutes sortes d'excès et de crimes, usurpèrent bientôt le pouvoir suprême, et l'autorité légitime devint promptement la proie des caprices de la multitude égarée et séduite par des chefs démoralisés. Dès - lors il ne resta plus au peuple françois, pour l'éclairer et le gouverner, que la fureur, le cahos et les volcans du peuple démocrate et souverain, dirigé et tyrannisé par les chefs des illuminés et des franc-maçons, réunis sous le nom de jacobins.

Si la véritable sagesse, la saine raison, la noble simplicité, la vraie philosophie, la justice et la vérité avoient pu trouver accès et pénétrer dans ces deux sectes infernales, elles auroient démontré aux adeptes et à leur maîtres l'absurdité de leurs principes, par la fourberie et l'extravagance des chefs, plus encore par la scélératesse des conséquences; elles leur auroient dit que les droits et les lois de l'homme primitif ne pouvoient être les droits et les lois des hommes civilisés et réunis pour former une société. Elles auroient ajouté que la nature, en ordonnant à l'homme de multiplier sur cette terre, et le créateur, en l'assujettissant à la cultiver à la sueur de son front, lui annonçoient en même temps la destinée de sa postérité à vivre un jour sous l'empire des lois sociales. Elles leur auroient de plus observé que sans propriété, cette terre eût toujours resté inculte et déserte; que sans les lois religieuses et civiles, aucun état ne peut se former, aucun empire s'établir; que cette même terre, devenue si fertile par les soins et la civilisation de ses habitants, seroit encore aujourd'hui un immense désert, ne nourrissant plus que des hordes éparses de vagabonds et de sauvages. Les hommes sages leur auroient appris que la France, cette belle France n'étoit redevable de sa grandeur et de son élévation qu'à son caractère doux et bienfaisant, qui étonnoit tous les étrangers, à sa fidélité constante envers ses légitimes souverains et à sa soumission aux lois douces et paternelles des Bourbons qui l'ont gouvernée si longtemps avec tant d'éclat, et qui l'avoient rendue tout à la fois si heureuse et si puissante. Ils leur auroient fait sentir que l'ignorance est la mère de tout les vices, et l'ingratitude le plus grand de tous les crimes; que la modération et la douceur pénètrent par l'instruction jusques chez les barbares; que des hommes sauvages sont susceptibles d'aimer et d'adorer le créateur, l'auteur de tout bien, dès l'instant qu'on le leur a fait connoître; elles leur auroient encore découvert la charité, cette vertu bienfaisante qui nous porte si puissamment à aider et à secourir nos semblables. Elles leur auroient enfin appris combien il est doux de ne former qu'une société unie par les liens de la douceur, de la justice, de la modération et de la paix. Elles les auroient instruits que la religion est le fondement et la base de tout ordre social; qu'il n'y a que des hommes dominés par leurs passions et couverts de crimes qui osent l'attaquer, parce qu'elle condamne et leur vices et leur conduite; elles les auroient convaincus qu'il n'y a que des brigands qui puissent s'unir pour envahir la propriété d'autrui; que la tyrannie et l'anarchie n'établissent leur empire que par la force et la violence, qu'elles ne peuvent se maintenir que par des persécutions et des forfaits, et qu'elles frappent de mort la société, et de stérilité les terres les plus productives, tandis que les gouvernements monarchiques ne sont établis que sur la légitimité, la justice, la modération et la paix; qu'ils sont régis par des lois paternelles et bienfaisantes qui at-

tachent les sujets au monarque et les rendent constamment heureux tant que leur union n'est point troublée.
Ils leur auroient dit que leur accord faisoit leur force ,
leur félicité et leur gloire, et qu'il étoit dangereux de faire
alliance avec des hommes obscurs et ténébreux, comme
les sectaires.

S'il est étonnant que des gens probes, religieux et
instruits se soient laissés séduire et tromper par les ressorts cachés des perfides chefs des sectaires, jusqu'à faire
partie de ces deux sociétés , aujourd'hui que leur mystères d'iniquités sont connus, qu'on a vu le peuple françois s'égarer, s'agiter, s'animer et devenir féroce par
les insinuations perfides des conjurés qui l'ont porté
à détruire toute religion, toute société civile, et à anéantir tous les liens qui unissent les hommes entre eux , il
est bien plus étonnant que des personnes aient encore
aujourd'hui la folle prétention de continuer à faire partie
de ces sectes abominables, sans être grandement coupables et criminelles. Les séditieux ont crié assez haut
que les grands mystères de leur société exécrable étoient
de bouleverser l'univers et d'amener tous les hommes à
n'avoir plus d'autres lois que le livre de la nature. Les
devoirs communs à chaque sectaire étoient d'enrôler
beaucoup de monde pour la société, afin de lui procurer
plus de considération et de puissance : les initiés ne pouvoient même être élevés aux grades supérieurs qu'après
avoir rempli cette tâche humiliante, au préjudice de
leur honneur et de leur conscience. Ils ont assez révélé
leurs grands principes, jure, parjure-toi , et masque
toi; ils ont assez démontré leur haine implacable contre
la société des jésuites qu'ils appeloient des pestiférés ,
parce que la doctrine de ces zélés défenseurs de la foi
étoit entièrement opposée à celle que les sectaires
cherchoient à établir.

Les vociférations des franc-maçons et des illuminés
contre le corps respectable de la compagnie de Jésus,
sont à mon avis le plus bel éloge que l'on puisse faire de
l'illustre société des jésuites. Leurs mugissements et leur
acharnement contre les incomparables disciples de Jésus, expriment assez les services importants que chacun
de ses membres a constamment rendus à la société et à

l'état. L'importance que les sectaires mettoient à l'anéantissement d'une congrégation si recommandable par les lumières qu'elle répandoit partout où elle se présentoit, démontre à l'évidence et l'importance et l'utilité de ces apôtres évangéliques. Nous avons assez démontré combien la compagnie de Jésus étoit avantageuse à l'état : voyons à présent combien celle des illuminés lui est pernicieuse, en analysant ce que la société exige de chacun de ces membres dans chaque grade.

La première classe des adeptes est celle des préparations ; elle se sous-divise en quatre grades, qui sont ceux du novice, du minerval, de l'illuminé mineur et de l'illuminé majeur. Elle a emprunté de la franc-maçonnerie le grade de chevalier écossois, appelé aussi celui d'illuminé directeur ; mais dès le premier grade, on découvre aisément la fourberie et le venin caché de cette société : dans les grades plus élevés on y voit à découvert sa monstruosité et sa scélératesse.

La secte des illuminés divise la classe de ses mystères en petits et en grands mystères. Nous avons déjà rapporté les obligations de chaque initié dans les premiers grades, que Vueishaupt appelle ses petits mystères. Nous allons à présent faire connoître les instructions qu'il donne pour ses grands mystères à ses adeptes zélés et privilégiés : au dernier appartiennent le secerdoce de la secte et son administration, que nous développerons par la suite ; et nous verrons la sous-division qu'elle fait de ses deux grades qu'elle appelle l'un celui de ses prêtres, et l'autre celui de ses régents ou princes.

~~~~~~

CHAPITRE XV.

Instructions que Vueishaupt donne à ses adeptes, pour ce qu'il appelle les grands mystères de la secte dont tous les grades subséquents font partie.—L'état de première nature de l'homme sauvage, que les souverains et les prêtres ont anéanti, paroît seul capable de remplir les vues du hiérophante; il est par conséquent le seul digne des travaux des illuminés.—Réflexions contre les leçons de Vueishaupt à ses philosophes devenus ses disciples et ses collaborateurs.

Les grands mystères ont pour grade le mage ou le philosophe et enfin l'homme roi; l'élite des derniers, comme nous l'avons déjà fait connoître compose le conseil et le grade d'aréopagiste. L'obligation importante d'enrôler est commune à tous les frères, elle est de rigueur à toutes les classes et à tous les grades; pour devenir maître, la première obligation est de faire quelquefois le valet, leur disent les chefs: Tais-toi, sois parfait et masque-toi, tel est l'ordre. Le second devoir des illuminés est de poursuivre avec acharnement non-seulement celui qui parlera contre la secte, mais encore celui qui refusera d'en devenir membre. S'ils échappent à leurs piè-
~~~~~~

ges, qu'ils ne se flattent pas d'échapper à leur haine, et qu'ils se cachent bien s'ils veulent éviter leur courroux.

Ce n'est pas une vengeance commune que celle des sociétés secrètes; elle est irréconciliable: c'est le feu souterrain de la fureur et de la rage; elle ne cesse de poursuivre ses victimes qu'elle n'ait eu le plaisir barbare de les immoler. Tous les poignards des illuminés doivent être aiguisés et dirigés contre le profane qui osera s'élever ou écrire contre la secte; un même esprit, les mêmes volontés et les mêmes sentiments doivent se concerter et se réunir pour poursuivre celui qui entreprendroit de blâmer ou de critiquer cette société; tous les bras des sectaires doivent être prêts et armés pour lui percer le sein. Comme des lions rugissants ou des tigres altérés de sang, ils ne peuvent souffrir que l'on mette au grand jour leurs turpitudes, ou que l'on signale leur noirceur, leurs crimes et leur infamie; mais leurs menaces foudroyantes et leurs anathèmes dévorants n'ont pu empêcher jusqu'ici des hommes courageux et religieux de signaler les monstruosités des illuminés. L'amour du bien public, la sécurité des monarques, le bonheur et la félicité des peuples, la paix et la tranquilité de l'Europe, et le plaisir que l'on goûte intérieurement à prévenir et à écarter les projets désastreux qui entraîneroient la ruine des empires et la perte de la foi, que les méchants et les scélérats méditent en secret dans les ombres de la nuit, leur ont fait braver la fureur, la haine et les poignards de ces vils assassins qui, par des manœuvres abominables, aussi lâches que nuisibles à l'état, à la religion et aux bonnes mœurs, préparent dans le silence le règne de l'anarchie et de l'impiété.

Les illuminés ne donnent connoissance de leurs grands mystères qu'à ceux qui ont donné des preuves non équivoques de leur haine contre la religion ou contre les gouvernements légitimes; les souverains et les personnes d'importance et à grands talents doivent rester à la porte des mystères supérieurs, de crainte que leur autorité, leur influence ou leurs lumières ne nuisent aux grands projets de la secte. On doit se contenter de leur expliquer les grades inférieurs et les dispenser des épreuves rebutantes et humiliantes que l'ordre leur épargne toujours en considération de leur élévation, de leur crédit, de leur influence et de leurs rares talents ou de leur mérite. Les chefs disent : De tels personnages sont de vrais démons, peu aisés à conduire, mais la prise en est toujours bonne ; nous devons chercher à nous les attacher plutôt pour leurs écus que pour leur crédit ; nous devons rechercher avec soin les jeunes gens adroits et déliés dont les bras nous serviront comme de massues pour arriver à nos fins dernières, car il nous faut des adeptes insinuants, intrigants, féconds en ressources, hardis, entreprenants; mais il nous les faut en même temps inflexibles, souples, obéissants, dociles et sociables : de tels leviers nous seront d'une grande ressource pour agir efficacement lorsqu'il en sera temps. Ne recherchons la faveur des hommes puissants, nobles, riches et savants, que pour aider la secte de leur bourse, tandis que les jeunes gens agiront et la serviront mieux de leurs bras.

Les illuminés convoitent principalement les hommes dont ils redoutent les talents. Ceux-là, il faut absolument ou les gagner à la secte, ou les perdre dans l'opinion publique. Aussi, s'ils ne peuvent se les attacher, ils doivent vomir contre eux leurs calomnies et leurs imprécations; et si de telles persécutions ne sont pas suffisantes pour ternir la réputation des hommes de mérite et pour les décrier jusqu'à l'humiliation, les sectaires doivent alors lancer contre eux toutes leurs foudres; ils doivent diriger contre eux tous leurs infames poignards: telle est la libéralité, la liberté, l'égalité, la bienfaisance et la fraternité des illuminés.

Ils rendent d'abord impies, ensuite sauvages, les hommes religieux et policés, peut-être pour nous dire que les richesses de la nature ne sont pas épuisées, et que nous sommes destinés à des métamorphoses d'un ordre infiniment plus important; que le genre humain s'est perfectionné dans son état primitif et sauvage; que les souverains et les prêtres ont avili le premier état de nature, en assujettissant les hommes à une religion et à des lois civiles. Mais l'aveuglement dont Dieu frappe les illuminés en les laissant tromper, parce qu'ils veulent l'être, pour n'être plus chrétiens, démontre assez leur tournure, leur noirceur, leur impiété; leurs contradictions prouvent évidemment leur sottise et leur aveuglement. Selon ces prétendus philosophes, le genre humain a son enfance, sa jeunesse, sa virilité et sa vieillesse; dans chacune de ces périodes les hommes connoissent de nouveaux besoins qui enfantent les révolutions morales et politiques. C'est dans l'âge viril que se montre toute la dignité du genre humain; c'est alors que l'on sent le bonheur et l'honneur d'être un homme.

Le premier âge du genre humain est celui de la nature sauvage et grossière : la famille est la seule société; un abri contre l'injure des saisons, la faim et la soif faciles à contenter, une femme, et après la fatigue le repos, sont les seuls besoins de cette période; en cet état, si l'homme jouissoit des deux biens les plus estimables, l'égalité et la liberté, il en jouissoit dans toute leur plénitude; il en auroit joui pour toujours, s'il avoit voulu suivre la route que lui indiquoit la nature, ou pour mieux dire, s'il n'avoit pas été dans le plan de Dieu et de la nature de montrer à l'homme quel bonheur lui étoit destiné. Les commodités de la vie manquoient à l'homme dans le premier état de nature; mais il n'en étoit pas plus malheureux : ne les connoissant pas, il n'en sentoit pas la privation. Bonheur précieux perdu si vite, mais regretté l'instant d'après, et qu'en vain il recherche jusqu'à ce qu'il apprenne à faire un juste usage de ses forces et à diriger sa conduite dans ses rapports avec les autres hommes! Heureux mortels d'alors, mais qui n'étoient pas encore assez éclairés pour perdre le repos de leur ame, pour sentir ces grands mobiles de nos misères, cet amour du pouvoir et des distinctions, le penchant aux sensualités, le désir des signes représentatifs de tout bien, ces véritables péchés originels, avec toute leur suite, l'envie, l'avarice, l'intempérance, les maladies et tous les supplices de l'imagination.

Voilà donc cet état primitif de sauvage, le premier essai de la nature, devenu déjà le plus heureux des hommes. Voilà l'égalité, la liberté, principes souverains de leur bonheur dans ce même état, voilà; dans la bouche des illuminés, le bien le plus précieux que l'homme a perdu par l'institution des sociétés civiles qui ont produit dans les hommes un germe malheureux, en faisant disparoître leur repos, leur félicité originaires. Mais allons plus loin, et suivons leurs principes erronnés; ils nous diront encore, ainsi qu'à leurs adeptes, qu'à mesure que les familles se multiplioient, les moyens nécessaires à leur entretien commencèrent à manquer : la vie errante cessa, la propriété nacquit, les hommes se choisirent une demeure fixe, l'agriculture les rapprocha, le langage se développa; en vivant ensemble, les hommes commencèrent à mesurer leurs forces les uns contre les autres, à distinguer des foibles et des forts. Ici sans doute ils virent comment ils pouvoient s'entr'aider, comment la prudence et la force d'un individu pouvoient gouverner diverses familles rassemblées, et pourvoir à la sûreté de leurs champs contre l'invasion de l'ennemi; mais ici la liberté fut ruinée dans sa base, et l'égalité disparut.

Avec des besoins inconnus jusqu'alors, l'homme sentit que ses propres forces ne lui suffisoient plus : pour y suppléer, le foible se soumit imprudemment au plus fort, ou au plus sage, non pour en être maltraité, mais pour en être protégé, conduit, éclairé; toute soumission, de la part de l'homme même le plus grossier, n'existe donc que pour le cas où j'ai besoin de l'appui de celui auquel je me soumets, et sous la condition qu'il peut me secourir; sa puissance cesse avec ma foiblesse, ou avec la supériorité d'un autre. Les rois sont pères : la puissance paternelle cesse dès que l'enfant acquiert ses forces; le père offenseroit ses enfants, s'il prétendoit proroger ses droits au de là de ce terme. Tout homme, dans sa majorité, peut se gouverner lui-même; lorsque toute une nation est majeure, il n'est plus de raison pour la tenir en tutelle.

Aujourd'hui le lecteur indigné demande au fondateur illuminé, qui a rendu ces oracles, ce qu'il entend par ces nations entrées en majorité. Sans doute celles qui, sorties de l'ignorance et de la barbarie, ont acquis

lumières nécessaires à leur bonheur. Mais à qui devront-
elles ces lumières et ce bonheur, si ce n'est aux lois
mêmes de leur association civile? C'est donc alors aussi
qu'elles sentiront plus que jamais le besoin, la raison
et la nécessité de rester sous la tutelle des lois et du
gouvernement, pour ne pas retomber dans l'ignorance
et la barbarie des hordes errantes et sauvages, ou bien
dans toutes les horreurs de l'anarchie, ou bien encore
de révolutions en révolutions, sous le joug successif des
philosophes brigands, des séditieux bourreaux, des novateurs tout à la fois despotes et tyrans. La populace
ignorante et les révolutionnaires, dans la majorité de la
corruption et de la scélératesse, pourront seuls applaudir à de tels mystères d'iniquités. Affectant toujours les
mots de vertu et de morale, ils donnent tout à la
force des bras, ils annulent toute celle de la raison et
de la moralité, ils comparent les hommes en sociétés
aux lions et aux tigres dans les bois. Jamais, disent-ils, la
force ne s'est soumise à la foiblesse : la nature a destiné
le foible à servir, parce qu'il a des besoins ; le fort à
dominer, parce qu'il est le plus puissant. Que l'un perde
la force, que l'autre l'acquière, ils changeront de place :
celui qui servoit deviendra maître, celui qui a besoin
d'un autre en dépend aussi ; il a lui-même par sa foiblesse renoncé à ses droits. Ainsi, peu de besoin, voilà
le premier pas à la liberté ; beaucoup de force, voilà le
le triomphe de l'égalité et de la liberté assuré. C'est
pour cela que les sauvages sont au suprême degré les
plus éclairés des hommes, et peut-être aussi les seuls
libres, parce qu'ils n'ont aucun besoin, et qu'ils possèdent la force.

Lorsque le besoin est durable, la servitude l'est aussi.
La sureté est un besoin durable. Si les hommes s'étoient
abstenus de toute injustice, ils seroient toujours restés
libres ; l'injustice seule leur a fait subir le joug : pour acquérir la sûreté, ils mirent la force dans les mains d'un
seul, et par là ils se créèrent un nouveau besoin, celui de
la peur. L'ouvrage de leurs mains les effraya : pour vivre
en sûreté, ils s'ôtèrent à eux-mêmes la sûreté. C'est là le
cas de nos gouvernements : où trouvons-nous aujourd'hui
une force protectrice ? dans l'union ; mais qu'elle est
rare cette union, si ce n'est dans de nouvelles associations

secrètes, mieux conduites par la sagesse et unies par des liens plus étroits; et de là ce penchant que la nature même inspire pour ces associations. Les illuminés affectent de ne voir dans le genre humain civilisé, d'un côté que tyrans et despotes, de l'autre qu'esclaves opprimés et tremblants, pour s'être assujettis à des lois sociales, et pour avoir suivi le cri de la nature, appelant le genre humain hors des forêts pour vivre sous des lois et sous des chefs communs.

Quelle extravagance de la part de Vueishaupt et de ses partisans, d'oser avancer que les sauvages sont les peuples les plus heureux, parce qu'ils ont la force, qu'ils n'ont aucun besoin, et qu'ils possèdent la liberté et l'égalité! Hélas! ils jouissent de tous ces avantages comme en jouissent les ours et les lions dans les bois. Quelle sottise encore de faire consister toute la puissance dans la force, en sorte que l'homme prudent, sage et vertueux, mais foible, doit nécessairement être soumis au sauvage qui est fort. L'homme probe, disent-ils encore, n'a besoin ni de lois, ni de magistrats, ni de souverain, parce qu'il ne veut ni opprimer, ni voler; mais s'ils n'étoient pas si injustes envers les autres, ils conviendroient au moins que l'honnête homme a besoin de force et d'appui pour le garantir des pirateries des sauvages, et le mettre à couvert de la fureur des méchants. Et où peut-il trouver cette force et cet appui, si ce n'est dans les lois civiles établies pour protéger l'innocence opprimée, pour réprimer et punir l'audace du criminel spoliateur, ou dans l'autorité des magistrats et des souverains chargés de veiller au maintien du bon ordre et de la sécurité publique, d'où dépendent le bonheur et la liberté des peuples? D'ailleurs, moins une personne est portée à faire tort aux autres, plus elle a besoin que le gouvernement empêche les autres de lui en faire; plus une personne est foible, plus elle inspire naturellement de commisération: il n'y a qu'un lâche, qu'un brigand, qui puisse maltraiter et dépouiller celui qui est sans défense et sans aucun moyen de résistance.

Il plait aux illuminés d'appeler esclavage cette soumission aux lois et aux souverains; la justice et la saine raison l'appellent la sûreté et le garant de toute la liberté dont chacun a besoin pour faire le bien, pour vivre heureux et tranquille dans la société. On la regarde encore comme le plus ferme rempart pour garantir le foible de la violence du fort et surtout du sauvage, et pour préserver les honnêtes gens de la fureur des méchants.

Nulle part il n'existe des lois pour favoriser et protéger le crime; dans aucun empire les lois n'empêchent l'honnête homme de faire le bien: le méchant seul redoute les lois, parce qu'elles infligent des peines et l'infamie aux coupables et aux criminels qui les enfreignent. Le méchant ne voit de liberté que là où il peut faire le mal impunément. Les illuminés appellent esclavage les lois qui punissent le crime; elles sont en effet un dur esclavage pour les méchants, qui ne méditent que des forfaits, et qui, pour se soustraire aux peines qu'elles prononcent et qu'ils méritent, sont obligés de vivre dans la gêne et avec beaucoup de précaution, pour éviter la justice et échapper aux recherches du gouvernement; elles les forcent également à profiter du silence et des ombres de la nuit pour former leurs associations secrètes où se trame la ruine avec la perte du genre humain, ainsi que les moyens de mettre à exécution leurs complots liberticides. Tel est, pour les méchants, l'esclavage des lois et des gouvernements : s'ils font l'un et l'autre la confusion, le tourment et la terreur des pervers, ils font aussi la consolation, la protection et la sûreté des honnêtes gens. L'effroi qu'ils inspirent aux méchants est plus que suffisant pour en démontrer l'avantage, l'utilité et la nécessité. Les lois et les gouvernements ne sont redoutables qu'aux criminels: ils ne sont sévères qu'envers eux. Puissant motif pour les sauvages, pour travailler à les anéantir, et pour les hommes civilisés, à conserver de si précieuses institutions.

Que le lecteur prenne patience; nous ne sommes pas encore à la fin des absurdités et des atrocités des illuminés. Le despotisme, disent-ils, naquit de la liberté, et du despotisme renaît la liberté; la réunion des hommes en société est le berceau et tombeau du ledespotisme; elle est en même-temps le tombeau et le berceau de la liberté. Telle est la véritable philosophie : l'histoiredu despotisme et de la liberté est la seule source de nos vœux et de nos craintes. Nous avons eu la liberté, et nous l'avons perdue pour la retrouver et pour ne plus la perdre. Sa privation même doit nous apprendre l'art de mieux en jouir. C'est assez exprimer l'objet de la secte et le vœu qu'elle a de ramener tous les hommes à leur premier état de sauvages, où il n'y avoit ni propriété, ni lois, ni princes, ni gouvernements.

Si vous en avez le courage, lecteur, pesez encore les extravagances suivantes. La nature a tiré les hommes de l'état sauvage, elles les a réunis en sociétés civiles. De ces sociétés, nous passons à des vœux, à un choix plus sage. De nouvelles associations s'offrent à ces vœux, et par elles nous revenons à l'état dont nous sommes sortis, non pour parcourir de nouveau l'ancien cercle, mais pour mieux jouir de notre destinée. Les hommes étoient passés de leur état paisible au joug de la servitude; Eden, ce paradis terrestre, étoit donc perdu pour eux. Dès-lors, sujets au péché et à l'esclavage, ils étoient dans l'asservissement, réduits à gagner leur pain à la sueur de leur front. Parmi ces hommes, les plus adroits promirent aux autres de les protéger, et ils devinrent leurs chefs; ils ne formèrent d'abord que des hordes et des peuplades; celles-ci furent conquises ou se réunirent pour former un grand peuple : alors il y eut des nations et des chefs, des rois et des nations. A l'origine des nations et des peuples, le monde cessa d'être une grande famille et un seul empire: le grand lien de la nature fut rompu.

L'impudence de ces assertions étonne le lecteur : ce tissu d'impiétés et d'inepties n'a été inventé que pour ôter à l'homme tout souvenir d'un gouvernement sage et réparateur, tout sentiment de vertu, toute connoissance de morale, pour l'abandonner ensuite à l'instinct de l'homme sauvage et au sort de la bête dans les forêts. Comment démentir à ce point l'évidence, en nous montrant l'univers ne formant qu'une seule et même famille, et le grand lien de la nature dans des hordes éparses de sauvages? Peut-on voir les hommes cesser de faire une famille, au moment où ils se réunissent, pour ne

plus vivre que sous les mêmes chefs et sous les mêmes
lois, pour leur protection, leur sûreté commune. Mais
suspendons notre indignation ; écoutons les patriotes
dont la secte guidoit le brigandage ou les atrocités,
sous les mots puissants de peuple, de nation et de patrie.
Rappelons les malédictions vomies, dans ses mystères
abominables, contre tout ce qui est peuple, nation et
patrie. Les illuminés crièrent en public, lorsqu'ils n'eurent plus besoin des bras nombreux de ces malheureux
brigands eux-mêmes, qu'ils flattoient de mériter eux-
seuls le nom de patriotes. A l'instant où les hommes
se réunirent en nation, ils cessèrent de se reconnoître
sous un nom commun : le nationalisme ou l'amour national prit la place de l'amour général ; avec la division
du globe et de ses contrées, la bienveillance se resserra
dans des limites qu'elle ne devoit plus franchir. Alors,
ce fut une vertu de s'étendre aux dépens de ceux qui ne
se trouvoient plus sous notre empire ; alors, il fut permis,
pour obtenir ce but, de mépriser les étrangers, de les
tromper et de les offenser. Cette vertu fut appelée patriotisme. Celui-là fut appelé patriote, qui, juste envers
les siens, injuste envers les autres, s'aveugloit sur le
mérite des étrangers, et prenoit pour des perfections
les vices de sa patrie. Du patriotisme on vit naître le lo-
calisme, l'esprit de famille, et enfin l'égoïsme. Ainsi,
l'origine des états ou des gouvernements, de la société
civile, fut la semence de la discorde ; et le patriotisme
trouva son châtiment dans lui-même, et les patriotes
leur avilissement et leur confusion dans la bouche même
des criminels qui les avoient égarés et séduits, etc.
Diminuez, retranchez cet amour de la patrie, les hommes, apprendront de nouveau, à se connoître et à s'aimer comme hommes. En resserrant leur patriotisme,
ils borneront simplement leur amour à leur famille ; ils
le réduiront enfin au seul amour de soi-même, au plus
strict égoïsme.

Abrégeons ces sophismes et ces blasphèmes des illuminés, qui outragent si visiblement les bon sens et la
raison. Sous le vain prétexte de leur amour universel, ils
ne prétendent aimer tous les hommes également, que
pour se dispenser d'en aimer un seul véritablement ; ils

détestent l'amour national et patriotique, parce qu'ils haïssent les lois des nations et celles de leur patrie, ou pour mieux dire, ils n'aiment ni leurs concitoyens, ni leur famille, ni leur patrie; ils ont pour tous la même indifférence; ils étendent le lien de l'amitié pour mieux annuler sa force et son action. Ils se disent citoyens de l'univers, pour cesser d'être citoyens dans leur patrie. Ils sont mauvais pères, mauvais époux, et ennemis de toute société où la justice, la conscience et l'honneur trouvent un libre accès. Ils nous disent aimer tout d'un pôle à l'autre, pour n'aimer rien qu'eux-mêmes; ils ne sont occupés que des besoins de la vie présente et de la partie animale de l'homme. Ils cherchent à persuader à leurs adeptes que la faute originelle du genre humain est d'avoir abandonné la liberté, l'égalité de la vie sauvage, par l'institution des lois civiles; et mêlant la calomnie à la haine, ils ne voient, dans les fastes de la société, qu'oppression, despotisme, esclavage, la guerre succédant à la guerre, les révolutions aux révolutions, et toujours finissant par la tyrannie. Tantôt ce sont les rois qui s'entourent de soldats nombreux pour satisfaire leur ambition par des conquêtes sur l'étranger, ou pour régner, par la terreur, sur des sujets esclaves. Tantôt ce sont des peuples armés eux-mêmes, pour changer de tyrans, mais n'attaquant jamais la tyrannie dans sa source. S'ils croient se donner des représentants, ces représentants eux-mêmes, oubliant qu'ils tiennent leurs pouvoirs et leurs commissions du peuple, forment des aristocraties et des oligarchies, qui toutes vont se fondre de nouveau dans la monarchie et dans le despotisme.

Il est vrai que les représentants dits conventionnels ont tellement abusé de leur autorité, qu'ils se sont attribué des pouvoirs illimités pour mieux satisfaire tout à la fois leur cupidité, leur haine et leur furie. Ces nouveaux parvenus, pour mieux tourmenter et persécuter les François, se répandirent dans tous les départements, où ils exercèrent à loisir leur fureur et leur rage; la terreur, les supplices et la mort les accompagnoient et les suivoient partout. Les excès amenèrent d'autres excès; les temples furent fermés, ou ne s'ouvrirent qu'aux bacchanales d'un peuple effréné; les autels furent renversés;

on promena dans les rues des animaux immondes sous les vêtements des pontifes ; on fit servir les coupes sacrées à d'abominables orgies ; on fit monter sur les autels d'infames prostituées, auxquelles les impies et les libertins alloient rendre leurs hommages. Le sang le plus pur coula à grands flots dans toute la France ; le trône fut renversé et ensanglanté, etc. Conventionnels, représentants à jamais exécrés, voilà votre ouvrage, voilà vos horreurs, voilà vos forfaits.

Le prétendu amour universel des illuminés est le manteau de la plus odieuse hypocrisie. Chez toutes les nations, dans tous les cultes, c'est toujours le genre humain avili sous le joug de l'oppression et de la tyrannie. Telles sont les suites de cette institution des états ou des sociétés civiles, s'écrient les illuminés. O folie des peuples ! de n'avoir pas prévu ce qui devoit leur arriver ; d'avoir aidé leurs despotes mêmes à ravaler l'homme jusqu'à la servitude et à la condition de la brute, pour devenir ensuite l'esclave des féroces sectaires.

Un véritables sage ne pourra entendre les leçons ridicules et insensées des illuminés, sans s'écrier avec indignation : Quel oracle vous a appris à ne voir dans les fastes de la société que ses brigands et ses monstres, et à passer sous le silence les avantages inappréciables que les hommes civilisés ont sur les sauvages. Le bon sens et la raison auroient-ils donc perdu leurs droits, parce que les illuminés s'efforcent de les étouffer ? Les arts, l'instruction et les sciences doivent-ils être ensevelis dans un éternel oubli, parce que les illuminés rejettent l'industrie ? La propriété, le commerce et l'agriculture doivent-ils être anéantis, parce qu'ils ne conviennent pas aux illuminés ? N'est-il donc point de jours sereins pour les hommes en société, parce que les sectaires ne veulent point leur en accorder ?

La brutalité, la férocité et l'ignorance sont le partage de l'homme vivant dans les forêts ; la douceur, la modération, les talents, la justice et la paix sont l'apanage et font la félicité des hommes civilisés. Pourquoi ce tableau effrayant des désastres de la société, comme s'il n'existoit que des sociétés secrètes ? Pourquoi ce silence absolu sur les maux dont la civilisation nous a délivrés? Mais la voix de la raison ne pénètre pas dans l'antre ténébreux des illuminés. Que les adeptes de Vucishaupt répètent avec confiance ses oracles : rien n'étonne que des gens déjà égarés s'enfoncent davantage dans le labyrinthe ; ils ne voient tous, avec leur exécrable chef, la cause de tous les malheurs de l'univers que dans l'institution des lois et des gouvernements. Les échos de Vucishaupt s'écrient avec lui : O nature, combien tes droits sont grands et incontestables ! c'est du sein des désastres et des destructions mutuelles que naît le moyen de salut : l'oppression cesse, parce qu'elle trouve des fauteurs, et la raison commence à rentrer dans ses droits, parce qu'on s'efforce de l'étouffer. Celui-là même qui veut aveugler les autres, doit au moins chercher à les dominer par les avantages de l'instruction et des sciences. Les législateurs commencent à devenir plus sages, ils favorisent la propriété et l'industrie. Des motifs pervers propagent les sciences les rois les protègent pour lesfaire servir à l'oppression ; d'autres hommes en profitent pour remonter à l'origine de leurs droits ; ils saisissent nfin ce moyen inconnu pour briser leurs chaînes, pour hâter une révolution dans l'esprit humain, et pour triompher à jamais de l'oppression ; mais le triomphe seroit court et les hommes retomb roient bientôt dans la dégradation, si la providence, dans des temps reculés, ne leur avoit pas ménagé des moyens qu'elle a fait arriver jusqu'à uous, pour méditer secrètement et opérer enfin un jour le salut du genre humain ; et ces moyens sont les écoles secrètes de la philosophie. Ces écoles ont été de tous temps les archives de la nature et des droits de l'homme : par ces écoles un jour sera réparée la chûte du genre humain. Les princes et les nations disparoîtront sans violence de dessus la terre ; le genre humain deviendra une même famille, et la terre ne sera plus que le séjour de l'homme raisonnable. La morale philosophique produira insensiblement cette révolution ; il viendra ce jour où chaque père sera de nouveau ce que furent Abraham et les patriarches, le prêtre et le souverain absolu de sa famille. La raison sera alors le seul livre de loi ; le seul code des hommes sera la nature.

Voilà un de ces grands mystères des illuminés. Voyons-
en la démonstration, et voyons comment ces complots
du délire deviennent dans la secte les complots de la scélératesse. De telles leçons n'ont besoin ni d'interprétation,
ni d'explication; mais, soit haine, soit envie, les novateurs
interprètent les meilleures actions en mauvaise part; ils
donnent aux vices le nom de vertu; ils font de la nature
le code des hommes, afin de les mieux engager à flatter
et à caresser leurs corps. Une fois qu'ils sont tyrannisés
par leurs passions, ils n'ont pas de peine d'enthousias-
mer et d'enflammer les jeunes cœurs de leurs adeptes.
Le caractère des curieux et des méchants est d'envenimer toutes les vertus et de mépriser tout ce que les gens
de bien estiment, pour mieux établir le règne de l'incrédulité et de tous les vices. S'il faut au lecteur de la
patience pour entendre les turpitudes et les leçons d'infamie des illuminés, il n'en faut pas moins pour les
traduire. Ainsi, que le lecteur s'arme de patience; nous
lui en dirons encore davantage dans le chapitre suivant.

~~~~~~

CHAPITRE XVI.

Les délires du chef de l'illuminisme pour ses grands mystères, deviennent pour la secte de vrais complots de scélératesse, dont les preuves s'acquièrent par les œuvres mêmes des illuminés, et par les nouvelles leçons aussi absurdes que les premières, et que Vueishaupt continue de donner à ses élèves. —Leurs contradictions et leurs extravagances.

Par quel étrange aveuglement, s'écrient-ils, les hommes ont-ils pu s'imaginer que le genre humain devoit toujours être régi et dominé comme il l'a été jusqu'à présent?

Où est-il donc, celui qui a pu connoître toutes les ressources de la nature? Où est celui qui prescrit des bornes, et qui a pu dire : Tu t'arrêteras là, à cette nature dont la loi seule est l'unité dans une variété infinie? Quel est celui qui a condamné les hommes les plus sages, les plus éclairés et les meilleurs, à un éternel esclavage? Pourquoi seroit-il impossible au genre humain d'arriver à sa plus haute perfection, à la capacité de se gouverner lui-même? Pourquoi faudroit-il qu'il fût toujours conduit, celui qui sait se conduire lui-même?
~~~~~~

Est-il donc impossible au genre humain, ou du moins à la plus grande partie du genre humain, de sortir de sa minorité ? Si celui-là le peut, pourquoi celui-ci ne le pourroit-il pas ? Montrez à l'un ce que vous avez appris d'un autre ; montrez-lui le grand art de dominer ses passions, de réprimer ses désirs, et qu'il se conduise sans l'appui du souverain, ni l'assistance des prêtres. Dès sa tendre jeunesse, montrez-lui qu'il a besoin des autres, qu'il doit s'abstenir d'offenser, s'il ne veut point souffrir d'offense ; qu'il doit se rendre bienfaifant, s'il veut recevoir des bienfaits ; rendez-le indulgent, sage, bienveillant ; que les principes, l'expérience et l'exemple lui rendent sensibles ces vertus, et vous verrez s'il a besoin d'un autre pour se conduire. S'il est vrai que la plupart des hommes soient trop foibles et trop simples, trop bornés pour concevoir ces sublimes vérités, et pour s'en laisser convaincre, oh ! c'en est fait de notre bonheur ! cessons de travailler à rendre le genre humain meilleur et à l'éclairer. Mais ô préjugé ! ô contradiction des pensées humaines ! l'empire de la raison, l'aptitude à se gouverner soi-même, ne seroit pour la plupart des hommes qu'un rêve chimérique, si le préjugé fait l'héritage privilégié des rois, des familles régnantes et de tout homme que sa propre sagesse ou que des circonstances heureuses rendent indépendant. Si nous ne savons en profiter, c'en est fait de notre philosophie.

L'initié, ébloui par les ruses de ses maîtres et fatigué par de si longues leçons, s'imagine ne voir dans les bases de la société civile qu'une contradiction frappante ; il n'y voit qu'un privilège héréditaire pour les rois et leurs enfants de naître avec toute la sagesse nécessaire pour se conduire eux-mêmes, tandis que la nature a refusé ce don à tous les autres.

L'infame Vueishaupt se joue de la crédulité de ses initiés ; il sait aussi bien que nous que les rois naissent enfants aussi bien que le commun des hommes, sujets aux mêmes foiblesses et aux mêmes passions ; il sait aussi bien que nous que le don de se conduire, et celui de conduire les autres, s'acquièrent par l'éducation, par les secours et les lumières dont un homme peut être environné ; qu'il se trouve de grands génies et de grands talents dans toutes les conditions, pourvu que leur esprit

soit bien cultivé, et qu'ils aient occasion de le développer. L'enfant de la naissance la plus obscure, avec une
éducation soignée, pourroit faire un bon roi, un excellent
magistrat, ou un très-grand général d'armée. Mais s'en-
suit-il de là quelque contradiction pour les sociétés qui,
dans l'incertitude des sujets les plus propres au gouvernement et dans la certitude des brigues et des troubles
qui accompagneroient toujours l'élection des rois, préviennent ces désastres par la loi des empires ou des couronnes héréditaires.

Les secousses violentes, déjà arrivées plusieurs fois
au renouvellement des princes, ont commandé impérieusement ces mesures de prudence, de sagesse et de
sûreté. Ainsi, loin d'être une oppression et une tyrannie
pour les peuples, c'est au contraire une sage précaution
qui assure le bonheur du peuple, en maintenant le bon
ordre parmi les citoyens, et la tranquillité des nations.
D'ailleurs, s'il est certain que, pour bien gouverner, il
faut avoir reçu, dans sa jeunesse, une éducation et des
instructions convenables, il est hors de doute que les
souverains n'ont rien négligé pour apprendre à leurs
enfants, appelés à régner, tout ce qui pourroit rendre
également heureux et leurs fils et les sujets qui leur
seroient soumis. Ainsi, toutes les chances sont en faveur
des peuples.

Le paysan le plus ignorant et le plus simple se plaît
à répéter à ses enfants qu'il vaut mieux recevoir un
coup de pied avec un escarpin qu'avec un soulier ferré.
L'un ne fait jamais que peu ou point de mal, tandis que
l'autre fait au moins une forte contusion, s'il n'emporte
la pièce. Les souverains légitimes sont encore justes envers tous, tandis que les usurpateurs ne favorisent que les
leurs, qu'ils persécutent et tyrannisent les autres.

L'homme le plus prudent et le plus sage sera le premier à vous dire qu'il a lui-même le premier besoin de
lois, de magistrats et de souverain, pour le garantir du
vol et de la fureur des méchants. Il ne veut cependant
faire de tord à personne; mais il a besoin que le gouvernement empêche les autres de lui en faire.

Il plaît aux novateurs insensés d'appeler cette soumission aux lois l'esclavage du genre humain; mais les
hommes éclairés et prudents l'appellent le garant et la
sûreté de la société.

Les méchants ne voient de liberté que là où ils
peuvent faire le mal impunément, comme ils ne trouvent de fraternité et d'égalité que dans l'autorité qu'ils
cherchent à envahir pour opprimer les autres: une fois
qu'ils sont parvenus à s'emparer du pouvoir, ils deviennent, dès-lors, des maîtres durs et impitoyables, et ils
appellent tyrans et despotes des rois bienfaisants. Quelle
extravagance, que des gens qui ne peuvent se conduire
eux-mêmes entreprennent de gouverner les autres!
Telle est la folie des philosophes novateurs : plus ils se
conduisent mal, plus ils ont de haine contre ceux qui
se conduisent bien.

Mais quiconque est rebelle à son roi, sait mal obéir
à son Dieu; celui qui n'aime pas son prochain, n'aime
pas son créateur. Ainsi la philosophie s'est rendue le
cruel tyran de la vertu. Effrontés et impudents parjures ,
les philosophes ont conduit leurs élèves aux forfaits,
sous le masque de la liberté, de l'égalité et de la fraternité. Un seul trait échappe aux ténèbres dont ils s'environnent, et ce trait est celui de la dépravation, de
la scélératesse consommée. Nous avons été témoins du
combat à outrance qui a existé entre le philosophisme
et le christianisme. Assez long-temps ces deux ennemis
ont été aux prises. L'univers entier a contemplé avec
admiration la patience invincible, le courage, l'héro-
ïsme et la grandeur d'ame des défenseurs de la foi;
comme il a vu avec horreur et avec effroi la noirceur
et la monstruosité des conspirateurs, ainsi que les
cruautés inouïes que les philosophes, devenus des factieux, ont exercées pendant leur triomphe sur les
hommes les plus vertueux de la société.

Le clergé de France en fut toujours la majeure partie
et la plus marquante : aussi les séditieux poursuivirent
avec fureur et avec acharnement les ministres du Seigneur, parce qu'ils redoutoient davantage les lumières
et les talents de cette classe précieuse et estimable. Ils

purent long-temps les persécuter ; mais ils ne purent jamais ni les corrompre, ni les humilier.

Depuis plus d'un demi-siècle, les philosophes travailloient, avec art et avec soin, à la perte du christianisme ; ils parvinrent, par des associations secrètes, à former une faction conjurée contre l'autel et le trône ; ils employèrent tous les moyens que peut fournir à l'esprit de parti l'exaltation des passions et l'abus du talent : ils préparèrent ainsi en secret la ruine de l'un et de l'autre.

La révolution françoise parut aux séditieux une époque assurée de leur triomphe ; ils attaquèrent ouvertement l'église par des spoliations, des proscriptions et des tortures ; ils mirent en usage tous les moyens les plus redoutables que leur mettoit en main le pouvoir suprême dont ils s'étoient emparés par violence. Ce fut une guerre ouverte et à mort entre l'impie et le juste ; et cette guerre injuste et cruelle s'est prolongée au moins dix ans, pendant lesquels le projet formé pour la destruction du christianisme et de toute religion fut suivi sans interruption par les factieux. A force d'artifices, de fourberie et de séduction, ces sociétés secrètes, que tous les gouvernements avoient d'abord méprisées, devinrent assez nombreuses pour former une puissance, et pour mettre à exécution le plan qu'elles avoient tracé pour renverser les autels et les trônes. Leurs projets désastreux furent exécutés avec fureur pendant cette longue suite d'années : cette légion d'adeptes et de cannibales, armée de toutes ses forces, se déploya avec vigueur et avec une furie incroyable contre l'église et contre le gouvernement. Elle détruisit les autels, elle fit fermer les temples du Seigneur, elle renversa les trônes, et ébranla l'Europe. Le démon de l'impiété, comme un lion rugissant, se répandit sur toute l'étendue de la France, en blasphémant le nom du Très-Haut, pour y détruire le règne de Dieu.

Les défenseurs de la foi, supportant avec constance tous les genres de souffrance et de persécution, résistèrent à tous les assauts, et la religion resta victorieuse dans tous les combats ; elle s'avança, à travers les plus violents orages, vers le port de la paix et le terme glorieux du triomphe. Voilà sans doute l'événement le plus extraordinaire et le plus frappant pour l'honneur de la religion, que toutes les nations ont pu contempler. Le christianisme a résisté à tous ces différents assauts, à la paix, à la guerre, aux échafauds, aux triomphes, aux poignards, aux délices, à l'orgueil, à l'humiliation, à la pauvreté, à l'opulence, à l'exil, aux supplices et à la mort. Le christianisme est sorti de ces épreuves terribles plus pur et plus vigoureux; il s'est assis fièrement sur une croix renversée qu'il a arrachée des décombres et des ruines de la France.

Les philosophes illuminés ont beau vanter la raison, et les biens de la nature; ils ont beau faire consister le bonheur dans l'anéantissement et le désespoir, dans le partage du sort des sauvages et des brutes qui vivent et meurent comme de vils animaux : leurs principes ne peuvent qu'avilir et dégrader l'homme, en le rabaissant à la condition de la bête. Se féliciter et se glorifier d'un tel sort, se faire un point d'honneur de la doctrine avilissante qui nous y condamne, s'ériger en force d'esprit et en philosophie, c'est insulter aux talents et au mérite des honnêtes gens qui s'y refusent; n'est-ce pas aussi le comble de l'extravagance, le renversement du bons sens, et la dépravation des premiers sentiments de la nature?

Le seul intérêt de certains hommes à vouloir se passer de Dieu et de la vie future, est l'unique désir de satisfaire leurs passions déréglées. L'homme religieux, au contraire, s'attache à les vaincre, et il jouit de tout ce qu'il y a de bon et d'honnête, et ses jouissances sont d'autant plus douces qu'elles sont pures et à l'abri des remords; s'il craint Dieu, c'est d'une crainte filiale, animée par l'amour et l'espérance. Le chrétien fait tout dans la vue de plaire à son créateur : l'aimer et le servir, ce n'est pas être esclave; c'est bien user de la liberté, c'est jouir, c'est régner, et s'élever à ce qu'il y a de plus héroïque, de plus glorieux; tandis que les philosophes, pour se soustraire au doux empire d'un Dieu qui gouverne le monde avec bonté et sagesse, sont forcés de s'abandonner aux caprices d'un aveugle hasard, ou aux lois d'une fatale nécessité. Ils mettent leur gloire à se contenter de ce qu'il y a de plus humiliant et de plus maleureux pour l'homme, et ils affectent de mépriser la vie future, qui fait la consolation, la joie et la gloire du juste. Mais armons-nous de courage pour arriver à la fin des longs oracles de Vueishaupt. Ce maître infernal crie à ses adeptes:

Sommes-nous donc déchus de notre dignité, au point de ne plus sentir nos chaines, et de ne plus oser nous livrer à l'espoir de les secouer, ou même de les rompre, de recouvrer la liberté par le seul empire de la raison? Ainsi donc, ce qui ne peut se faire demain, nous désespérerions de le faire jamais ! Laissez les hommes aux vues bornées raisonner et conclure à leur manière: ils concluront encore; la nature agira. Inexorable à toutes leurs prétentions intéressées, elle s'avance et ne peut suspendre son cours majestueux. Bien des choses peuvent ne pas aller suivant nos vœux, tout se rétablira de soi-même: les inégalités s'applaniront, le calme succédera à la tempête. Nous sommes trop accoutumés à l'état actuel des choses, ou peut-être y avons nous trop d'intérêt, pour convenir qu'il n'est pas impossible d'arriver à une indépendance générale. Laissez donc les rieurs rire, les moqueurs se moquer. Celui qui observe et compare ce qu'a fait la nature autrefois et ce qu'elle fait aujourd'hui, verra bientôt que malgré tous nos jeux elle tend invariablement à notre but. Sa marche est insensible à l'être peu réfléchi; elle n'est visible qu'au sage, dont les regards pénètrent l'immensité des temps: de la hauteur des monts, il découvre cette contrée lointaine, dont la foule rampante dans les plaines ne soupçonne pas même l'existence.

Les élèves de Vueishaupt croyoient ne seconder les vœux de la secte contre les nobles, les prêtres et les monarques, que pour rendre au peuple ses droits d'égalité et de liberté; ils ne voyoient pas que les mystères de la secte conduisoient insensiblement le peuple au plus dur esclavage; et, sans s'en douter, ils firent servir leurs bras à leur propre persécution et à leur malheur.

Sectateurs imprudents d'une secte désorganisatrice, par la haine secrète qu'elle avoit vouée au genre humain dans ses mystères, les chefs firent commettre à leurs initiés les forfaits dont ils n'osoient eux-mêmes se rendre publiquement coupables ; de là les décombres de Lyon, le pillage de Bordeaux, la ruine de Nantes et de Marseille, le sort malheureux de tant de villes jadis si florissantes et qui devinrent tout-à-coup des ruines et des séjours d'horreur. Le voyageur étonné, jetant un coup-d'œil sur les arbres d'égalité et de liberté, n'aperçut plus en France que cendres et ruines ; il vit partout la vertu avilie et le crime triomphant ; au lieu d'un peuple doux, honnête et policé, il ne trouva que des hordes de sauvages et de brigands, des monstres de la nature, dont les cruautés ont révolté et fatigué jusqu'aux maîtres qui les commandoient, les sans-culottes.

Alors même le féroce Vueishaupt disoit à ses adhérents : Celui qui veut mettre les nations sous le joug, n'aura qu'à faire naître des besoins que lui seul puisse satisfaire. A cet effet, donnez quelque rang, quelque autorité dans le gouvernement à la gent mercantile, et vous aurez bientôt créé avec ce corps la puissance peut-être la plus redoutable et la plus despotique ; vous la verrez sous peu faire la loi à l'univers, car elle ne met jamais de bornes à sa cupidité ; elle fera bientôt dépendre de son influence l'indépendance de la minorité et l'esclavage de la multitude. Nobles et roturiers, pauvres et riches, laboureurs et artisans, tout sera promptement soumis à son empire ; car celui-là est maître, qui peut susciter ou prévoir, étouffer, affoiblir ou satisfaire le besoin. Eh ! qui le pourra mieux que des marchands? Ainsi, les négociants que nous avons vus dans les villes commerçantes servir avec ardeur la cause de la révolution, pour avoir quelque part au gouvernement, ne se doutoient guère qu'ils étoient précisément ceux dont les conspirateurs redoutoient le plus l'influence, et que leur profession étoit la plus en horreur aux gouvernants.

Cette classe industrieuse est trop précieuse à l'état pour lui laisser ignorer plus long-tems ce piège. Ce mystère d'iniquité lui étant dévoilé, puisse-t-il lui inspirer un nouveau zèle pour les lois civiles, et une grande horreur pour l'égoïsme si commun aujourd'hui. Ces citoyens laborieux, croyant servir la cause du peuple, se forgèrent à eux-mêmes des fers ; et ceux qui voulurent s'élever aux premières dignités, y trouvèrent bientôt leurs supplices et leur mort, sans connoître la main des conspirateurs qui les frappoit, pour récompense des services qu'ils leur avoient rendus au commencement de la révolution.

Les séditieux, toujours fertiles en stratagèmes, et toujours féconds en injustices, pour mieux ruiner les riches négociants qui avoient le plus de crédit, rendirent l'infame loi du *maximum*, et dans un instant leurs maisons furent encombrées de vrais sans-culottes qui pillèrent leurs magasins et leur enlevèrent dans un clin-d'œil le fruit de leurs travaux et de leur industrie ; dans un moment, la gent mercantile perdit ses richesses et sa force. Les conspirateurs persécutèrent les marchands avec tant de cruauté, que la vile canaille qui les dépouilloit, joignoit les insultes et les menaces au vol manifeste qu'elle exerçoit. Elle paya une partie de la marchandise avec des assignats que les séditieux avoient distribués à cet effet à la populace : de mauvais traitements et de grossières injures furent le prétexte et le payement de la majeure partie des denrées. Ces furies s'enrichirent ainsi des dépouilles des vrais négociants ; avec les marchandises qu'elles avoient enlevées, elles garnirent des magasins pour revendre au public. Plusieurs marchands honnêtes cherchèrent leur salut dans la fuite ; d'autres tentèrent en vain de continuer leur profession, afin de chercher à réparer la spoliation des brigands qui gouvernoient alors ; mais les factieux redoutoient trop le crédit et l'influence des négociants honnêtes, pour permettre qu'ils continuassent de se livrer à aucune spéculation. Ils confièrent tout le commerce aux sans-culottes qu'ils maîtrisoient à leur gré, et dont les excès et les crimes étoient montés trop haut, pour qu'ils pussent jamais inspirer aucune confiance. Ils savoient d'ailleurs que l'honnêteté, la probité et la bonne foi sont la base du commerce, et ils ne choisirent pour marchands que des corsaires et des pirates : de cette manière, les conspirateurs ruinèrent non-seulement les meilleures maisons de commerce, mais ils anéantirent encore toute correspondance avec l'étranger, qui ne voulut plus avoir aucune relation avec les nouveaux marchands qui ne se livrèrent qu'à la fraude et l'injustice pour s'enrichir plus vite. Des marchands aussi immoraux firent tout servir pour satisfaire leur cupidité; ils devinrent insatiables, et ne s'attachèrent qu'à duper et à tromper, et le public et l'étranger. Le commerce se sentira long-temps de la plaie profonde et du coup mortel que le maximum a portés à la bonne foi et à l'industrie. Les négociants ne reconnurent leur imprudence d'avoir servi la cause de la révolution, que quand leur ruine fut consommée : ils ne s'aperçurent de la fourberie des conjurés, que lorsqu'ils furent anéantis sous leurs coups. Ainsi s'écroulèrent tout à coup les fortunes colossales des riches marchands, et, avec eux, la bonne foi et la probité. On dépouilla d'honnêtes gens pour enrichir de la véritable canaille, qui, fière aujourd'hui de ses rapineries, insulte audacieusement à ceux qu'elle a volés, dont une partie se trouve maintenant réduite à la plus affreuse misère.

Les conjurés, après avoir érigé le commerce en piraterie, avec les vains mots de liberté et d'égalité, portèrent encore la première atteinte à la liberté et à l'égalité, en violant partout le droit sacré de propriété. Les nouveaux possesseurs sont bien aises aujourd'hui qu'on les laisse jouir paisiblement de leur fortune rapide : nous en sommes également satisfaits, parce que la tranquillité de l'état et le bon ordre l'exigent impérieusement. Tel est le grand avantage que les méchants ont sur les bons : ceux-ci préfèrent souffrir pour conserver la paix; ils aiment mieux recevoir une injustice que de la commettre; les méchants, au contraire, ne peuvent demeurer en repos, ni y laisser les autres. Au surplus, leur morale étant entièrement opposée, il n'est pas étrange que leur conduite le soit aussi.

CHAPITRE XVII.

Vueishaupt met tant d'importance à son grade d'épopte, que pour ses grands mystères il soumet tous les aspirants à de nouvelles épreuves; il leur donne de nouvelles leçons, il leur fait de nouvelles questions, et il ne leur donne connoissance des hauts mystères qu'après les réponses satisfaisantes que les candidats lui ont données.

DE ces leçons sur les besoins à diminuer, Vueishaupt en vient au devoir de répandre ce qu'il appelle la lumière, pour entraîner le peuple vers l'indépendance. Celui, au contraire, dit-il, qui veut rendre les hommes libres, celui-là leur apprend à se passer des choses dont l'acquisition n'est pas en leur pouvoir; ils les éclaire, il leur donne de l'audace, des mœurs fortes, etc.

Si vous ne pouvez donner à la fois ce degré de lumière à tous les hommes, commencez au moins par vous éclairer vous-mêmes. Servez, aidez-vous, appuyez-vous mutuellement; augmentez votre nombre; rendez-vous au moins vous-mêmes indépendants, et laissez au temps et à la postérité le soin de faire le reste. Êtes-vous devenus nombreux à un certain point ? vous êtes-vous fortifiés par votre union ? n'hésitez plus, commencez à vous rendre puissants et formidables aux méchants, c'est-à-dire, à tous ceux qui résistent à vos projets. Dès le moment que vous serez assez nombreux

pour parler de force, et que vous en parlerez, les méchants, les profanes, commenceront à trembler. Pour
ne pas succomber au nombre, plusieurs deviennent
bons d'eux-mêmes comme vous, et se rangent sous
vos drapeaux. Bientôt vous êtes assez forts pour lier les
mains aux autres, pour les subjuguer et étouffer la
méchanceté dans son germe, c'est-à-dire, vous étoufferez
bientôt, dans leur principe même, toutes ces lois, tous
ces gouvernements, toutes ces sociétés civiles ou politiques, dont l'institution est pour l'illuminé le véritable germe de tous les vices et de tous les malheurs du
genre humain. Le moyen de rendre la lumière générale, n'est pas de la répandre à la fois dans tout le
monde : procurez d'abord du crédit à la secte, et sachez
mettre les puissances dans nos intérêts ; commencez par
vous éclairer vous-mêmes ; tournez-vous ensuite vers
votre voisin ; vous deux, éclairez-en un troisième, un
quatrième, et que ceux-ci étendent, multiplient de
même les enfants de la lumière, jusqu'à ce que le nombre et la force nous donnent la puissance à laquelle
nous aspirons.

Quelle tournure scélérate dans le choix des mots et
des expressions, quelles leçons captieuses pour lier par
de longues épreuves et par la foi du serment une multitude d'adeptes qui, devenus assez nombreux pour lier
les mains aux autres, se rendent encore assez forts et
assez puissants pour soumettre et subjuguer tous ceux
qui montreroient encore de l'attachement pour ces lois
et cette société civile que la secte demande à étouffer
dans les gouvernements, pour y établir le règne de l'impiété et de l'anarchie.

L'homme réfléchi découvre aisément la fourberie,
la sottise, la malice et la scélératesse des illuminés. Il
ne voit dans leurs leçons et leurs épreuves que le défi e
de la raison, la destruction de la morale et l'anéantissement de l'ordre social, qui sont les plus grands fléaux
dont un état puisse être frappé. Voilà ce que les illuminés appellent répandre la lumière. L'homme passionné,
amateur de nouveautés, se soumet à toutes ces humiliantes épreuves ; il souscrit à tout, il applaudit à tous leurs

sophismes. Il est vrai que les chefs profondément corrompus avoient grand soin de laisser ignorer à la multitude de
leurs adeptes leurs profonds mystères d'iniquités qui les
auroient soulevés d'indignation ; mais on peut facile
ment se convaincre de l'infamie et des abominations des
grands mystères, par les horreurs et la turpitude de ce
qu'ils appeloient les petits mystères que nous allons détail-
ler et dévoiler. L'infernal Vueishaupt, reprenant ses leçons sur la nécessité d'éclairer les peuples pour opérer la
grande révolution, s'exprime ainsi : Rendez-donc, dit-il
à l'initiant, l'instruction et la lumière générales ; par-là,
vous rendrez aussi générale la sûreté mutuelle : or la
sûreté et l'instruction suffisent pour se passer de princes et de gouvernements ; sans cela quel besoin en aurions-
nous donc ?

Voilà donc l'initié bien clairement instruit du grand
but auquel tend désormais toute l'instruction qu'il doit
répandre ; sa grand tâche actuelle est d'apprendre aux
peuples à se passer des princes et des gouvernements,
ou de toute loi et de toute société civile. Pour atteindre
ce but, le hiérophante l'instruit encore que c'est sur la
morale et sur la morale seule que doivent rouler toutes
ses leçons : car, si la lumière est l'ouvrage de la morale,
la lumière et la sûreté se fortifient à proportion que la
morale gagne. Aussi la vraie morale n'est-elle autre
chose que l'art d'apprendre aux hommes à devenir majeurs, à secouer le joug de la tutelle, à se mettre dans
l'âge de leur virilité, à se passer de princes ou de gouverneurs. Souvenons-nous de cette définition de la morale ; sans cela les mots d'honnêtes gens, de bons, de méchants, de vertu et de vices seroient inintelligibles dans
la bouche des adeptes. Avec cette définition seule, l'honnête homme est celui qui travaille à l'anéantissement
de la société civile, de ses lois et de ses chefs : le méchant,
c'est tout homme qui travaille au maintien de cette société ; c'est-à-dire, que dans tout le code des illuminés on
appelle vertu ce qui est vrai vice, et vice ce qui est véritable vertu. Si l'initié témoigne quelque crainte de ne
pouvoir faire goûter semblable doctrine au genre humain, le hiérophante lui adresse la leçon suivante.

Celui qui a des idées si étroites de sa propre essence et de la nature du genre humain, est bien arriéré dans les voies de la lumière; oh! il ne connoît guère la puissance de la raison et les attraits de la vertu. Si nous pouvons arriver à ce point, pourquoi un autre ne le pourroit-il pas? Quoi! l'on réussiroit à faire braver la mort aux hommes, on les échaufferoit de tout l'enthousiasme des sottises religieuses ou politiques, et la seule doctrine qui puisse les conduire à leur bonheur, seroit aussi la seule qu'il seroit impossible de leur faire goûter! Non, non, l'homme n'est pas aussi méchant que le fait une morale arbitraire: il est méchant, parce que la religion, l'état, les mauvais exemples le pervertissent; il seroit bon, si l'on cherchoit à le rendre meilleur, s'il étoit moins de gens intéressés à le rendre méchant, pour étayer leur puissance sur la méchanceté.

Pensons plus noblement de la nature humaine; travaillons avec courage; que les difficultés ne nous effraient pas; que nos principes deviennent l'opinion et la règle des mœurs; faisons enfin de la raison la religion des hommes, et le problème est résolu. Cette exhortation pressante rappellera sans doute au lecteur ces autels, ce culte et ces fêtes de la raison, où une impudique Vénus fut encensée dans nos temples, dans le cours des désastres et des fléaux de la France. Chacun s'étonnoit des abominations qui régnoient alors: on ignoroit que toutes ces infamies sortoient des instructions infernales de l'exécrable Vueishaupt; on méconnoissoit la tyrannie des illuminés qui nous persécutoient alors. On ne demande plus aujourd'hui de quel antre sont sortis tant d'impiété, tant de crimes et tant de forfaits. Le hiérophante, continuant ses leçons à son élève, lui dit: Puisque telle est la force de la morale, qu'elle peut seule opérer sans aide la grande révolution, ces grands changements qui doivent rendre la liberté au genre humain et abolir l'empire de l'imposture, de la superstition et des despotes, tu dois à présent concevoir pourquoi, dès leur entrée dans notre ordre, nous imposons à nos élèves une obligation si étroite d'étudier la morale, d'apprendre à se connoître eux-mêmes, à connoître les autres; tu dois voir que, si nous permettons à chaque novice de nous amener son ami, c'est pour former une légion, plus justement que celle des Thébains, appelée sainte et invincible, puisqu'ici les combats de l'ami, serrant les rangs auprès de son ami, sont les combats qui doivent rendre au genre humain ses droits, sa liberté et son indépendance primitive.

La morale qui doit opérer ce prodige n'est point une morale de vaine subtilité. Elle ne sera point cette morale qui, en dégradant l'homme, le rend insouciant pour les biens de ce monde, lui interdit la jouissance des plaisirs innocents de la vie, lui inspire la haine de ses frères. Ce ne sera point celle qui favorise l'intérêt de ces docteurs, qui prescrit les persécutions, l'intolérance, qui contrarie la raison, qui interdit l'usage prudent des passions, qui nous donne pour vertu l'inaction, l'oisiveté, la profusion des biens envers les paresseux. Ce ne sera point sur-tout celle qui vient tourmenter l'homme déjà assez malheureux, et le jeter dans la pusillanimité, dans le désespoir, par la crainte d'un enfer et de ses démons.

Ce doit être plutôt cette morale si méconnue aujourd'hui, si altérée par l'égoïsme, si chargée de principes étrangers; ce doit être cette doctrine divine, telle que Jésus l'enseignoit à ses disciples, celle dont il leur développoit le vrai sens dans ses discours secrets.

Cette transition conduit Vueishaupt au développement d'un mystère d'iniquité auquel on l'a vu préparer de loin et ses illuminés majeurs, et surtout ses illuminés chevaliers écossois. Pour l'intelligence de ce mystère, rappelons-nous comment ces frères insinuants et ces instituteurs commencent par jurer à leur candidat, à leur novice, à l'académicien minerval, que, dans toutes les loges de leur illuminisme, il n'est pas question du moindre objet contraire à la religion et aux gouvernements. Mais si dans les premières leçons on eût manifesté les principes infames et secrets de la secte aux adeptes, ils en eussent été indignés, et l'on n'auroit jamais pu parvenir à gagner cette multitude de dupes dont la secte avoit besoin pour arriver à son but. D'ailleurs, les

belles promesses qu'on leur faisoit dans le commencement se sont peu-à-peu perdues de vue; les élèves ont
eu le temps de s'accoutumer aux déclamations contre les
prêtres et contre les rois. Déjà il leur a été insinué que
les monarques ne sont que des despotes et des tyrans,
et que le christianisme ne leur a été insinué que pour
engraisser et enrichir les ministres de l'autel, et qu'enfin la religion fondée par Jésus-Christ n'est rien moins
que le christianisme du jour.

Il n'est pas encore temps de mettre Jesus-Christ lui-
même au nombre des imposteurs; son nom et ses vertus peuvent encore inspirer de la vénération à certains
de ses adeptes : il en est encore quelques-uns que l'athéisme dans toute sa crudité révolteroit. C'est pourquoi
Vueishaupt revient ici sur Jésus-Christ; dans les leçons
précédentes, il s'étoit contenté d'annoncer que la doctrine de ce divin maître avoit été altérée; il n'avoit pas
dit surtout de quelle révolution politique il prétend démontrer que toutes les bases religieuses de l'évangile
étoient susceptibles. C'est ici que l'exécrable sophiste de
l'illuminisme fait du Dieu des chrétiens le maître des jacobins, le père et le docteur des sans-culottes. Une propo-
sition aussi hasardée et aussi absurde, loin de gagner des
élèves à Vueishaupt, ne pouvoit que les éloigner; mais
voyons comment ils les ramène à sa fin dernière. Pour
mieux sentir toute la perfidie et la scélératesse du bavarois, lisons les confidences de l'adepte chargé de rédiger
les iniquités de Vueishaupt. Ce monstrueux adepte entre en confidence avec Zuach, à qui il écrit en ces termes : Pour réunir et pour mettre en action les hommes
qui détestent d'un côté toute révélation avec tous les élèves mêmes de l'illuminisme, où il se trouve quelques
hommes qui ont besoin d'une religion révélée pour fixer
leurs idées, pour faire concourir à notre objet ces deux
classes d'hommes, trouvez une explication du christianisme qui rappelle les superstitieux à la raison, et qui
apprenne à nos sages plus libres à ne pas rejeter la chose
pour l'abus; ce secret devroit être celui de la maçonnerie;
il nous conduiroit plus sûrement à notre objet. Cependant le déspotisme s'accroît chaque jour, et l'esprit de
liberté gagne aussi partout en même temps : il falloit

donc ici réunir les extrêmes. Nous disons encore ici que Jésus-Christ n'a point établi une nouvelle religion, mais qu'il a simplement voulu rétablir dans ses droits la religion naturelle; qu'en donnant au monde un lien général, en répandant la lumière et la sagesse de sa morale, en dissipant les préjugés, son intention étoit de nous apprendre à nous gouverner nous-mêmes, et de rétablir, sans les moyens violents des révolutions, la liberté, l'égalité parmi les hommes. Il ne s'agissoit pour cela que de citer divers textes de l'écriture et de donner des explications vraies ou fausses, n'importe, pourvu que chacun trouve un sens d'accord avec la raison dans la doctrine de Jésus. Nous ajoutons que cette religion si simple fut ensuite dénaturée, mais qu'elle se maintint par la discipline du secret, et qu'elle nous a été transmise par la franc-maçonnerie. Il suffit à la secte que vos raisons n'aient rien d'absurde, et qu'elles aient quelque apparence de vérité qui puisse leur donner de la confiance et empêcher toute contradiction évidente.

Ici, Vueishaupt donnoit à ses élèves des leçons qu'il ne pratiquoit pas lui-même; car il enseignoit dans les premiers grades qu'il n'y avoit rien dans la secte qui fût contraire à la religion et aux gouvernements; et nous verrons, dans les derniers mystères de l'illuminisme, que tous les secrets de la secte ne tendoient qu'à l'anéantissement de l'autel et du trône. Il est déjà facile à tout lecteur de se convaincre de cette importante vérité. Vueishaupt, voyant que plusieurs adeptes étoient attachés au vrai christianisme malgré toutes ses instructions, crut, pour achever de les convaincre, qu'il ne lui restoit plus que d'ajouter quelques mots contre le clergé et les princes, pour les attacher irrévocablement à la secte; et il le fit, de manière qu'il voulut donner ses hauts grades aux papes et aux rois, pourvu qu'ils eussent passé par les épreuves de l'illuminisme. Pour mieux parvenir à ses fins, il chercha à dévoiler aux adeptes cette pieuse frande, ensuite à démontrer par les écrits l'origine de tous les mensonges religieux, leur connexion, ou leurs rapports mutuels avec l'autorité des souverains.

Si le lecteur a la force de soutenir l'indignation qu'excite cette fraude prétendue pieuse, qu'il s'arme d'un courage héroïque pour supporter le reste des leçons que le hiérophante illuminé donne à ses initiés. Rentrons de nouveau dans l'antre des oracles rendus par le triple génie de l'impiété, de l'hypocrisie et de l'anarchie, et armons-nous de patience pour entendre les absurdités du perfide Vueishaupt.

Notre grand et à jamais célèbre maître, s'écrie l'infame bavarois, Jésus-Christ de Nazareth parut dans un siècle où la corruption étoit générale, au milieu d'un peuple qui sentoit vivement et depuis un temps immémorial le joug de l'esclavage. Les juifs, selon le hiérophante, étoient alors en servitude depuis un temps immémorial, comme si cette nation réduisoit toute son histoire au temps de sa captivité, comme si chacun avoit oublié sa liberté, ses triomphes, même sous Josué, sous David, sous Salomon, et ensuite sous d'autres rois. Vueishaupt ne voit que captivité dans les juifs, parce qu'il ne considère que les époques où Dieu les punissoit, et qu'il passe sous silence celles de leur splendeur et de leur gloire. Cette nation, dit-il, attendoit le libérateur annoncé par ses prophètes. Jésus-Christ vint enseigner la doctrine de la raison : pour la rendre plus efficace, il érigea cette doctrine en religion, et se servit des traditions reçues par les juifs ; il lia prudemment son école avec leur religion et leurs usages, en les faisant servir d'enveloppe à l'essence et à l'intérieur de sa doctrine. Ses premiers disciples ne sont point des sages, mais des hommes simples, choisis dans la dernière des classes du peuple, pour montrer que cette doctrine étoit faite pour tous, à la portée de tous, et que l'intelligence des vérités de la raison n'étoit pas un privilége réservé aux grands. Il n'enseigna pas aux juifs seulement, mais à tout le genre humain, la manière d'arriver à leur délivrance, par l'observance de ses préceptes ; il soutint sa doctrine par la vie la plus innocente, et la scella de son sang.

Les préceptes pour le salut du monde sont l'amour de Dieu et l'amour du prochain ; il n'en demanda pas davantage : personne n'a jamais, comme lui, rétabli et consolidé le lien de la société humaine dans ses véritables limites; personne ne s'est si bien mis à la portée de ses auditeurs, et n'a si prudemment caché le sens de sa doctrine. Personne enfin n'a frayé à la liberté des voies aussi sûres que notre grand maître Jésus de Nazareth. Il cacha, il est vrai, absolument en tout, ce sens sublime et ces suites naturelles de sa doctrine : car il avoit une doctrine secrète, comme nous le voyons par plus d'un endroit dans l'évangile qu'il nous a laissé pour servir d'oracle à sa loi sainte.

Vueishaupt, en décrivant toute cette histoire du Messie, se jouoit déjà d'avance de l'adepte initié, qui, fatigué de ses longues et ennuyeuses leçons, se laissoit volontiers prendre à ce ton hypocrite, pour arriver plutôt à la fin de cette affreuse comédie. De là cette impudence avec laquelle l'impie bavarois travestit ici tout l'évangile, pour y trouver d'abord cette école secrète, dont les vérités ne doivent être connues que des adeptes; il cite ces paroles de Jésus-Christ : Il vous a été donné de connoître les mystères du royaume des cieux, aux autres seulement en paraboles; mais il se garde bien de rappeler cet ordre de Jésus à ses disciples : Ce que je vous dis en secret, vous le publierez sur les toits. Il en vient enfin à ces paroles : Vous savez que les princes de ce monde aiment à dominer; il n'en sera pas de même de vous; que le plus grand se fasse le plus petit. De ce précepte et de tous les conseils de l'humilité chrétienne, le hiérophante fait les préceptes d'une égalité désorganisatrice, ennemie de toute la supériorité des trônes et des magisrats; mais il n'a garde encore de rappeler les leçons de Jésus-Christ et celles de ses apôtres si souvent répétées, sur le devoir de rendre à César ce qui est à César, de payer le tribut, de reconnoître l'autorité de Dieu même dans celle de la loi et des magistrats. Si Jésus-Christ a prêché l'amour fraternel, c'est encore l'amour de son égalité que Vueishaupt voit dans ce précepte; si Jésus-Christ exhorte ses disciples au mépris des richesses, c'est encore, dans l'explication du chef de l'illuminisme, pour préparer le monde à cette communauté de tous les biens, qui éteint toute propriété.

Ces discours empoisonnés sont autant de flèches envenimées qui blessent le cœur de ceux qui sont amateurs de nouveautés. Mais voyons la conclusion de ces explications impies et dérisoires : les effets sont encore plus meurtriers que les leçons, qui sont déjà de purs blasphèmes contre la loi divine. A présent, s'écrie le hiérophante, si le but secret de Jésus-Christ, maintenu par la discipline des mystères, et rendu évident par la conduite et par les discours de ce divin maître, étoit de rendre aux hommes leur égalité, leur liberté originelles, et de leur préparer les voies, combien de choses, qui paroissoient contradictoires et inintelligibles, deviennent claires et naturelles ? A présent, on conçoit en quel sens Jésus-Christ a été le sauveur, le libérateur du monde ; à présent s'explique la doctrine du péché originel, de la chûte de l'homme et de son établissement ; à présent on conçoit ce que c'est que l'état de pure nature, de la nature corrompue et le règne de la grâce. Les hommes, en quittant l'état de leur liberté originelle, sortirent de l'état de nature, et perdirent leur dignité ; dans leurs sociétés, sous leurs gouvernements, ils ne vivent donc plus dans l'état de la nature pure, mais dans celui de la nature déchue et corrompue. Si la modération de leurs passions et la diminution de leurs besoins les rendent à leur première dignité, voilà ce qui doit constituer leur rédemption et l'état de la grâce : c'est là que les conduit la morale et surtout la plus parfaite morale, celle de Jésus. C'est quand cette doctrine sera devenue générale, que s'établira enfin sur la terre le règne des bons et des élus.

Les interprétations, que Vueishaupt donne à ses adeptes, de l'évangile, n'ont pas besoin de réflexion ; elles démontrent assez la noirceur, la scélératesse et l'impiété de son auteur. Son langage et ses leçons expliquent clairement les mystères des sociétés secrètes. Il ne reste plus à l'initié qu'à savoir comment la révolution qu'ils annoncent est devenue l'objet des sollicitudes de ces mêmes sociétés, et les avantages qu'elles retireront de leur mystérieuse existence.

Pour parvenir à ses fins, et pour l'instruction de ses élèves, le hiérophante fait de la franc-maçonnerie la première école dépositaire de la vraie doctrine ; la pierre brute des maçons devient, pour lui, le symbole du premier état de l'homme sauvage, mais libre. Leur pierre fendue ou brisée, est l'état de la nature dégradée des hommes en sociétés civiles, ne faisant plus une même famille, mais divisés suivant leur patrie, leurs gouvernements et leurs religions. La pierre polie représente l'homme rendu à sa première dignité, à son indépendance. Mais la maçonnerie n'a pas seulement perdu ses explications ; l'orateur illuminé va bientôt la couvrir des mêmes malédictions que les prêtres et les tyrans.

Les franc-maçons, s'écrie le hiérophante, comme les prêtres et les chefs des peuples, bannissent du monde la raison ; la terre se trouve par eux inondée de tyrans, d'imposteurs, de spectres, de cadavres et d'hommes semblables aux bêtes féroces. Vueishaupt a tellement en horreur jusqu'au nom d'une divinité quelconque, qu'il ne ménage pas plus le grand architecte, le double dieu des franc-maçons, que le dieu des chrétiens ; il ne veut que l'athéisme pur ; c'est pourquoi il déclame si ouvertement contre tous ces esprits, ces apparitions et toutes les superstitions de la franc-maçonnerie qui conservent quelque apparence de religion ; il prétend que le seul vrai christianisme ne peut plus se trouver que dans l'illuminisme. Mais, ajoute le hiérophante, en s'adressant à l'initié, ne crois pas que cet avantage soit le seul que nous retirons, nous et l'univers, de notre association mystérieuse. La leçon est importante ; elle mérite d'être approfondie et méditée. Que les magistrats, les chefs des peuples, que tous les hommes à qui il reste un véritable attachement pour le maintien des lois, des empires et de la société civile ; qui que vous soyez, honnêtes citoyens, lisez, réfléchissez ; vous, surtout, pour qui les mystères des loges ont encore des attraits, méditez ces autres avantages que le rusé, le perfide Vueishaupt va décrire par la bouche de ses initiants. Ce n'est pas nous qui donnons ces leçons ; c'est l'homme du monde qui a le mieux connu les assemblées secrètes, et le parti que savent en tirer d'habiles et pernicieux conspirateurs. Lisez, et dites-nous ce qui vous est le plus précieux, ou le plaisir que vous offrent vos loges, ou les dangers de la patrie. Lisez, et si le nom de citoyen vous est encore cher, voyez si le vôtre doit encore rester inscrit sur la liste des sociétés secrètes. Vous n'avez pas connu vos dangers : le plus monstrueux des conspirateurs va vous les décrire comme ses avantages. C'est en ces termes qu'il continue : Ces sociétés mystérieuses, quand même elles n'arriveroient pas à notre but, elles nous préparent les voies, elles donnent à la chose un nouvel intérêt, elles dévoilent des points de vue jusqu'alors inconnus. Elles réveillent le génie de l'invention et l'espoir des hommes, elles les rendent plus indifférents sur l'intérêt des gouvernemens, elles ramènent les hommes de diverses nations et religions à un lien commun, elles enlèvent à l'église et à l'état les meilleures têtes et les plus laborieuses, elles rapprochent des hommes qui, sans elles, peut-être ne se seroient jamais connus. Par cela seul, elles minent, sapent les fondements des états, quand même elles n'en auroient pas le projet; elles les heurtent, elles les froissent les unes contre les autres; elles font connoître aux hommes la puissance des forces réunies; elles leur dévoilent les imperfections de leurs constitutions, sans nous exposer aux soupçons de nos ennemis, tels que les magistrats et les gouvernemens publics; elles marquent notre marche, et nous donnent la facilité de recevoir dans notre sein, d'incorporer à nos projets, après l'épreuve convenable, les meilleurs sujets et des hommes long-temps abusés et haletants après le but. Par là, elles affoiblissent l'ennemi; quand même elles n'en triompheroient pas, au moins diminuent-elles le nombre; elles ralentissent le zèle de ses défenseurs; elles divisent ses troupes pour cacher l'attaque; à proportion que ces nouvelles associations des sociétés secrètes, formées dans les états, augmentent en force et en prudence aux dépens de la société civile, celle-ci s'affoiblit, et doit nécessairement tomber à mesure que les autres prennent de l'accroissement.

De plus, notre société est née et devoit naître naturellement et essentiellement de ces mêmes gouvernemens; tous les vices ont rendu notre union nécessaire; nous n'avons pour objet que ce meilleur ordre de choses pour lequel nous travaillons sans cesse ; tous les efforts des princes pour empêcher nos progrès seront donc pleinement inutiles. Cette étincelle peut long-temps encore couver sous la cendre ; mais certainement le jour de l'incendie arrivera, car la nature se lasse de jouer toujours le même jeu. Plus le joug de l'oppression s'appesantit, plus ils cherchent eux-mêmes à le secouer , et plus la liberté qu'ils cherchent doit s'étendre , plus ils doivent la propager. La semence est jetée d'où doit sortir un nouveau monde ; ses racines s'étendent , elles se sont déja trop fortifiées, trop propagées, pour que le temps des fruits n'arrive pas. Peut-être faudra-t-il encore attendre des mille et des mille ans ; mais tôt ou tard la nature consommera son œuvre ; elle rendra au genre humain cette dignité qui fut sa destinée dès le commencement pour être sa félicité.

Vous l'avez entendu, lecteur : les conspirateurs eux-mêmes en ont plus dit que nous n'aurions osé en présager sur la nature et les dangers de sociétés secrètes ; ils nous ont plus instruits sur leurs infernales associations, que n'auroient pu faire les écrivains célèbres, vrais, mais moins versés dans l'art d'égarer et de séduire les peuples par le mensonge et l'artifice, moyens infames que les séditieux philosophes ont constamment employés pour tromper leurs adeptes. Il est même étonnant que ces hommes aient pu prendre tant de peine et travailler si long-temps avec fureur et acharnement à leur propre ruine et à celle du genre humain ; car la fin de tous leurs pénibles travaux ne pouvoit aboutir qu'à précipiter ces prétendus esprits forts , avec tous leurs adhérents.

De telles leçons apprennent à l'homme de quoi sont capables des cœurs corrompus, animés d'un fol orgueil, et maîtrisés par tous les vices : ils s'agitent, ils se tourmentent pour leur propre perte et celle de la société ; tant il est vrai que les méchants ne peuvent demeurer en repos ni y laisser les autres. Nous voyons, d'après les aveux des conspirateurs eux-mêmes , qu'ils ne travailloient avec tant de zèle et tant d'ardeur à l'établissement et à la propagation des sociétés secrètes, que pour amener un bouleversement général, et hâter la ruine des états et des empires. Malgré toute l'activité que le hiérophante met pour accélérer les désastres qui doivent entraîner la perte de tout gouvernement, voyons à présent avec quel artifice il cherche à tranquilliser la conscience de ses adeptes, que ses dernières instructions pourroient alarmer : sa scélérate hypocrisie suggère encore les leçons suivantes à l'apostat bavarois.

Nous sommes ici, nous, observateurs et instruments de ces travaux de la nature ; nous ne voulons pas précipiter les suites : éclairer les hommes, corriger leurs mœurs, leur inspirer la bienfaisance, voilà tous nos moyens. Assurés d'un succès infaillible, nous nous abstenons de toute secousse violente : il suffit à notre bonheur d'avoir prévu de loin celle de la postérité qui doit la régénérer, et d'en avoir jeté les fondements par des moyens irréprochables. La paix de notre conscience n'est point troublée par des reproches amers de travailler à la ruine, à la chute, au bouleversement des états et des trônes. Ce reproche ne seroit pas mieux fondé contre nous, que celui que l'on feroit à un homme d'état que l'on accuseroit d'avoir causé la ruine de son pays, parce qu'il auroit prévu cette perte infaillible et sans ressource. Comme assidus observateurs de la nature, nous admirons son cours majestueux ; et pleins du noble orgueil de notre origine, nous nous félicitons d'être enfants des hommes et de Dieu.

Mais ici prends garde, et observe le bien. Nous ne violentons pas les opinions ; nous ne te forçons pas de te rendre à notre doctrine : ne t'attache à personne qu'à la vérité reconnue. Homme libre, use ici de ton droit primordial ; cherche, doute, examine : sais-tu ou trouves-tu ailleurs quelque chose de mieux ? fais-nous part de tes vues, comme nous t'avons communiqué les nôtres. Nous ne rougissons pas des bornes de notre être ; nous savons que nous sommes hommes ; nous le savons, telle est la disposition de la nature, tel est le partage de l'homme. Il n'est point fait pour atteindre tout-à-coup au meilleur : il ne peut avancer que par degrés : c'est en nous instruisant par nos fautes, c'est en profitant des lumières acquises par nos pères, que nous deviendrons et les enfants de la sagesse, et les pères d'une postérité plus sage encore. Si donc tu crois avoir trouvé la vérité dans toute notre doctrine, reçois-la toute entière ; si tu vois quelque erreur s'y mêler, la vérité n'en reste pas moins précieuse ; si rien ici n'a pu te plaire, rejette tout sans crainte, et pense que, pour bien des choses au moins, nous n'avons besoin peut-être que de recherches ultérieures, d'un nouvel examen. Crois-tu y trouver des choses à blamer, des choses à louer ? vois et choisis ce que tu approuves. Es-tu même un mortel plus éclairé ? Là, où la vérité se cache, ton œil l'aura sans doute découverte. Plus l'art que nous mettons dans l'instruction de nos élèves les raproche de la sagesse, moins tu croiras devoir nous refuser quelques éloges.

Ainsi se termine le discours du hiérophante. L'initié qui, non content de l'entendre sans frémir, y a applaudi, peut se croire propre au nouveau sacerdoce, et les chefs peuvent l'admettre en sûreté au grade d'épopte. Il est digne de recevoir l'onction sacrilège ; mais avant de la lui conférer il est conduit au vestibule : là il est revêtu d'une tunique blanche ; une large bande de soie écarlate lui sert de ceinture ; une lizière de la même couleur, à l'extrémité et au milieu du bras, est attachée et fait bomber les manches : sous cet accoutrement, l'épopte est rappelé dans la salle des mystères. Un des frères accourt, et ne lui permet d'avancer qu'après lui avoir dit : Je suis envoyé pour savoir si vous avez bien entendu le discours qui vous a été lu, si vous avez quelques doutes sur la doctrine qu'il renferme, si votre cœur est bien pénétré de la sainteté de nos principes ; si vous vous sentez la vocation, la force d'esprit, la bonne volonté et tout de désintéressement requis pour mettre la main à ce grand œuvre ; si vous êtes disposé au sacrifice de votre volonté, et à vous laisser conduire par nos très-excellents supérieurs. Si les réponses du récipiendaire sont satisfaisantes aux sectaires, l'on procède à la réception de l'initié pour le grade d'épopte, par une singerie de la plus dégoûtante impiété. Dans les premières instructions du hiérophante, Vueishaupt disoit à ses adeptes : Liez les mains aux autres, afin de les mieux subjuguer. Le rit du grade précédent étoit une dérisoire imitation de la scène eucharistique. La cérémonie de celui-ci est une atroce singerie de l'onction sacerdotale. Un voile se lève; on voit un autel surmonté d'un crucifix; sur l'autel est une bible; sur un pupitre le rituel de l'ordre; à côté est un encensoir, plus une fiole remplie d'huile. Le doyen, faisant les fonctions d'évêque, est entouré d'acolytes: il prie sur l'initié, le bénit; il lui coupe quelques cheveux sur le sommet de la tête, le revêt des ornements sacerdotaux, en prononçant des prières selon le sens de la secte. Il lui ajuste en outre un bonnet sur la tête, en lui disant: Couvre-toi de ce bonnet, il vaut mieux que la couronne des rois. Les jacobins se servoient des mêmes expressions, lorsqu'ils prirent tous le bonnet rouge. Pour la communion, le doyen donne à l'initié un rayon de miel et un peu de lait, en disant: Voilà ce que la nature donne à l'homme; pense combien il seroit encore heureux, si le goût des superfluités, en lui ôtant celui d'une nourriture si simple, n'avoit multiplié ses besoins en empoisonnant ce baume de la vie. La cérémonie se termine en livrant au nouvel épopte la partie du code propre à son grade.

Nous avons décrit le costume du sacerdoce illuminé, parce que c'est précisément sous ce travestissement qu'un des histrions de la révolution françoise, prenant Dieu à témoin, lui crioit dans nos temples: Non, tu n'existes pas; si la foudre est à toi, prends-la donc: lance-la sur celui qui te brave en face de tes autels; mais non, je blasphème et je respire, non tu n'existes pas. L'initié n'est reçu au grade d'épopte, qu'en approuvant les mêmes blasphèmes. Nous avons épargné au lecteur la dégoûtante impiété de la cérémonie qui succède aux réponses de l'initié. Ceux qui seront curieux de la connoître, la trouveront décrite tout au long dans les nouveaux travaux de Vueishaupt et de Knigge; le premier déguisé sous le nom de Spartacus, et l'autre sous celui de Philon.

Les méchants ont toujours recours à la calomnie pour tâcher de se venger des ennemis de leurs désordres. Ils ne peuvent souffrir qu'on les reprenne, encore bien moins qu'on les méprise. Ils s'emportent comme des furieux contre ceux qui ne rendent pas à la philosophie l'honneur qu'ils prétendent lui être dû. Ils veulent les louanges et les dignités pour eux seuls ; ils travaillent avec art et artifice à attirer dans leur parti les hommes puissants ; ils cherchent à perdre de réputation et de crédit ceux qui les contredisent. La calomnie prend sa source dans la fureur et la malice des hommes : elle ne peut se propager que par des langues envenimées, qui osent blâmer jusqu'aux vertus chrétiennes. L'institution des sociétés secrètes est de tout bouleverser pour tout détruire, et pour mieux arriver à leur fin désastreuse, ils emploient avec fureur la calomnie, les railleries, les insultes et les persécutions contre les gens de bien qui ne partagent pas leurs complots criminels. Les chefs des sectaires, dans leurs antres ténébreux, forment et instruisent leurs élèves dans l'iniquité ; ils ont soin de les garrotter par des serments exécrables et par différentes épreuves avilissantes, pour les mieux enchaîner aux crimes et aux forfaits qu'ils méditent en secret, et auxquels ils les préparent par degrés, pour les conduire insensiblement au règne de l'impiété et de l'anarchie. Ils n'ignorent pas qu'ils ne peuvent triompher que dans le trouble et le désordre, que leur règne est toujours accompagné d'orages terribles ; ils savent qu'ils ne peuvent fixer leur empire que par artifice et par violence ; qu'il est toujours précédé de cruelles agitations, suivies de secousses violentes et de déchirements qui font la perte et la ruine des états. N'importe, les sectaires n'en suivent pas moins, avec une fureur et un acharnement incroyables, les leçons qu'ils ont reçues dans leurs infâmes repaires. Les impies ne doutent pas que Dieu n'ait en horreur ceux qui refusent de rendre à son Fils unique les mêmes honneurs qu'à lui, et cette vérité frappante, qu'ils affectent d'étouffer avec violence et qu'ils se plaisent à méconnoître lorsqu'ils sont pleins de vie, se réveille lorsqu'ils sont malades, et se fait sentir plus vivement à mesure que leurs forces les abandonnent. C'est ce qui rend la mort si redoutable aux méchants ; c'est ce qui leur occasionne ces craintes, ces angoisses douloureuses qu'ils éprouvent dans leurs derniers moments, et ces

déchirements qui accompagnent toujours l'impie mourant.

Voilà à quoi aboutissent les travaux des sectaires ;
voilà où mènent les leçons de la philosophie ; voilà où
conduisent les interprétations que Vueishaupt donne à
ses adeptes sur l'évangile. Ses instructions n'ont pas
besoin d'autres réflexions : elles démontrent assez la scélératesse et l'impiété de leur auteur. Son langage et ses
leçons expliquent assez les mystères des sociétés secrètes. Il ne reste plus à l'initié qu'à savoir comment la
révolution qu'ils annoncent est devenue l'objet de ces
mêmes sociétés, et les avantages qu'elles retireront de
leur mystérieuse existence.

Les mystères dont les sectaires enveloppent leurs leçons suffisent à l'homme probe et honnête, non-seulement pour lui inspirer des craintes et de la méfiance,
mais ils lui prouvent encore invinciblement le venin de
leurs instructions et la scélératesse de leurs pernicieuses maximes ; les sectaires obstinés se rendent eux-mêmes dignes de mépris et de confusion. La vanité séduit
les philosophes, elle les tient tous enchaînés dans l'a-
veuglement ; ils affectent tous de se rendre les tyrans
de la vertu. Malgré tous leurs efforts, malgré leur fureur et leur rage, il n'ont pu ébranler la fermeté du
clergé de France : il s'est constamment opposé avec
force et avec courage aux progrès de la philosophie,
pour le maintien des lois de l'Eglise ; toutes les menaces
des méchants ont été vaines, quoiqu'ils ne pensent qu'à
nuire, jusqu'à ôter la vie à celui qui a le courage de
les contredire. Le clergé de France a toujours confirmé,
par l'austérité de ses mœurs et par une conduite pure et
irréprochable, la lumière de la foi et la sainteté des vérités de l'évangile ; il ne regardoit même pas comme
un malheur d'encourir la haine et la fureur des philosophes pour la défense du christianisme. Les sectaires
pensoient au contraire que les mauvais traitements et
les persécutions qu'ils lui faisoient essuyer ajoutoient
à leurs triomphes, tandis qu'ils conduisoient plus sûrement à Dieu les apôtres de l'évangile ; les tourments,
loin d'affoiblir leur zèle et leur courage, n'ont servi qu'à

les enflammer davantage ; loin de se plaindre , ils se sont réjouis, ils sont demeurés fermes dans la piété et inébranlables dans la vertu. Ils prenoient tous les moyens pour conserver leurs cœurs et leurs corps dans une pureté digne du Dieu à qui ils appartenoient , et digne de la gloire qu'ils espéroient: leurs cœurs étant les conquêtes de la grâce du Seigneur , ils ne craignoient rien tant que de lui échapper ou d'être privés un instant de ses douceurs et de ses consolations ; ils étoient bien affermis dans la foi , ils ne cherchoient qu'à établir dans leurs cœurs le règne de la souveraineté divine. Entièrement soumis aux volontés du créateur, ils avoient une confiance absolue en ses bontés, et une fidélité constante aux mouvements et aux inspirations de sa grâce ; par une extrême dévotion et un ardent amour , ils brûloient du désir d'être bientôt réunis à leur Dieu , avec tout le zèle et toute l'affection dont leurs cœurs étoient capables ; ils faisoient au Seigneur, avec un profond respect et une extrême ardeur , le sacrifice d'eux-mêmes et de tout ce qui leur appartenoit.

Les simples fidèles , aujourd'hui, n'ont pas moins besoin de fermeté pour résister aux attaques que les enfants du siècle ne cessent de livrer aux vertus chrétiennes. Mais espérons que l'exemple des fidèles ministres du Seigneur les animera , et qu'ils sauront comme eux faire servir à leur propre avantage , à la gloire de Dieu et au triomphe de la religion catholique , les pièges que leur tendent encore aujourd'hui les sectaires et les philosophes. Si les persécutions ont cessé , les dangers existent toujours; et ils subsisteront tant que la philosophie et les sociétés secrètes existeront.

Pour pouvoir se livrer au repos et jouir long-temps du calme, il faut poursuivre sans relâche les ennemis de la paix et du bon ordre , jusques dans leurs derniers retranchements ; il faut leur ôter toute autorité et tout moyen de nuire. Alors seulement les citoyens vertueux, paisibles et honnêtes pourront se croire en sûreté ; mais tant que les méchants ne feront que sommeiller, qu'ils entretiendront leurs infames correspondances, tant que leur infernale association existera, la société , l'autel et le trône seront toujours chancelants et proches de leur ruine. Nous pouvons nous attendre à voir sous peu les philosophes et les sectaires se répandre comme des barbares, portant partout le fer et le feu, ravageant nos campagnes, incendiant nos villes, brisant les monuments des arts, traînant à leur suite l'ignorance et le siècle de fer, dépeuplant les empires, laissant partout des ruines, des décombres, des traces désolantes de leur frénésie dévastatrice ; nous verrons alors dans les forêts des hommes épars, des sauvages, des hommes pires que les tigres, les lions et les bêtes féroces à qui seuls elles sont destinées.

Philosophes et sociétés secrètes, voilà où tendent toutes vos instructions mystérieuses, à rompre tous les liens qui unissent les hommes entre eux, pour ne plus former que des hordes éparses de brigands et d'assassins ; de civilisés qu'il étoient, ils ne seront plus qu'une troupe de cannibales toujours prêtes à se déchirer et à s'entr'égorger. Voilà où conduisent vos leçons secrètes, à faire de l'homme doux et honnête un monstre de la nature, plus inhumain et plus cruel, que les animaux les plus carnassiers et les plus voraces. Philosophes et sectaires, voilà un foible tableau des fléaux et des ravages de l'homme sauvage que vous peignez à vos adeptes comme l'homme par excellence, comme un homme libre et heureux : dans vos instructions secrètes, vous nommez doux ce qui est amer ; peu vous importe que l'univers entier périsse, pourvu que vos principes subsistent. Vous ne vous contentez pas de parfumer vos têtes avec l'huile du pécheur ; vous voudriez encore entraîner la multitude dans vos impiétés et vos abominations.

Au grade d'épopte, par une singerie atroce, vous vous revêtez des habits des prêtres : enveloppez-vous plutôt de leur innocence et de leur vertu ; vous empruntez les dehors des ministres du Seigneur, pour mieux tourner en ridicule leurs mœurs pures et leur sainte doctrine ; par une cérémonie sacrilège, vous faites servir à l'abomination des abominations les vêtements des prêtres que ceux-ci n'emploient que pour rendre leurs hommages et un culte pur au Très-Haut ; au lieu de vous contenter de l'écorce de la religion catholique, cherchez plutôt sa doctrine et toutes les vertus qu'elle commande, et que ses fidèles ministres enseignent et pratiquent avec tant de zèle. Que les sectaires et les philosophes trouvent dans leurs sociétés secrètes de pareils héros de morale et de vertus chrétiennes ; qu'ils confirment par l'austérité de leurs mœurs et par la sainteté de leur vie la lumière de la foi et la sainteté de l'évangile ; qu'ils nous prêchent par l'exemple et la pratique, comme ces courageux ministres du Seigneur qui sacrifioient tout pour la défense de la doctrine chrétienne ; alors, mais seulement alors, nous pourrons entendre et leurs leçons, et leurs instructions : ils n'auront plus besoin des ombres de la nuit pour favoriser leurs associations secrètes ; ils pourront enseigner en public de semblables maximes, même sur les toits : alors ils cesseroient d'être les ennemis de la religion, de la société et des gouvernements.

Mais hélas ! il est ordinaire aux chefs de l'impiété de s'abandonner aux plus grands excès ; mais il est bien rare qu'ils cherchent à les réparer par la pénitence. Armons-nous de courage pour continuer leurs instructions jusqu'à la fin. Au grade d'épopte succède celui de régent ou de prince illuminé ; si les leçons dégoûtantes de ce haut grade révoltent l'homme de bien, la peine de les décrire est encore plus ennuyeuse : les excès amènent d'autres excès, un abîme conduit toujours dans un plus grand abîme. Quoiqu'il paroit qu'il soit difficile d'inventer rien de plus impie et de plus criminel que ce que nous avons déjà annoncé dans les grades précédents, nous verrons cependant, dans celui-ci, que les illuminés n'y avoient pas épuisé toute leur scélératese : par des sacrilèges abominables, ils ont déjà déshonoré les saints mystères ; au grade de régent ou de prince illuminé, ils fouleront aux pieds Dieu lui-même.

Venez, ames justes, venez, ministres du Dieu : adorons et pleurons de concert ; adorons le Dieu saint, le Dieu fort, le Dieu des vertus ; mais pleurons, gémissons, fondons en larmes sur les outrages qu'il reçoit

dans les sociétés secrètes. Ne nous consolons jamais de voir son cœur adorable, si souvent, si griève-
ment, si criminellement offensé. La morale et la doctrine de notre divin maître y sont également défigu-
rées, avilies et outragées : de telles écoles, loin de
former des chrétiens, ne peuvent enfanter que de vrais
démons ; elles n'ont été inventées que par des monstres
dévorants, pour ravager et désoler la société, ou par
Satan, pour peupler l'enfer. Mais prenons courage, et
écoutons encore des dégoûtantes leçons que l'on donne
au régent ou prince illuminé.

CHAPITRE XVIII.

Les régents ou princes illuminés. — Leurs épreuves et leurs devoirs à remplir envers la secte. — Les leçons que Vueishaupt leurdonne sont le comble de l'impiété, de la scélératesse et des abominations.

Lorsqu'un des époptes se distingue assez par son habilité et par un entier dévouement aux plans et aux intérêts de la société, le supérieur de la province le propose alors à l'inspecteur national comme digne d'être admis au grade de régent, qui doit encore observer trois choses essentielles : d'abord il doit être extrêmement réservé sur ce grade; en second lieu, autant que possible, il doit être libre, indépendant de tout prince ; enfin il faut surtout qu'il ait toujours manifesté un grand mécontentement de la constitution commune ou de l'état actuel du genre humain ; qu'il soupire depuis long-temps après un autre ordre de choses, ou après une autre manière de gouverner le monde. Il faut qu'on s'aperçoive combien les leçons qu'on lui a données dans le grade de prêtre ont échauffé son ame, par l'espoir d'un meilleur ordre de choses.

Quand même le candidat réunit tous ces avantages pour la secte, l'inspecteur national examine encore avec soin sa conduite et son caractère, ainsi que ses réponses aux diverses questions qui lui ont été faites : il lui adresse encore les leçons suivantes.

1°. Croiriez-vous blâmable une société qui, en attendant que la nature ait mûri ses grandes révolutions, se placeroit dans une situation propre à mettre les monarques du monde hors d'état de faire le mal, quand même ils le voudroient ; une société dont la puissance invisible empêcheroit les gouvernements d'abuser de leurs forces ? Seroit-il impossible que les chefs des états fussent gouvernés eux-mêmes invisiblement par cette société ; qu'ils ne fussent que les ministres, les instruments de cette société, dans le gouvernement de leurs états ?

2°. Si l'on nous objecte l'abus qu'une pareille société pourroit faire de sa force, l'objection n'est-elle pas démontrée injuste et suffisamment réfutée par les considérations suivantes. Les gouvernements actuels du peuple n'abusent-ils pas journellement de leur puissance, et ne garde-t-on pas le silence sur ces abus ? Cette puissance, entre leurs mains, est-elle cependant aussi en sûreté qu'entre celles des adeptes que nous prenons tant de peine à former ? Si donc il peut y avoir un gouvernement incapable de nuire, ne sera-ce pas celui de notre ordre, appuyé comme il l'est tout entier sur la moralité, la prévoyance, la sagesse, la liberté et la vertu ?

3°. Quand même cette espèce de gouvernement moral seroit une chimère, ne vaudroit-il pas au moins la peine d'en faire l'essai ?

4°. L'homme le moins confiant ne trouveroit-il pas au moins un garant suffisant contre tout abus de puissance de la part de notre société, dans la liberté seule de la quitter à chaque instant, dans le bonheur d'avoir des supérieurs éprouvés, inconnus en partie les uns aux autres, et par conséquent hors d'état de combiner entre eux des trahisons du bien général, des supérieurs que la crainte des chefs actuels des divers empires empêcheroit d'ailleurs de faire le mal, ou de chercher à nuire ?

5°. Y auroit-il encore d'autres moyens secrets de prévenir l'abus de l'autorité que notre ordre donne à nos supérieurs ? quels seroient ces moyens ?

6°. En supposant ici le despotisme, seroit-il dangereux dans des hommes qui, dès le premier pas que nous faisons dans l'ordre, ne nous prêchent qu'instruction, liberté et vertu ? Ce despotisme ne cesseroit-il pas d'être suspect, par la raison seule que ceux des chefs qui auroient des projets dangereux, se trouveroient avoir commencé une machine et l'avoir disposée en opposition à leur objet ?

Pour sentir à quoi tend la futilité de toutes ces questions, rappelons-nous que la secte met la liberté et le bonheur général dans l'état de nature de l'homme sauvage; souvenons-nous aussi que la morale, par les leçons précédentes, n'est autre chose que l'art d'apprendre aux hommes à secouer le joug de leur minorité, à se passer de princes ou de gouverneurs, et à se gouverner eux-mêmes. Cette leçon bien conçue, toutes les questions de l'inspecteur national se réduisent à celles-ci. Seroit-elle bien dangereuse, la secte qui, sous prétexte d'empêcher les chefs du peuple, les rois, les ministres, les magistrats, de nuire au peuple, commenceroit par s'emparer de l'esprit de tous les alentours des rois, des magistrats et des ministres, ou chercheroit à captiver, par une puissance invisible, tous les conseils, tous les agents de l'autorité publique, pour rendre aux hommes les prétendus droits de leur majorité, pour apprendre à chacun à se passer des princes et à se gouverner soi-même, c'est-à-dire pour détruire tout roi, toute loi, tout ministre, tout magistrat et toute autorité publique, pour la faire passer entièrement au pouvoir de la secte ?

Le candidat, déjà assez préparé par les leçons précédentes, loin d'être révolté par le vrai sens de toutes ces questions, y applaudit au contraire dans toutes ses réponses, afin d'obtenir le nouveau grade. Il est aisé de voir combien toutes ces instructions se sentent du génie désorganisateur de Vueishaupt, et de toute sa haine pour l'autorité légitime. C'est pourquoi il les donne à son confident Zuach pour infiniment plus importantes que celles du grade antérieur. Le hiérophante donne le nom de prince au grade qu'il fait servir, par ses leçons, à secouer l'autorité légitime, et à se passer de prince pour se gouverner soi-même, comme il appelle le grade de prêtre, celui où il apprend à ses adeptes l'impiété et l'irréligion, en faisant eux-mêmes les fonctions de prêtre et de pontife. Sans avoir été à son école, nous avons appris à nos dépens combien l'autorité, dans les mains des sectaires, a été funeste à la société pendant le cours de la révolution ; et la France aura long-temps à gémir sur les plaies profondes que ces maîtres impitoyables lui ont faites ; elle aura long-temps à pleurer les outrages faits à la religion, aux bonnes mœurs et à la vertu pendant le court règne des sectaires, qui fut tout à la fois le règne de l'impiété et de la barbarie : il dura aussi long-temps que leurs mains féroces et meurtrières conservèrent le pouvoir qu'elles avoient envahi. Comme la multitude, en France, a éprouvé la malice, la fureur et la rage des séditieux, la multitude peut aussi en parler pertinemment et par expérience. Ne craignons pas plus d'être démentis sur ce fait que sur tous les autres. Nous avons déjà vu que Vueishaupt s'étudie à faire du prince un séditieux et un rebelle : prenons patience, et voyons ce qu'il veut encore lui apprendre pour l'admettre à ce grade élevé.

Lorsque l'admission du nouvel adepte est résolue, il est averti qu'allant désormais se trouver dépositaire de divers papiers de l'ordre, d'une bien plus grande importance que ceux qui lui ont été confiés jusqu'ici, il faut aussi que l'ordre soit rassuré par de plus grandes précautions. Il faut qu'il fasse son testament, et que là il exprime bien spécialement ses dernières volontés sur les papiers secrets qui pourroient se trouver chez lui si la mort venoit à le surprendre. Il faut qu'il se munisse, de la part de sa famille ou d'un magistrat public, d'un reçu juridique de la déclaration qu'il aura faite sur cette partie de son testament ; il faut qu'il en reçoive par écrit la promesse que ses intentions seront remplies.

Le jour de l'initiation est ensuite fixé. La première station du candidat est une antichambre tapissée d'un drap noir. Pour tout ornement, il s'y trouve le squelette d'un homme élevé sur deux gradins. Aux pieds de ce squelette est une couronne avec une épée. On demande d'abord à l'adepte la déclaration écrite de ses dernières dispositions sur les papiers qui lui seront confiés, et la promesse juridique qu'il doit avoir reçue pour s'assurer que ses intentions seront remplies. Là, enfin, les mains du récipiendaire sont chargées de chaînes comme celles d'un esclave, et on le livre à ses méditations. Le provincial de l'ordre, faisant les fonctions de frère initiant, se trouve seul et assis sur un trône dans un premier salon. L'introducteur, qui a livré son candidat à ses méditations, entre enfin dans ce premier salon ; et, entre le provincial et lui, commence le dialogue suivant d'une voix assez forte pour que l'adepte n'en perde pas un mot.

LE PROVINCIAL. Qui nous a amené cet esclave ?

L'INTRODUCTEUR. Il est venu de lui-même.

LE PROVINCIAL. Que veut-il ?

L'INTRODUCTEUR. Il cherche la liberté, et demande à être délivré de ses fers.

LE PROVINCIAL. Pourquoi ne s'adresse-t-il pas à ceux qui l'ont enchaîné ?

L'INTRODUCTEUR. Ceux-là refusent de briser ses liens : ils tirent un trop grand avantage de son esclavage.

LE PROVINCIAL. Qui est-ce donc qui l'a réduit à cet état d'esclavage ?

L'INTRODUCTEUR. La société, le gouvernement, les sciences, la fausse religion.

LE PROVINCIAL. Et ce joug, il veut le secouer pour être un séditieux, un rebelle ?

L'INTRODUCTEUR. Non, il veut s'unir étroitement à nous, partager nos combats contre la constitution des gouvernements, contre le déréglement des mœurs et la profanation de la religion ; il veut par nous devenir puissant, afin d'obtenir ce grand but.

Le provincial. Et qui nous répondra qu'après avoir acquis cette puissance, il n'en abusera pas aussi, qu'il ne se fera pas tyran et auteur de nouveaux malheurs?

L'introducteur. Nous avons pour garant son cœur et sa raison : l'ordre l'a éclairé ; il a appris à vaincre ses passions, à se connoître ; nos supérieurs l'ont éprouvé.

Le provincial. C'est là dire beaucoup. Est-il aussi bien au-dessus des préjugés, préfère-t-il aux intérêts des sociétés plus étroites le bonheur général de l'univers?

L'introducteur. C'est là ce qu'il nous a promis.

Le provincial. Combien d'autres l'ont promis et ne l'ont pas tenu. Est-il maître de lui même ? est-il homme à résister aux tentations ? Les considérations personnelles sont-elles nulles pour lui? Demandez-lui de quel homme est ce squelette qu'il a devant lui. Est-ce d'un roi, d'un noble, ou d'un mendiant ?

L'introducteur. Il n'en sait rien. La nature a détruit, rendu méconnoissable tout ce qui annonçoit la dépravation de l'inégalité. Tout ce qu'il voit, c'est que ce squelette fut celui d'un homme tel que nous : ce caractère d'homme est tout ce qu'il estime.

Le provincial. Si c'est là ce qu'il pense, qu'il soit libre à ses risques et périls ; mais il ne nous connoît pas. Allez et demandez lui pourquoi il recourt à notre protection?

Après ce dialogue dont l'on sent aisément toutes les conséquences, l'introducteur revient trouver son récipiendaire, et lui dit : Frère, les connoissances que vous avez acquises ne vous laissent plus de doute sur la grandeur, l'importance, le désintéressement et la légitimité de notre but. A présent, il vous est assez indifférent de connoître ou de ne pas connoître nos supérieurs. J'ai cependant là dessus quelques éclaircissements à vous donner.

Ces éclaircissements ne sont qu'un sommaire de la prétendue histoire de la franc-maçonnerie, remontant jusqu'au déluge, et de ce que la secte appelle la chute de l'homme, la perte de sa dignité et de la vraie doctrine. D'après cette fable, ceux qui ont échappé au déluge sont le petit nombre de sages ou de franc-maçons qui, dans leurs écoles secrètes, ont conservé les vrais principes. Vient ensuite une répétition sommaire de ce qui a été dit dans le grade d'épopte, sur le prétendu objet de Jésus-Christ, sur la décadence de la franc-maçonnerie, et sur l'honneur réservé à l'illuminisme d'enseigner et de faire revivre les vrais principes et les vrais mystères. Si l'on nous demande quels sont les instituteurs de notre ordre, voici ce que nous répondons :

Nos fondateurs avoient sans doute des connoissances, puisqu'ils nous les ont transmises. Pleins d'un vrai zèle pour le bien général, ils donnèrent à notre ordre ses lois. Mais, partie par prudence, et partie pour n'être pas le jouet de leurs passions, ils abandonnèrent à d'autres mains la direction de l'édifice qu'ils avoient élevé. Ils se retirèrent. Leur nom sera toujours ignoré. Les chefs qui nous conduisent aujourd'hui ne sont point nos fondateurs ; mais la postérité bénira doublement ces bienfaiteurs inconnus, qui ont renoncé à la vanité d'immortaliser leur nom. Tous les documents qui pourroient donner des renseignements sur notre origine, sont brûlés à présent. Vous aurez affaire à d'autres hommes qui, formés peu à peu par notre éducation, sont arrivés au timon de l'ordre. Vous y serez bientôt avec eux ; dites-moi seulement encore s'il vous resteroit quelque doute sur notre but.

Tous ces doutes se trouvant dissipés depuis long-temps, l'introducteur et l'initié s'approchent d'une nouvelle salle, et en ouvrent la porte. Une partie des adeptes accourent et les arrêtent. Nouveau dialogue dans le goût du premier : Qui va là ? qui êtes-vous ? C'est un esclave qui a fui ses maîtres. Aucun esclave n'entre ici. Il a fui pour cesser d'être esclave ; il vous demande asile et protection. Mais si son maître le poursuit ? Il est en sûreté ; les portes sont fermées. Mais s'il n'étoit qu'un traître ? Il ne l'est point; il a été élevé sous les yeux des illuminés; ils ont gravé sur son front le sceau divin. La porte s'ouvre; ceux qui la gardoient escortent le candidat vers une troisième salle, et là, encore nouveaux obstacles, nouveau dialogue entre un adepte de l'intérieur et le frère introducteur. Dans cet intervalle, le provincial est venu s'asseoir sur un autre trône.

Ici le provincial et les adeptes sont évidemment contradictoires avec leurs instructions et le but de la secte: car tous ces messieurs, ayant juré la perte de tous les trônes, ont toujours grand soin d'en avoir un pour eux dans leurs cérémonies, et le provincial se fait gloire de s'y asseoir pour donner les instructions et les ordres à ses subalternes, et ceux-ci rendent leurs respects et leurs hommages à leur très-haut et très-puissant seigneur, assis sur un trône qu'ils lui ont élevé eux-mêmes; c'est-à-dire, qu'ils ne veulent point de trônes, point d'autorité pour les autres, et qu'ils travaillent avec ardeur à s'approprier l'un et l'autre pour eux-mêmes, les trônes, l'autorité, ainsi que les honneurs, et que tous les moyens leur sont propres, pourvu qu'ils les conduisent à leur fin.

Le provincial, orgueilleusement assis sur son trône, interrompt alors le dialogue entre l'adepte de l'intérieur et le frère introducteur; il prononce d'un ton fort grave et majestueux : *Laissez-le entrer;* voyez s'il a vraiment le sceau de la liberté. Les frères accompagnent l'initié auprès du trône, et là l'initiant lui adresse les menaces suivantes :

Malheureux, tu es esclave, et tu oses entrer dans l'assemblée des libres! Sais-tu ce qui t'attend? Tu as traversé deux portes pour arriver ici : tu n'en sortiras pas impuni, si tu profanes ce sanctuaire.

L'introducteur répond : C'est ce qu'il ne fera pas, j'en suis garant : vous lui avez appris à soupirer après la liberté; tenez donc à présent votre promesse.

Le provincial. Eh bien! frère, nous t'avons fait subir bien des épreuves. La noblesse de tes pensées t'a fait juger bon et digne de nous. Tu t'es livré à nous avec confiance, sans réserve ; il est temps de te donner cette liberté que nous t'avons montrée si ravissante. Nous t'avons servi de guide tout le temps que tu as eu besoin d'être conduit. Tu te vois à présent assez fort pour te conduire toi-même. Sois donc désormais ton propre guide ; sois-le à tes risques et périls ; sois libre, c'est-à-dire, sois homme, et un homme qui sait se gouverner lui-même, un homme qui connoît ses devoirs et ses privilèges imprescriptibles, un homme qui ne sert que l'univers, qui ne fait que ce qui est utile au 'monde en général et à l'humanité ; tout le reste est injustice. Sois libre et indépendant, et désormais sois-le de nous-mêmes. Tiens, voilà tous les engagements que tu as contractés envers nous ; nous te les rendons tous.

En effet, le provincial rend alors aux initiés le recueil des actes qui les concernent, c'est-à-dire, tous les serments, toutes les promesses, tous les protocoles de leur admission aux grades précédents.

L'initiant reprend et continue ses leçons. Désormais, dit-il à l'initié, tu ne nous dois plus rien, si ce n'est ce que ton cœur même te prescrira pour nous. Nous ne tyrannisons pas les hommes : nous les éclairons. As-tu trouvé chez nous contentement, repos, satisfaction, bonheur ? tu ne nous abandonneras pas. Nous sommes-nous trompés sur ton compte, ou bien t'es-tu trompé toi-même sur le nôtre ? C'est un malheur pour toi ; mais tu es libre. Souviens-toi seulement que les hommes libres et indépendants ne s'offensent pas les uns et les autres, qu'il s'aident au contraire et se protègent mutuellement. Souviens-toi qu'offenser un autre homme, c'est lui donner le droit de se défendre. Veux-tu faire un noble usage du pouvoir que nous te donnons ? repose-t-en sur notre parole : tu trouveras chez nous zèle et protection. Si tu sens ton cœur brûler d'une ardeur désintéressée pour tes frères, oh ! mets-toi donc à l'œuvre ; travaille avec nous pour cet infortuné genre humain, et la dernière heure sera bénie· Nous ne désirons pas autre chose de toi ; nous, nous ne demandons rien pour nous. Interroge ton cœur, et qu'il te dise si notre conduite à ton égard n'a pas toujours été noble et désintéressée. Après tant de bienfaits, si tu n'étois encore qu'un ingrat, que ton cœur seul nous reste, nous lui laissons le soin de te punir. Mais non, tu es un homme que l'épreuve a montré ferme et constant; sois-le toujours, et désormais gouverne avec nous les hommes opprimés, aide-nous à les rendre vertueux et libres.

O frère, quel espoir, quel spectacle! quand un jour le bonheur, l'amour et la paix viendront sur la terre; quand avec les besoins superflus disparoîtront la misère, l'erreur, l'oppression; quand, chacun à sa place et faisant ce qu'il peut pour le bonheur de tous, chaque père de famille dans sa tranquille cabane règnera souverain; quand celui qui voudroit envahir ces droits sacrés, ne trouvera pas un asile dans l'univers; quand l'oisiveté ne sera plus soufferte; quand la tourbe des inutiles sciences bannie, on n'enseignera plus que ce qui rend l'homme meilleur, que ce qui le rapproche de son état naturel, de son destin à venir; quand nous pourrons nous applaudir d'avoir hâté cette heureuse période, et d'y voir notre ouvrage; quand enfin chaque homme, voyant un frère dans un autre homme, lui tendra des mains secourables! Tu peux, dans les nôtres, trouver le bonheur et la paix, si tu nous reste, fidèle et attaché. Aussi, remarque-le bien, le signe de ce grade est de tendre le bras à un frère, en lui montrant les mains ouvertes et pures de toute injustice, de toute oppression. Les maçons appellent la griffe, la manière de se donner la main pour se reconnoître; ils appellent rédemption, lorsqu'ils saisissent un frère par les deux coudes, comme pour l'empêcher de tomber, etc. Les leçons dernières rendent assez évidente la rédemption dont il s'agit.

L'investiture de la principauté se fait en donnant le bouclier au prince illuminé, avec les bottes, le manteau et le chapeau.

L'initiant, présentant le bouclier au prince illuminé, lui adresse le discours suivant, aussi criminel que révoltant : Arme-toi, lui dit-il, de fidélité, de vérité, de constance, et sois un vrai chrétien; les traits de la calomnie et du malheur ne te perceront pas. Sois chrétien! Quel étrange chrétien! quel scélérat que l'initiant qui peut encore porter l'artifice et la dissimulation jusqu'à oser prononcer ces mots dans des mystères si évidemment destinés à détruire jusqu'aux vestiges du christianisme. Le lecteur se rappellera sans doute ce que c'est que vertu, vice, bien public et christianisme, dans la bouche des illuministes. Aussi, l'adepte qui en a pleine connoissance, dont l'esprit et la mémoire sont remplis de semblables leçons, ne fait que sourire à cette nouvelle abomination. L'initiant, remettant les bottes au candidat, lui dit : Sois agile pour les bons, et ne redoute aucun chemin où tu pourras propager ou trouver le bonheur. C'est assez expliquer à l'adepte que tous les moyens qui conduisent à leur but sont bons à prendre, dès que l'on peut arriver à ce que la secte appelle le bonheur.

En donnant le manteau, il lui dit : Sois prince sur ton peuple; sois franc et sage; sois le bienfaiteur de tes frères; donne-leur la science, c'est-à-dire, étouffe les sciences que la secte bannit, et propage ses principes. La formule que l'on prononce en remettant le chapeau, en fait sentir tout le prix; elle est conçue en ces termes : Garde-toi de jamais changer ce chapeau de la liberté pour une couronne. A présent, le lecteur doit connoître aisément où le jacobinisme avoit puisé toutes les horreurs qu'il nous a débitées, et les cruautés qu'il nous a fait souffrir; il étoit dit que Vueishaupt ne laisseroit aux jacobins rien à inventer. Le prince illuminé, revêtu de ces décorations, reçoit l'accolade du provincial; puis on lui fait lecture des instructions sur le rôle qu'il doit désormais jouer dans l'ordre, pour lui apprendre à remplir dignement les fonctions de ce nouveau grade.

Toutes les instructions données aux grades d'épopte et de prince illuminé, tendent également à pervertir l'opinion des peuples, à s'emparer de l'empire des sciences pour les toutes diriger vers la liberté et l'égalité de l'anarchie universelle. C'est aux soins de ces deux grades que sont dus principalement les désastreux succès des hauts emplois de l'ordre; aussi Vueishaupt apporte la plus grande attention à bien choisir les candidats qui doivent remplir ces deux grades. Il leur donne toute sa confiance pour mieux enflammer leur zèle et leurs ta-

lents pour la direction et l'inspection des autres adeptes.
Par ses instructions, il divise leurs travaux en quatre
parties. La première a pour titre : système général du
gouvernement de l'ordre ; la seconde, instruction pour
tout le grade de régent ; la troisième, instructions des
préfets, ou des supérieurs locaux ; la quatrième, instruction du provincial.

~~~~~~

CHAPITRE XIX.

Instruction et plan du gouvernement général de l'ordre.

1°. Les hauts supérieurs de l'ordre illustre de la vraie franc-maçonnerie ne s'occupent pas immédiatement des détails de l'édifice. Ils n'en font pas moins notre bonheur par les travaux plus importants auxquels ils se livrent pour nous, par les conseils, les leçons et les puissantes ressources qu'ils nous fournissent.

2°. Ces excellents et gracieux supérieurs ont établi une classe de maçons, à qui ils confient tout le plan de notre ordre. Cette classe est celle des régents.

3°. Dans ce plan, nos régents occupent les premières dignités; sans ce grade on ne peut pas même devenir préfet ou supérieur local.

4°. Chaque pays a son supérieur national, qui est en correspondance immédiate avec nos pères, à la tête desquels est un général qui tient le timon de l'ordre.

5°. Sous le national et les assistants sont les provinciaux, qui ont chacun leur cercle, leur province.

6°. Tout provincial a près de lui ses consulteurs.

7°. Sous lui sont encore un certain nombre de préfets, qui peuvent aussi avoir leurs coadjuteurs dans leur district. Tous ceux-là, aussi bien que le doyen de la province, appartiennent à la classe des régents.
~~~~~~

8°. Tous ces emplois sont à vie, hors les cas de renvoi ou de déposition.

9°. Le provincial est élu par les régents de sa province, par les supérieurs nationaux, avec l'approbation du national. Les assistants sont ici appelés supérieurs.

10°. Tous les succès de l'illuminisme dépendent des régents. Ce sont eux qui rendent les plus importants services à l'ordre : ils consacrent tous leurs moments aux travaux, pour le plus grand avantage de la secte ; il est juste qu'on les mette au-dessus des besoins domestiques. Ils seront donc toujours les premiers pourvus et entretenus sur la caisse et par les soins de notre ordre.

11°. Les régents, dans chaque province, font un corps spécial, immédiatement soumis au provincial à qui ils doivent obéissance.

12°. Les emplois de l'illuminisme n'étant point des dignités, des places d'honneur, mais de simples charges librement acceptées, les régents doivent être prêts à travailler pour le bien de tout l'ordre, chacun suivant leur situation et leurs talents. L'âge ici n'est point un titre : si le plus jeune a plus d'activité, s'il peut mieux remplir l'office de supérieur ou de provincial qu'un autre plus ancien, on lui défère promptement cet emploi : souvent même un régent ne doit pas avoir honte de s'offrir pour un office au-dessous de son grade ; il doit sacrifier ses travaux où il pense qu'ils seront plus utiles pour la secte.

13°. Pour alléger la trop grande correspondance du provincial, toutes les lettres des régents passeront par les mains du préfet, à moins que le provincial n'en ordonne autrement.

14°. Mais ce préfet n'ouvrira point les lettres des régents : il les enverra au provincial, qui les fera passer à leur destination ultérieure.

15°. Le provincial assemble ses régents et les convoque comme il le juge à propos, selon les besoins de sa province ; les régents doivent toujours se montrer prêts à remplir les intentions du provincial et des supérieurs majeurs, et à rendre compte de ce qu'ils ont fait pour l'ordre. Cette assemblée des régents doit se tenir au moins une fois par an ; celui qui ne peut s'y rendre doit en prévenir le provincial un mois d'avance.

16°. L'instruction suivante dira aux régents ce qui mérite plus spécialement leur attention.

17°. Il s'agit de procurer peu à peu des fonds à l'ordre : il en a déjà été parlé ; mais ce soin et cette tâche pénibles sont principalement attribués aux régents.

Chaque province a le maniement de ses deniers, et n'envoie au supérieur que de petites contributions pour frais de lettres ; chaque assemblée, chaque loge est aussi propriétaire de ses fonds. Lorsque, pour quelque grande entreprise, l'assemblée des régents met à contribution la caisse de plusieurs loges, cette contribution doit être regardée comme un emprunt ; les loges en seront dédommagées non-seulement par le payement des intérêts, mais encore par la restitution des capitaux. Les prédicateurs de la liberté et de l'égalité n'ont pas oublié que la première atteinte à la liberté et à l'égalité seroit d'attaquer les propriétés ; c'est pourquoi ils promettent aujourd'hui capital et intérêt. Mais nous verrons par la suite comment ils feront pour arriver à la grande, à la dernière entreprise, à l'anéantissement des propriétés. Par cette double ruse, on vide les caisses d'une partie des loges, et l'on fait croire aux autres qui sont bien aises de conserver leurs fonds, qu'on ne songe pas à les en dépouiller ; mais les régents ont toujours grand soin de prendre où il y a, et de ne rien demander où l'on ne peut rien leur donner. Ils sont si bien instruits, qu'ils ne demandent jamais telle somme à telle loge, que lorsqu'ils savent qu'elle est réalisée dans sa caisse ; ainsi leur demande est plutôt un ordre, un acte d'autorité de la part des régents, qu'un emprunt.

Le provincial n'a point de caisse ; mais il a un état de toutes celles de la province.

Les objets généraux de recette sont : 1°. les contributions payées pour la réception des franc-maçons ; 2°. le surplus des contributions de chaque mois ; 3°. les dons gratuits ; 4°. les amendes ; 5°. les legs et donations; 6°. notre commerce et nos manufactures, notre négoce, notre trafic, notre métier.

Les dépenses sont : 1°. les frais d'assemblée, de lettres, de décorations et de quelques voyages ; 2°. les pensions aux frères pauvres, dépourvus de tout autre moyen d'existence ; 3°. les sommes à payer pour arriver au grand but de l'ordre ; 4°. pour l'encouragement des talents ; 5°. pour les essais, les épreuves; 6°. pour les veuves et les enfants ; 7°. pour les fondations.

Il est bien étonnant que les tyrans de la vertu , les ennemis de la religion et des propriétés , parlent dans leurs dépenses de fondation qu'une vertu et une piété solide n'avoient créées et établies qu'en faveur de la religion et des malheureux ; mais les effets sont plus expressifs que leurs leçons qui ne blessent point. Nous aurons assez à dire sur les déplorables suites de leurs instructions : ainsi passons leurs simples paroles sous le silence, et jugeons-les par leurs œuvres et non par leurs discours.

Ainsi se termine cette première partie des leçons lues au régent illuminé le jour de son inauguration ; mais il faut qu'il entende encore les suivantes.

———

CHAPITRE XX.

*Deuxième partie des instructions pour tout grade
de régent.*

A l'article seize, nous avons vu qu'on les exhortoit à faire une attention spéciale à cette seconde partie de leurs instructions. Que le lecteur prenne aussi pour lui cet avis : il verra qu'il lui reste encore bien des choses à méditer sur les moyens, les ressources et les artifices de la secte.

1°. Le but de l'ordre étant de rendre l'homme plus heureux, la vertu plus aimable et le vice moins puissant, nos frères docteurs et gouverneurs du genre humain doivent par conséquent s'annoncer en public comme les meilleurs des hommes. Un régent illuminé sera donc un des hommes les plus parfaits : il sera prudent, prévoyant, adroit, irréprochable et d'une société assez agréable pour le faire rechercher. Il doit avoir la réputation d'un homme éclairé, bienveillant, intègre, désintéressé, plein d'ardeur pour les entreprises grandes, extraordinaires, en faveur du bien général.

Le lecteur se rappellera sans doute ce que la vertu, le vice et le bien public sont dans la bouche des illuminés ; les leçons suivantes adressées à ces docteurs, à ces gouverneurs si vertueux du genre humain , étonneront moins celui qui a encore dans son esprit et dans sa mémoire les leçons des grades précédents.

2°. Les régents illuminés doivent étudier l'art de dominer, de gouverner, sans paroître en avoir l'idée : il faut que, sous la conviction que toute leur force vient de notre union , les régents exercent un empire absolu et sans bornes , et qu'ils tendent à diriger les choses vers chaque objet de notre ordre. Lecteur , l'avez-vous entendu, le général de la liberté et de l'égalité, enseigner à ses adeptes l'art de dominer et de gouverner leurs inférieurs ? Nous ne sommes encore que dans les petits mystères, et lorsque nous serons parvenus aux grands , nous verrons le héros de la liberté s'agiter pour imposer son joug humiliant à tous ses disciples , qui l'appesantiront ensuite sur tous les citoyens : à force de travaux, de leçons et d'instructions, il rendra tous ses sujets égaux ; nous verrons l'égalité parmi eux ; nous verrons le chef de l'illuminisme et ses adeptes tous brigands , et le reste de la société soumis à leur dur esclavage.

3°. L'objet de notre sainte religion répandue dans tout l'univers , étant le triomphe de la vertu et de la sagesse , chaque régent doit varier sa conduite suivant les sujets : il doit encore l'adapter aux temps et aux circonstances ; il doit montrer une respectueuse soumission à l'égard des préposés ; mais il doit aussi chercher à établir une certaine inégalité entre les autres hommes. Qu'il prenne le parti de celui qui est trop abaissé ; qu'il abaisse celui qui veut trop s'élever. Il ne doit point souffrir que l'imbécille joue trop le maître sur l'homme d'esprit , le méchant sur le bon , l'ignorant sur le savant , le foible sur le fort , quand même le tort seroit du côté du plus fort.

4°. Les moyens de conduire les hommes sont sans nombre ; mais le meilleur et le plus certain est de leur faire naître l'attrait des sociétés secrètes ; leur dire qu'elles sont régies par la sagesse et la vertu , que le bonheur les suit partout , qu'elles récompensent abondamment le mérite et les talents , et qu'elles assurent encore tous leurs adeptes d'un plus heureux avenir. Il est bon de faire soupçonner par fois aux inférieurs que toutes les autres sociétés et celles des franc-maçons sont secrètement dirigées par nous, ou que les grands monarques sont gouvernés par notre ordre : ce qui est réellement vrai dans certains endroits. Il faut jeter en avant le soupçon que tout ce qui se passe de grand, de remarquable, nous est dû ; que tout ce qu'il y a d'hommes à grande réputation et à grand mérite se font gloire de nous appartenir ; tous ces artifices, qui coulent si aisément de la plume de Vueishaupt, ne font que faire sourire le législateur, qui s'aperçoit que ses adeptes retiennent et saisissent avec avidité toutes ses instructions, et qu'au sortir des assemblées ils les répètent et les publient au public, qui s'empresse à l'envi de grossir le troupeau du hiérophante. Les régents, pour l'avantage de la secte, dans les temps de foire, doivent se rendre dans les principales villes de commerce, tantôt en marchands, tantôt en officiers, tantôt en abbés ; et là, jouant le rôle d'hommes d'importance, ils font l'éloge des sociétés secrètes, et cherchent à en inspirer tous les charmes, en évitant avec grand soin et les curieux, et les recherches de la police.

5°. Un régent doit, autant qu'il est possible, cacher ses foiblesses, même ses maladies, ses désagréments à ses inférieurs, au moins ne jamais laisser entendre ses plaintes.

6°. Un régent doit étudier la manière de rechercher l'appui des femmes ; il doit étudier l'art de leur plaire pour savoir les flatter et les gagner ; il doit aussi les entretenir de choses nouvelles et curieuses ; il y mettra beaucoup d'intérêt, et il finira par leur en promettre la connoissance, pour les faire servir au grand objet de l'illuminisme.

7°. Il faut aussi partout gagner à notre ordre le commun du peuple : le grand moyen pour cela est l'influence sur les écoles. On y réussit encore tantôt par des libéralités, tantôt par l'éclat ; d'autres fois en s'abaissant, se popularisant, en souffrant avec un air de patience des préjugés devant la multitude, à qui l'on dit en passant qu'on pourra dans la suite les déraciner peu à peu.

8°. Lorsqu'on s'est emparé quelque part de l'autorité et du gouvernement, on fait semblant de n'avoir pas le moindre crédit, pour ne pas donner l'éveil à ceux qui travailleroient contre nous. Dans les endroits, au contraire, où vous ne pourrez venir à bout de rien, vous prendrez l'air d'un homme qui peut tout. Cela nous fait craindre et rechercher, et fortifie notre parti. De telles leçons prouvent aussi que ceux qui sont les ennemis de la vérité ne peuvent jamais dire vrai, que l'on ne peut en croire les menteurs, quand même ils disent la vérité.

9°. Tous les mauvais succès ou les désavantages de l'ordre resteront à jamais ensevelis dans un profond secret pour les inférieurs. On a toujours nourri de bonheur et de grandes espérances les adeptes, sans leur en faire goûter la réalité. Le moindre revers pour la secte, suffiroit pour les désabuser entièrement.

10°. C'est aux régents à pourvoir aux besoins des frères, et à leur procurer les meilleurs emplois, après en avoir donné avis au provincial.

11°. Les régents doivent faire une étude spéciale de leurs discours, sans cependant avoir rien d'affecté ni d'embarrassé. Ils doivent épier et profiter des circonstances, ainsi que du caractère des personnes avec lesquelles ils lient conversation. Ils doivent relever le courage de leurs adeptes abattus, par l'amour et le désir de la nouveauté. Dans les circonstances douteuses, il est toujours prescrit de consulter les supérieurs par la voie des *quibus licet*.

12°. Quelque emploi qu'un régent ait dans l'ordre, qu'il réponde très-rarement de bouche, mais presque toujours par écrit, afin de mieux méditer et réfléchir sur ses réponses ; lorsqu'il est embarrassé, il doit consulter : de cette manière, il ne peut jamais se contredire. Le législateur, dans cette circonstance comme dans bien d'autres, ne pratique pas lui-même les leçons qu'il donne à ses régents ; car il dément ouvertement dans les hauts grades les leçons qu'il a données à ses adeptes dans les grades inférieurs ; mais passons-lui toutes ses supercheries en faveur de son ardent amour pour le bien de l'ordre : son zèle bouillant l'a toujours emporté au-delà des bornes prescrites par la modération et la douceur.

13°. Les régents s'occuperont sans cesse de ce qui concerne les grands intérêts de l'ordre, des opérations de commerce, ou bien d'autres choses semblables qui peuvent ajouter à notre puissance ; ils enverront aux provinciaux ces sortes de projets. Si l'objet est pressant, ils lui donneront avis autrement que par des *quibus licet,* qu'il ne lui seroit pas permis d'ouvrir.

14°. Ils en feront de même pour tout ce qui doit être d'une influence générale, afin de trouver les moyens de mettre en action toutes nos forces réunies.

15°. Lorsqu'un écrivain annonce des principes qui sont vrais, mais qui n'entrent pas encore dans notre plan d'éducation pour le monde, ou bien des principes dont la publication est prématurée, il faut chercher à gagner cet auteur ; si nous ne pouvons pas le gagner et en faire un adepte, il faut le décrier. Vueishaupt ne se contente pas de donner à ses adeptes ses leçons contradictoires et mensongères ; il leur enjoint encore de calomnier l'homme vrai, l'homme de bien et de mérite, et de le perdre dans l'opinion publique, parce qu'ils n'ont pu parvenir à en former un impie, un traître et un rebelle. Je demande à présent au lecteur quel est le père de famille qui voudroit confier l'éducation de son enfant à semblable maître ?

Si un de nos régents croyoit pouvoir venir à bout de faire supprimer les maisons religieuses et appliquer leurs biens à notre objet, par exemple, à l'entretien des maîtres d'école convenables pour les campagnes, ces sortes d'objets seroient spécialement bien venus des supérieurs. Une telle leçon nous instruit assez que depuis très-longtemps les sociétés secrètes travailloient à dépouiller les maisons religieuses. Aussi, à la première circonstance favorable, la cupidité a dévoré en un instant des biens immenses, et nous voyons à présent qu'un tel désordre fut l'effet des instructions de l'illuminisme.

17ª. Les régents donneront la même attention à chercher un plan solide pour des caisses à fonder en faveur des veuves de nos frères, c'est-à-dire , prendront tous les moyens possibles pour spolier les biens des légitimes possesseurs , pour aider et secourir les veuves de nos frères impies et brigands qui sont morts après avoir travaillé long-temps à l'envahissement des propriétés qu'ils n'ont pas eu le temps d'exécuter eux-mêmes ; mais nous devons chercher à récompenser les services qu'ils ont rendus à la secte, en secourant avec le bien des autres leurs veuves qui sont dans l'indigence. Une telle leçon animoit puissamment les régents au brigandage ; elle leur faisoit tout tenter par les promesses que la secte leur faisoit de prendre soin de leurs veuves et de leurs enfants, en cas de non réussite, en reconnoissance de leur zèle et de leur dévouement pour les intérêts de leur ordre.

18ª. Un de nos soins les plus importants doit être aussi de ne pas laisser aller trop loin la servile vénération du peuple pour les princes. Écrivez et parlez sur leur compte comme sur les autres hommes, afin de leur apprendre qu'ils sont hommes comme nous, et que toute leur autorité n'est qu'une affaire de pure convention ; traitez-les poliment , mais sans gêne , afin qu'ils vous honorent et vous craignent.

L'instruction que Vueishaupt donne ici à ses régents tend non-seulement à affoiblir l'autorité du souverain , mais elle excite encore les peuples à la révolte. En recommandant à ses adeptes d'écrire sur le compte des princes, c'est comme s'il leur disoit : Calomniez-les, perdez-les dans l'opinion publique. Quand il leur dit : Afin qu'ils vous honorent et vous craignent, n'est-ce pas les engager à s'emparer, par la force et la rebellion , du pouvoir suprême , d'envahir toute la puissance , et de prendre la place du souverain , pour avoir part aux honneurs que l'on rend à sa haute dignité.

19ª. Quand , parmi nos adeptes , il se trouve un homme de mérite , mais peu connu ou même entièrement ignoré du public, n'épargnons rien pour l'élever, pour lui donner de la célébrité. Que nos frères inconnus soient avertis d'enfler partout en sa faveur les trompettes de la renommée, pour forcer au silence l'envie et la cabale.

20°. L'essai de nos principes et de nos écoles se fait souvent avec plus de succès dans nos petits états; les habitants des capitales et des villes commerçantes sont la plupart trop corrompus, trop distraits par leurs passions, et se croient d'ailleurs trop avancés pour se soumettre à nos leçons. Les grands génies et les grands talents habitent ordinairement les grandes villes, parce qu'ils ont plus d'occasions et plus de moyens pour les développer avec avantage. Les gens de la ville, recevant habituellement des leçons plus solides, et ayant plus de loisir de les entendre que ceux de la campagne, sont toujours plus épurés et plus instruits; c'est pourquoi ils ne font que se moquer et rire des détestables leçons de Vueishaupt, qui, pour se venger de cet affront, les appelle des hommes corrompus, parce qu'ils méprisent ses propres instructions, et qu'ils détestent ses pernicieuses maximes.

21°. Il est aussi très-utile d'envoyer de temps à autre des visiteurs, ou bien de donner à un régent qui voyage la commission de visiter les assemblées, de se faire montrer les protocoles, de se rendre chez les frères, pour examiner leurs papiers, leurs journaux, pour recevoir leurs plaintes. Ces plénipotentiaires, se présentant au nom des très-hauts supérieurs, pourront corriger bien des fautes, supprimer hardiment des abus que les préfets n'ont pas le courage de réformer, quoiqu'ils soient disposés à le faire, par le moyen de ces visiteurs. Quelle surveillance, quelle précaution active Vueishaupt emploie pour contenir tous ses adeptes dans le devoir, et pour les forcer à remplir ponctuellement toutes les obligations qu'ils ont souscrites envers la secte!

22°. Si notre ordre ne peut s'établir quelque part avec toute la forme et la marche de nos classes, il faut y suppléer par une autre forme. Occupons-nous du but, c'est là l'essentiel: peu importe sous quel voile, pourvu qu'on réusisse. Cependant il en faut toujours un quelconque ; car c'est dans le secret que réside la grande partie de notre force, c'est-à-dire, lorsque des personnes déjà instruites des plans des sectaires rejeteront avec horreur leurs maximes pernicieuses, alors c'est aux régents de chercher à connoître l'endroit foible de ces mêmes personnes, pour leur cacher la nouvelle forme à employer pour insinuer, sans qu'on s'en aperçoive, le venin de leurs principes ; et c'est dans ce secret que réside en grande partie le mérite et la science des régents, parce que les obligations que l'ordre impose à ces derniers est de faire porter partout la corruption de leurs maximes ; ils doivent les faire pénétrer dans les palais des rois, comme dans les plus viles chaumières. La tâche des régents s'étend également sur le pauvre, le riche, l'artisan, le magistrat, le marchand, les ministres, en un mot sur tous les citoyens d'un empire, et sur le monarque lui-même.

23°. C'est pour cela qu'il faut toujours se cacher sous le nom d'une autre société : les loges inférieures de la franc-maçonnerie sont, en attendant, le manteau le plus favorable à notre objet, parce que le monde est déjà accoutumé à ne rien attendre de grand, et qui mérite attention, de la part des franc-maçons. Vous tous qui avez encore des attraits pour les sociétés secrètes, vous venez d'entendre le mépris que Vueishaupt fait de vos loges dans les instructions qu'il donne à ses régents ; vous voyez l'emploi auquel il vous destine ; vous avez entendu le dédain qu'ils fait de vous-mêmes : il en a plus appris contre vous, il en a plus dit que nous n'aurions osé nous-mêmes en dire.

24°. Il est très-important pour nous d'étudier la constitution des autres sociétés secrètes et de les gouverner : il faut même, lorsqu'on le peut avec la permission des supérieurs, se faire recevoir dans ces sociétés, sans cependant se surcharcher d'engagements ; mais pour cela même il est bon que notre ordre reste sous le secret. Citoyens, pourriez-vous croire que vous venez d'entendre les leçons de ceux qui crient si fort qu'ils veulent donner la liberté à l'univers. Toutes les sociétés secrètes travaillent également de concert contre l'autel et les trônes; cependant vous venez d'entendre les instructions d'hommes se disant déjà libres, qui recommandent à leurs adeptes d'étudier la constitution des autres sociétés secrètes, et de les gouverner. Vous serez moins surpris quand vous saurez que ces hommes libres, pour être admis dans la secte de l'illuminisme, ont promis sous la foi du serment de sacrifier et leurs biens et leur vie en faveur de l'ordre, et leurs volontés à celles du son chef impitoyable; c'est-à-dire, que ces hommes se disant libres ont déjà avili leur liberté par les épreuves les plus humiliantes, et qu'ils y ont renoncé entièrement, en se soumettant en tout aux caprices d'un inconnu, du général de l'illuminisme. Ils se sont assujettis librement eux-mêmes à un joug plus dur et plus avilissant que celui des esclaves forcés, c'est-à-dire, que ces furieux, que ces vils esclaves, voudroient appesantir leurs chaînes jusque sur leurs collaborateurs. Mais allons plus loin, et l'effet justifiera bientôt l'accusation.

25°. Les hauts grades doivent toujours être inconnus aux grades inférieurs: on reçoit plus volontiers les ordres d'un inconnu, que ceux des hommes dans lesquels on reconnoît peu à peu toutes sortes de défauts. Avec cette ressource, les inférieurs, se croyant environnés de gens qui les observent, font plus d'attention à leur conduite; leur vertu est d'abord de contrainte, mais l'exercice la change en habitude. Quelle anxiété de la part de Vueishaupt, pour maîtriser ses adeptes! Il sent parfaitement que la vertu fait le vrai mérite de l'homme, que le général de la secte, ainsi que ses docteurs et gouverneurs, en sont entièrement dépourvus; qu'ils sont même tous criblés de défauts qu'il est dangereux de mettre au jour; c'est pourquoi il est obligé de prendre tant de précautions pour voiler sa conduite, ainsi que celle de ses douze disciples de l'aréopage. Afin de faire parvenir ses ordres à ses adeptes, il est forcé d'employer à cet effet des inconnus dont les inférieurs ignorent les vices, et auxquels ils se soumettent sans difficulté. Vueishaupt ne craint point que sa personne soit connue des sectaires, mais seulement sa conduite dépravée, qui lui ôteroit non-seulement l'estime et la confiance des sectaires, mais qui couvriroit encore d'opprobre et d'infamie la personne du général même ; aussi, d'une part les vices et les turpitudes du chef, de l'autre sa propre sûreté, l'obligent à se travestir et à user constamment de déguisement. L'horreur qu'inspirent naturellement toutes ses leçons et ses maximes, exige qu'il soit inconnu : il eût même été à désirer, pour le bien général, qu'il n'eût jamais existé.

26°. Ne perdons jamais de vue les écoles militaires, les académies, les imprimeries, les librairies, les chapitres des cathédrales, les établissements quelconques, qui influent sur l'éducation ou le gouvernement. Que nos régents soient sans cesse occupés à former des plans et à imaginer la manière dont il faut s'y prendre pour nous rendre maîtres de tous ces établissements. Si Vueishaupt oublie dans sa conduite d'être vertueux, il n'oublie rien dans ses leçons pour augmenter le nombre de ses adeptes, et pour répandre partout le germe de sa corruption.

27°. En général, et indépendamment de l'emploi qui leur est confié, le grand objet de nos régents sera l'étude constante, habituelle de tout ce qui ajouteroit à la perfection et à la puissance de notre ordre, afin qu'il devienne pour tous les siècles le plus parfait modèle de gouvernement dont les hommes puissent avoir l'idée. Les iniquités de la secte sont trop évidemment dévoilées pour que le plus ignorant ne s'aperçoive pas que son unique but est de tout bouleverser, de détruire toute loi, tout gouvernement, de briser tous les liens de la société qui unissent les hommes entre eux, comme ils ont déjà anéanti dans leurs instructions le bon sens et la raison. Voilà précisément ce que l'homme le plus borné sera venu à bout d'apprendre de la fameuse société des illuminés.

Écoutons encore les instructions générales que Vueishaupt donne à ses chers adeptes. Tous les moyens sont licites quand ils conduisent à un but louable. La fin sanctifie tous les moyens. Rien n'est criminel, pas même le vol et le larcin, s'il est utile et surtout s'il conduit au but de l'illuminisme. Ceux qui écoutent leur conscience, ou le remords des forfaits à commettre pour le triomphe de nos complots, sont indignes de nos derniers mystères. Les orgueilleux, les ignorants, les ennemis du travail et de l'obéissance ne cherchent à entrer dans nos mystères que pour en rire et s'en moquer : aussi, nos grands mystères doivent toujours leur être cachés avec soin. C'est aux époptes à éclairer tous les peuples, à leur ôter les préjugés religieux et politiques. Emparez-vous, leur dit-il, partout de l'opinion publique, et vous verrez bientôt s'écrouler l'empire des constitutions qui gouvernent le monde. Faites disparoître les sciences mêmes; et la religion, les lois, les princes, les nations, nos villes et nos demeures fixes disparoîtront avec elles. Réduisez toutes les sciences à l'époque des barbares, des sauvages égaux et libres. L'homme de bien s'attache à l'homme sage et savant pour l'instruire; mais Vueishaupt n'emploie d'abord sa perversité à corrompre l'opinion générale, que parce qu'elle lui aide à anéantir les sciences; au lieu de faire servir leur nom, leur gloire et leur autorité à conquérir l'opinion des peuples, pour les rendre meilleurs, il veut les rendre plus méchants, en faveur de la secte. Ces moyens odieux et révoltants avoient attaché à Vueishaupt une multitude d'adeptes à son service. Le premier succès du hiérophante conduisit le général et ses adhérents à un nouveau triomphe; ils détruisirent les lois, la société, les propriétés; ils ravagèrent les villes, ils désolèrent les campagnes, jusqu'aux chaumières; ils vandalisèrent la France, ils renversèrent son trône et ses autels. Un projet si désastreux paroissoit inconcevable et supérieur même à la scélératesse du plus profond désorganisateur; mais il n'en laissa pas moins aux François, pour toute science, la liberté et l'égalité d'un peuple sans-culotte et souverain, mais férocisé.

Continuons les instructions du bavarois. La religion n'est même pas comprise dans les sciences à étudier par les époptes; mais, en revanche, la manière de la combattre et de la blasphémer n'est pas oubliée dans les leçons de l'impie Vueishaupt. La croix que les chrétiens révèrent et honorent comme signe du salut, comme marque sensible et frappante de la rédemption du genre humain, y est traitée d'une manière injurieuse et outrageante. Le criminel législateur apprend à ses adeptes que la croix n'est qu'un ancien hyérogliphe érigé par l'ignorance et la superstition. En attendant que la science des époptes sur ce précieux signe sorte des ténèbres, on peut les défier de montrer dans l'histoire du genre humain un peuple quelconque révérant la croix comme signe du salut, antérieurement à l'époque du christianisme et des triomphes du Dieu crucifié, qui se plaît à se communiquer aux humbles et aux simples. Aussi il n'est point de peuple si illustre que le peuple chrétien; il n'est point de morale si sublime et si sainte que celle du christianisme. Que les époptes nous fournissent des héros du courage et de toutes les vertus chrétiennes semblables à ceux qu'a fait naître la religion catholique qu'ils cherchent à détruire! Pendant leur règne triomphant, ils ont assez poursuivi et persécuté les vrais enfants de l'Eglise; mais ils n'ont jamais pu les vaincre. Leurs supplices et leur cruauté n'ont abouti qu'à rehausser le mérite et la gloire des vrais disciples du Seigneur.

Dans les sociétés secrètes, chaque membre sacrifie vérité, honneur et vertu, par un fol orgueil, ou par un frivole intérêt. Quoique le venin de leur doctrine répande les ténèbres sur tous ceux qui les entourent, le général enjoint aux époptes de former de nouveaux plans et de voir comment la secte pourroit s'emparer de l'éducation publique, du gouvernement ecclésiastique, des chaires d'enseignement et de prédication. S'il manque quelque emploi aux sectaires, ce ne sera pas par défaut de soin pour chercher à l'envahir, ou d'effronterie pour s'en emparer ou l'usurper, puisque leur vigilance s'étend jusques sur les chaires d'enseignement et de prédication. J'avoue que j'ai lu avec indignation et avec horreur les leçons abominables de Vueishaupt à ses époptes, d'insinuer leurs principes désorganisateurs jusque dans les écoles de l'Eglise elle-même, et jusque dans les chaires évangéliques. Il est difficile de pousser plus loin l'audace et l'impiété, ainsi que la fureur et la haine contre la morale et la religion de Jésus-Christ.

Ils ont la sacrilège impiété de traiter d'indifférence pour sa famille Notre-Seigneur Jésus-Christ qui est mort pour le salut de tous, parce que son affection pour la plus sainte des mères ne lui a jamais fait oublier la grande œuvre de la rédemption du genre humain, et ils veulent que l'épopte trouve des ignorants, des imbécilles, qui se laissent persuader qu'aimer le genre humain, c'est dissoudre toutes les nations. On ne peut guères faire la guerre au bon sens et à la raison avec plus d'outrance. Ils ne cultivent les sciences que pour les faire servir à leurs désastreux complots d'impiété et de désorganisation universelle. Ils voudroient que l'illuminisme subjuguât jusqu'aux opinions, et que les sciences ne fussent plus que l'instrument de leur triomphe pour périr elles-mêmes, quand, par elles, ils auroient fait périr les lois, l'autel, le trône et toute propriété individuelle, avec toute société nationale.

Enfin, la grandeur du grade de général de l'illuminisme éblouit tellement Vueishaupt, qu'elle l'empêche totalement de connoître ses foiblesses et ses turpitudes; elle aveugle tellement sa raison, qu'il continue à s'abandonner à tous les crimes, sans en comprendre l'énormité. Toutes les instructions du monstrueux législateur n'inspirent qu'horreur et indignation; et il prétend commander l'admiration et le respect à ses élèves, en leur faisant connoître ses égarements. C'est encore ses époptes qu'il charge d'en tirer semblables résultats.

Il faut, leur dit-il, que vous donniez à nos classes inférieures une idée si sublime de la sainteté de notre ordre, qu'une promesse faite sur l'honneur de notre illuminisme soit pour eux le plus inviolable des serments. L'athée se met ici à la place de Dieu. Il a déjà étouffé tous les remords, mais il lui faut des liens; il a brisé tous ceux de la conscience; il invoque l'honneur, et il le place dans l'ensemble même de ses forfaits. L'infame Vueishaupt ose dire à tous ses adeptes : Celui-là sera infame, qui aura violé le serment fait sur l'honneur de ma société; de quelque rang qu'il soit, il sera proclamé infame dans tout l'ordre; il le sera sans rémission et sans espoir. Je veux qu'ils en soient prévenus, qu'ils pèsent mûrement combien il est terrible ce serment souscrit à mon ordre; je veux qu'on leur en représente clairement et vivement toutes les suites.

Adeptes, l'entendez-vous ce maître impitoyable que vous vous êtes donné témérairement, en vous soumettant aveuglément sous la loi du serment à tous ses caprices? Vous regardiez comme un jeu d'enfant les épreuves et le serment de l'illuminisme : commencez à concevoir le poids de vos chaînes, et à reconnoître l'abîme où vous vous êtes précipités si légèrement et si imprudemment. Vous avez voulu vous placer sous l'abominable dépendance du vautour : il vous tient à présent, et il vous comprime sous ses griffes. Vous avez préféré faire le sacrifice de votre vie et de vos biens en faveur de l'ordre de l'illuminisme : reconnoissez à présent où vous a conduits votre curiosité. Vous voyez aujourd'hui le précipice où vous ont entraînés les hauts mystères de l'ordre. L'abîme s'est entr'ouvert sous vos pas, et il est prêt à vous engloutir. Reconnoissez au moins vos torts, et cherchez à les réparer plutôt que de vous souiller par mille turpitudes et par mille forfaits que l'on est prêt à vous commander, et que l'on se dispose à exiger de vous.

Les époptes, chargés d'inspirer cette vénération, sont en possession d'un grade trop révéré dans la secte pour en compromettre la dignité. Ils paroissent parmi les adeptes sans costume, sur les mêmes bancs, faisant les fonctions de scrutateurs, mais sans se faire connoître comme leur maître, afin de mieux juger de ce qui manque à leurs élèves, et s'assurer avec plus de facilité de leurs progrès. Ceux dont le zèle et l'activité sont spécialement à l'épreuve, sont bientôt admis au grade suivant de régent ou de prince illuminé. Voilà ce que Vueishaupt nous a appris des petits mystères de la secte; voyons à présent ce que ce général de l'ordre nous dira concernant les grands mystères. Ce haut grade s'appelle le mage, et l'homme-roi. Pour sentir toute l'étendue et toute l'importance des derniers mystères, entendons les confidences les plus intimes de Vueishaupt, les lettres des adeptes qui les ont admirées, les aveux et les déclarations de ceux qui en ont été indignés. Nous avons encore les règles que Vueishaupt nous donne lui-même pour les juger; nous avons enfin jusqu'à l'apologie de ce monstrueux législateur pour les apprécier. Avec tant de moyens, les démonstrations de l'évidence peuvent aisément suppléer aux précautions que la secte a prises pour en dérober le texte aux regards du public. Nous n'en saurons pas moins toute la substance de ses dernierès leçons, toute l'étendue et toute la monstruosité de ses derniers complots. Au grade d'épopte illuminé, on croiroit que l'impiété même et la rébellion y sont personnifiées, qu'elles ont épuisé leur art et leurs ressources pour souffler tout le venin de leurs principes contre l'état et la religion.

On croiroit que ce grade est le plus grand est le plus sublime, si Vueishaupt, écrivant à son intime Zuach, n'eût annoncé qu'il avoit encore trois grades infiniment plus importants qu'il réservoit pour ses grands mystères. Mais je les garde chez moi, dit-il, et n'en fais part qu'aux frères soit aréopagites, soit autres, qui se distinguent le plus par leur mérite et par leurs services. Si vous étiez ici, ajoute-t-il bientôt à cette confidence, je vous ferois part de mon grade, car vous le méritez; mais il ne sort point de mes mains; il est trop important; il est la clé de toute l'histoire ancienne et moderne, religieuse et politique de l'univers. Pour tenir nos provinces dans la subordination, je m'y prendrai si bien, qu'il n'y aura de ce grade que trois exemplaires dans toute l'Allemagne, c'est-à-dire, un seul dans chaque inspection. Bientôt encore suit une nouvelle confidence. Vueishaupt écrit au même adepte : Au-dessus du grade de régent, j'en ai composé quatre autres ; et auprès de ceux-ci, et même du moindre de ces quatre, notre grade de prêtre ne sera qu'un jeu d'enfant.

Quoique Vueishaupt nous ait prévenus que ses grades inférieurs n'étoient que des noviciats, et comme des échelles pour s'élever aux grades supérieurs, où l'on acquiert une parfaite connoissance des grands mystères qui développent les maximes et la politique de son illuminisme, selon les conventions du fondateur et de ses grands adeptes, ces grades se réduisent à deux : celui du mage et du philosophe, ou celui de l'homme roi. Au surplus, Vueishaupt, tout monstrueux conspirateur qu'il est, présume de ses forces, de son impiété et de sa scélératesse, quand il nous dit qu'il réserve pour ses derniers mystères des grades infiniment plus importants que ne le sont ses grades d'épopte et de régent, surtout lorsqu'il nous dit que les mystères de son grade de prêtre ne sont qu'un jeu d'enfant auprès de ceux qu'il réserve pour ses parfaits adeptes. Son exécrable orgueil peut bien l'emporter ici sur la malice des démons; il peut bien se glorifier des forfaits et des désastres qu'il prépare au genre humain, dans les leçons qu'il donne en secret à ses adeptes, et ses élèves peuvent bien se venter, au sortir de ces antres ténébreux, qu'ils viennent d'écouter les instructions de Lucifer; car jamais le noir Satan lui-même n'a pu suggérer à ses émules des complots et des vœux qui l'emportent en impiété et en scélératesse sur les complots et les vœux que Vueishaupt a dévoilés dans les grades d'épopte et de régent qu'il se fait gloire de n'appeler que ses petits mystères.

Il y manifeste le désir bien prononcé d'anéantir sur la terre jusqu'à l'idée de toute religion, et jusqu'au nom d'un Dieu créateur. Il y fait le vœu et le complot formels d'anéantir jusqu'aux derniers vestiges de tout gouvernement, de toutes lois, de toute autorité et de toutes sociétés civiles. Pour réaliser ses systèmes d'égalité et de liberté, il veut, à l'aide de ses légions d'adeptes qui sont devenus ses vils esclaves, détruire les arts, anéantir les talents et les sciences; il veut ruiner et désoler les villes, brûler les châteaux et incendier jusqu'à l'asile de l'artisan et du laboureur.

Pour faire triompher les hordes errantes de brigands et de vagabonds, Vueishaupt a déjà crié à ses adeptes : Périsse l'univers, pourvu que le principe reste, et voilà le développement des derniers mystères. Il ne les a fait connoître qu'à des hommes profondément impies et méchants, dont il a eu grand soin de s'assurer de la fidélité, par les différentes épreuves précédentes qu'il leur a fait subir ; et il est d'autant plus certain de leur attachement, que tous les adeptes en qui on remarquoit quelques sentiments d'honneur et de religion, ou quelques répugnances pour les grands forfaits, restoient toujours à la porte des grands mystères. Le voile n'étoit déchiré que pour les adeptes zélés, qui avoient étouffé tout remords de conscience, et qui étoient disposés aux plus grands crimes. Pour plaire à la secte, il n'est aucun abîme où ils ne fussent prêts à se précipiter en faveur de l'athéisme. Vueishaupt, au grade d'épopte qu'il appelle un jeu d'enfant, a appris à ses affidés à ne cultiver les sciences que pour les faire servir à ses complots d'impiété et de désorganisation universelle : il en a fait une académie conspiratrice dans le sein de la secte ; il a eu soin que cette académie s'emparât des écoles publiques, des chaires évangéliques, qui étoient un grand obstacle à ses complots. Cette académie, une fois maîtresse de l'enseignement et de l'instruction, dirigera tous les talents, fera plier tous les génies à ses projets, depuis l'enfance qui épelle, jusqu'au docteur qui développe le trésor des sciences. Vueishaupt appelle jeu d'enfant, le grade où des hommes non-seulement sans délicatesse, sans honneur, sans mœurs, sans religion, mais encore dominés par les plus honteuses passions et couverts de tous les crimes, s'organisent en académie, pour s'emparer de l'éducation publique, dans le dessein de corrompre et pervertir cette précieuse jeunesse, pour amener l'univers entier à une désorganisation générale, et étouffer dans ces jeunes cœurs jusqu'au nom de Dieu.

Quoi ! des imposteurs, qui ne font assaut que de forfaits, ont l'impudence de vouloir s'emparer des chaires évangéliques, pour empoisonner du venin de leur doctrine pernicieuse jusqu'à la sublimité des vertus chrétiennes, afin de diriger tous les talents, et de plier tous les esprits à leurs maximes empoisonnées, pour établir le règne des vices dans tous les cœurs ; et le général de de l'illuminisme appelle ce grade un jeu d'enfant, parce qu'il subjugue l'opinion, et fait servir les sciences à leurs triomphes ?

Nous ne pensons pas, sous tous les rapports, comme le hiérophante, et nous disons qu'il est difficile de rien inventer pour anéantir toutes les vertus, pour désoler la société et peupler l'enfer, que le succès d'une si monstrueuse académie. Sa réussite assureroit un triomphe complet à tous les vices et au démon ; ces sciences abominables ne prépareroient à la société que des scènes de désastres, de forfaits et d'horreur : elles n'apprendroient aux hommes qu'à commettre impunément tous les crimes. J'avoue qu'une si pernicieuse leçon est aussi injurieuse à Dieu qu'outrageante à l'humanité ; c'est le comble de l'extravagance, de la scélératesse et de l'impiété ; c'est le dernier dégré de l'abomination des abominations.

Quoi! ces mêmes chaires où l'on n'annonçoit qu'une doctrine et une morale pures, et la pratique de toutes les vertus chrétiennes, où les ministres du Seigneur ne nous prêchoient que les vérités saintes de l'évangile, la charité, l'amour de Dieu et du prochain, dont ils nous donnoient eux-mêmes, les premiers, de si beaux et de si fréquents exemples, ne vomiroient plus que des blasphèmes contre le créateur et contre le rédempteur. Quoi! aux invitations tendres des missionnaires succéderoient tout-à-coup les vociférations impies, les imprécations et les blasphèmes des illuministes, qui ne cherchent qu'à tout corrompre et à tout détruire. L'impiété, le mensonge et l'erreur seroient annoncés sans honte et sans crainte par des hommes couverts de tous les crimes ; ces mêmes voûtes, qui retentissoient de chants et d'hymnes en l'honneur du Tout-Puissant, ne retentiroient plus que de blasphèmes et d'imprécations contre la divinité.

J'avoue que de telles instructions ne peuvent être que celles de Satan, qu'il faut des hommes profondément méchants et impies pour donner semblables leçons, et qu'il faut des cœurs déjà maîtrisés par tous les vices, pour les entendre sans indignation.

D'après d'aussi rudes épreuves, Vueishaupt étoit assuré de la fidélité de ses adeptes ; il les avoit instruits avec réflexion : il ne s'agissoit plus que de leur désigner les forfaits à commettre ; les disciples n'attendoient que le moment, ils ne soupiroient plus qu'après le signal de leur chef.

J'avoue que si la jeunesse a besoin de beaucoup d'attention et de prudence pour ne pas se laisser séduire par ceux qui enseignent de fausses doctrines, des pièges aussi grossiers que ceux que je viens d'annoncer doivent au moins inspirer de s doutes et des craintes à l'homme le plus borné, s'ils ne lui suggèrent pas du mépris, de l'horreur et de l'indignation.

Vueishaupt n'ignoroit pas que les faux raisonnements que font les impies contre la religion viennent des passions qu'ils ne répriment point, et de leur peu d'attention sur les vérités qui sont les objets de la foi ; il savoit bien que ce n'est ni l'état que l'on professe, ni le lieu que l'on habite, qui peuvent sauver, mais la sainteté avec laquelle on y vit. C'est pourquoi on le voit tant se tourmenter pour insinuer le venin de sa morale dans tous les cœurs, parce qu'ils n'ignoroit pas qu'en propageant ses erreurs et sa pernicieuse doctrine, il affoiblissoit la morale évangélique ; il n'ignoroit pas que plus les vices gagnoient, plus les vertus chrétiennes perdoient. C'est pourquoi il se donne tant de torture pour assurer un triomphe complet aux passions, aux vices et aux crimes ; et les instructions de Vueishaupt sur le grade d'épopte, loin d'être un jeu d'enfant, sont à mon avis le comble de l'impiété, de la scélératesse et de l'abomination. Tous les vœux, tous les complots du hiérophante sont déjà dans le cœur de ses élèves. Voyons à présent ce qu'il leur réserve pour ses derniers mystères.

La substance, l'objet et le but de toutes les instructions de Vueishaupt paroissent déjà dans la déclaration nette et précise qu'il a donnée à ses adeptes, de détruire toute religion en faveur de l'athéisme, de renverser toutes les constitutions des gouvernements quelconques en faveur d'une absolue indépendance, d'anéantir toutes les propriétés, d'enfouir tous les arts, d'incendier toutes les villes, de ravager et bruler toutes les campagnes, d'employer toutes leurs forces et tous leurs talents à la destruction de l'univers, et de faire servir toutes les sciences à une dévastation générale en faveur de la vie sauvage, décorée du nom de vie patriarchale. Voilà le mot et le mot seul qui reste à dévoiler dans les derniers mystères. Le hiérophante a si bien su choisir ses élèves, il a si bien su les former à ses complots, qu'il n'y en a aucun qui en ressente la moindre horreur. La nature frémit, et le lecteur s'écrie avec indignation ; Il n'y a que des monstres qui puissent concevoir, méditer et exécuter des complots si révoltants. Mais ces monstres sont Vueishaupt et ses profonds adeptes, dont nous avons déjà rapporté les leçons ; et pour démontrer ce que nous avançons , nous allons encore rapporter les instructions que ces monstres eux-mêmes nous fournissent pour les grades supérieurs.

———

vvvvvvvvvvvvvvvvvvvvvvvvvvvvvvvvvvvvvvvvvvvvvvvvvvvvvvvvvvvv

CHAPITRE XXI.

Vueishaupt, par simple lecture, communique une partie de ses instructions à ses mages, et l'autre partie à ses hommes-rois, mais toutes aussi impies que contradictoires. — Réfutation de ces impiétés et de ces extravagances du chef de l'illuminisme.

Vueishaupt divise ses grands mystères en deux classes, et il distribue ses derniers secrets en deux parties. Les uns ont pour objet la religion : ce sont ceux qu'il révèle à ses mages. Les autres sont ce qu'il appelle sa politique : il les réserve pour son grade de l'homme-roi. Les différents grades de l'illuminisme ne sont qu'une longue suite de préparations pour amener par degrés les adeptes à la doctrine et aux principes dont les mystères ultérieurs sont le dernier résultat. Ainsi, quand on a déjà su graver dans le cœur de ses élèves tout le poison de l'athéisme et l'anéantissement de toute religion, le seul secret à dévoiler au mage consiste à lui déclarer nettement qu'on vouloit l'amener à un parfait athéisme et à la nullité de de toute religion, et que désormais il doit diriger ses efforts et ses travaux pour seconder les vœux de la secte ; que dans les grades antérieurs on ne conservoit le mot religion que pour détruire la chose en y substituant le nom, mais que désormais ce nom même ne doit lui annoncer que les chimères de la superstition, du fanatisme, favorisées par l'ambition et par le despotisme, pour tenir le genre humain dans l'esclavage. Les preuves de ce mystère d'iniquité sont encore tirées des lettres de Vucishaupt à son intime Caton Zuach; en voici les termes :

Je crois presque moi-même que la doctrine secrète du Christ, ainsi que je l'explique, avoit pour objet de rétablir la liberté parmi les juifs; je crois même que la franc-maçonnerie n'est pas autre chose qu'un christianisme de cette espèce; au moins mon explication des hiéroglyphes s'y adapte-t-elle parfaitement : d'après cette explication, tout homme peut être chrétien sans en rougir, car je laisse la chose et substitue la raison. Ce n'est pourtant pas une chose peu importante, que d'avoir su ainsi tirer une nouvelle religion et une nouvelle politique de ces hiéroglyphes ténébreux. Il ajoute ensuite : On croiroit que c'est-là le plus haut de mes grades; j'en ai cependant trois infiniment plus importants pour nos grands mystères.

D'après Vucishaupt même, son grade d'épopte ou de prêtre illuminé n'est autre chose que le christianisme conservant le nom de religion, mais réduit à des explications qui nous montrent dans l'évangile le masque de la religion, uniquement emprunté par le Christ pour établir l'égalité, la liberté des jacobins.

C'est trop évidemment le masque de la scélératesse et de l'impiété consommées, qui, sous le nom de la religion, ne laisse plus à ses adeptes que son égalité et sa liberté désorganisatrices. Le hiérophante, par ses sophismes impitoyables et par ses explications indécentes et révoltantes, voudroit faire servir à ses exécrables complots l'évangile qui est la lumière du monde.

Quoi ! ce que l'église nous propose pour servir et honorer Dieu, ce qu'elle nous enseigne de pratiquer et de croire, comme étant la doctrine de Jésus-Christ, fondée sur la parole de notre divin maître; ce que les prophètes ont annoncé; ce que l'écriture sainte nous a révélé, dont la vérité et la sainteté sont démontrées si évidemment par l'accomplissement des prophéties, ne sont, dans les leçons de l'infernal Vueishaupt, que la source de ses impiétés et de ses abominations. La doctrine pure et simple que les apôtres ont enseignée, dont ils ont confirmé la sublimité par tant de miracles qui ont été vérifiés dans l'établissement de la foi; la sainteté de la religion chrétienne que tant de martyrs ont attestée en la scellant de leur sang, et si sensible par le solide contentement de ceux qui la professent avec fidélité; la vérité reconnue et confirmée par des témoignages si éclatants, et appuyée sur des épreuves si multipliées, ne sont, dans le sens de l'illuminisme, que l'origine des désastres qu'il prépare au genre humain. Satan lui-même, avec toute sa malice, auroit-il pu inventer des leçons plus horribles? auroit-il pu proférer des blasphèmes plus révoltants que ceux dont le monstre bavarois nous donne ici la connoissance?

C'est un homme vain, qui se joue de ses adeptes aussi vains que leur perfide maître, qui outrage la pureté souveraine et la sainteté par essence. Ils sont tous tellement maîtrisés par la corruption de leurs cœurs, qu'ils sont en tout opposés au bien et ne cherchent que le mal pour le commettre à l'envi.

Le caractère des méchants est de s'associer avec des méchants comme eux, d'engager les autres à faire le mal qu'ils n'osent ou ne peuvent commettre par eux-mêmes, de conspirer ensemble contre les gens de bien dont ils redoutent la vertu et les talents. Les pervers agissent toujours avec fourberie et artifice, pour engager dans leur parti ceux qu'ils cherchent à séduire; ils s'attachent d'abord à les flatter et à les louer pour tâcher de les gagner. Ils emploient aussi tour-à-tour, soit des menaces, soit des caresses, soit de belles promesses qu'ils ne réalisent jamais, mais qui finissent toujours par conduire à des excès et à des turpitudes ceux qui ont la foiblesse de les écouter et d'avoir confiance en eux.

Les méchants n'estiment que ce qui tombe sous les sens et qui les flatte; ils mettent leur gloire dans tout ce qui paroît grand aux yeux du monde; ils n'ont point les lumières, la prudence et la sagesse qui donnent le calme, la tranquillité et la paix dont jouissent les gens de bien ; ils ne peuvent, par conséquent, ni pratiquer, ni enseigner des vertus solides : ce sont des aveugles qui conduisent d'autres aveugles, et ils ne peuvent s'empêcher de tomber ensemble dans le précipice.

Les sociétés secrètes sont d'autant plus dangereuses et redoutables, qu'elles ont grand soin de cacher dans le principe leur venin, et que leur puissance est invisible. Elles ne donnent connoissance de leur fiel et de leur poison que dans les grades supérieurs, qu'elles ne communiquent jamais qu'aux adeptes profondément corrompus. Ainsi, plus on est élevé en grade dans les sociétés secrètes, plus on est digne de mépris et de confusion. Aussi la folle gloire et l'exécrable orgueil de Vueishaupt l'ont porté à se glorifier de l'emporter sur les démons pour l'invention des forfaits et des désastres qu'ils préparent aux humains ; mais sa memoire sera à jamais exécrée, et le dernier de nos neveux ne prononcera son nom qu'en frémissant d'horreur et d'indignation. Que pouvoit-il rester à ce monstre à faire connoître à ses mages dans ses grands mystères, après avoir déjà porté à la dernière impiété ses époptes ? il ne pouvoit plus qu'effacer le nom de religion, le nom même de Dieu, du cœur de ses mages.

Ceux qui enseignent de fausses doctrines pour parvenir aux dernières iniquités, sont forcés de tomber souvent dans des contradictions évidentes et frappantes ; mais, comme ils ne sont occupés que de ce qui peut les conduire à leur but criminel, tout le reste leur est indifférent, il n'y a que les moyens qui peuvent les y conduire qui sont bons.

Vueishaupt, après avoir enseigné à ses adeptes que l'unité de Dieu étoit un des secrets révélés dans les mystères d'Eleusis, après leur avoir dit : Oh ! pour cela n'ayez pas peur de trouver rien de semblable dans les miens, ne se rappeloit pas sans doute les premières leçons qu'il avoit données à ces mêmes adeptes, lorsqu'il leur assuroit qu'il n'y avoit rien dans la secte de contraire à la religion et au gouvernement. Mais le rusé bavarois ne donne pas connoissance des hauts mystères à ceux qui conservent quelques sentiments d'honneur et de religion. Par ses soins, les grades supérieurs sont réservés pour les hommes consommés dans le crime et l'impiété, pour ceux qui ont étouffé tous les remords de la conscience : ceux-là seuls sont jugés dignes des hauts mystères par Vueishaupt, et le scélérat bavarois a su s'assurer de leur fidélité et de leur disposition à favoriser ses infames projets, avant de les associer à ses monstruosités, et avant de leur en donner connoissance.

Si, dans les hauts mystères du mage illuminé, l'instituteur Vueishaupt laisse encore subsister le nom de Dieu, ce n'est que pour le blasphêmer ; car il réserve précisément pour ce grade toutes les productions de l'athéisme. Voici comment il s'exprime en écrivant toujours à son disciple favori : Avec nos commençants, soyons prudents sur les livres de religion et de politique : dans mon plan, je les réserve pour les grands mystères. Quant à présent, ne donnons aux élèves que des livres historiques ou de raisonnement. La morale, avant tout, doit être notre objet. Le systême de la nature, publié par Diderot, sous le nom emprunté de Mirabeau, le systême social, la politique naturelle, la philosophie de la nature et autres écrits semblables, sont destinés pour les grades plus avancés. Il faut à présent les cacher soigneusement à ros élèves, et spécialement Helvétius, *de l'homme.*

Voilà précisément les œuvres les plus anti-religieuses et presque toutes du plus pur athéisme, réservées pour les derniers mystères. Il y a même plus : tout homme croyant encore en Dieu n'est point propre à leur objet, ni digne des derniers mystères ; l'adepte qui y aspire n'y arrivera jamais, si le nom de Dieu n'est déjà effacé de son cœur. Toute religion paroît à Vueishaupt inconciliable avec ses grands mystères. Tout culte, toute religion, sont aux yeux de la secte un grand obstacle à l'établissement de l'incrédulité et de l'athéisme, que les derniers mystères de l'illuminisme cherchent à affermir.

Vueishaupt, après sa fuite, publie effrontément que les systêmes de son illuminisme, tels que l'autorité publi-

que nous les donne, ne sont qu'une simple ébauche, et
un projet trop indigeste encore, pour qu'on le juge, lui
et ses adeptes, sur ses écrits originaux et sur ses propres
lettres. Deux ans après sa fuite, l'instituteur déhonté
fait paroître un nouveau code, et lui donne pour titre :
*Système corrigé de l'illuminisme, avec ses grades et
ses constitutions, par Adam Vueishaupt, conseiller
du duc de Saxe-Gotha.*

Apprenons au moins ici à juger cet impudent sophiste
avec ses grands mystères ; jugeons du tout par son apologie même et par ses corrections. Ce n'est plus simplement un impie conjuré, c'est un enragé sophiste, qui
insulte au public avec tous les caractères d'un athée
forcené ; c'est un impudent à outrance, qui hausse dans
son dédain les épaules sur le reste des hommes ; c'est
un impie consommé, qui, dans sa pitié impertinente,
semble nous dire à tous ce qu'il disoit aux frères dupes :
*Pauvres humains, que ne pourroit-on pas vous faire
croire !*

Jetons les yeux sur ce prétendu illuminisme corrigé,
et voyons si le hiérophante n'a déjà pas épuisé toute sa
scélératesse et son impiété. Nous y lisons que, supposer
Vueishaupt capable d'avoir rédigé en deux années une
production de cette espèce, c'est lui faire honneur de
talents bien extraordinaires. L'orgueil ne recule jamais ;
les superbes sont si avides de louanges, qu'ils sont plus
curieux de les entendre que de les mériter ; et quand
ils ne peuvent les obtenir pour eux-mêmes, ils font son-
ner la trompette de la renommée en leur faveur. Ils sont
si aveuglés de leur science profane, qu'ils croient pouvoir dire impunément des injures au public, qui, pour
les récompenser, doit leur faire hommage de respect pour
les impertinences dont ils l'ont honoré. Ils pensent
qu'un fou doit toujours trouver un plus fou pour l'admirer. Les intrigants, par des erreurs artificieuses et mensongères, par des bassesses aussi méchantes qu'impu-
dentes, aspirent à l'immortalité, et ils s'irritent de ce
qu'on ne peut y parvenir que par les lumières de la vérité, de la sagesse et de la vertu. Vueishaupt nous annonçoit avec emphase que l'on trouveroit dans sa nouvelle production, qu'il traite de code revu et corrigé, des

principes capables d'élever l'ame, de former de grands hommes; mais ce n'est d'abord qu'un simple réchauffé de tous les artifices du premier code, pour l'éducation ou la corruption des élèves : le surplus n'est qu'un monstrueux assemblage d'impiété et d'extravagance. Au lieu d'un Dieu régnant sur l'univers avec autant de liberté que de puissance, et le gouvernant avec sagesse, on y voit un impudent instituteur qui cherche à persuader à ses adeptes que l'univers même n'est qu'une machine où tout se lie, tout se suit, où tout est conduit par je ne sais quelle fatalité, décorée tantôt du nom de Dieu, tantôt de celui de nature ; d'autres fois il donnera le nom de providence à tous les événements de la vie, où les vices et les vertus sont également nécessaires ; que le méchant et l'homme vertueux ont également leur route tracée par la nature, et qu'ils arriveront au même but, quoique par des chemins différents.

A force de répéter à des jeunes cœurs que la mort est le terme commun des vices et des vertus, on leur apprend à chercher à satisfaire leurs passions plutôt qu'à les combattre, et à mépriser tout ce qui pourroit porter obstacle à leurs plaisirs ; on leur apprend à regarder la vertu comme un joug contraire à leur bonheur. Que le lecteur s'arme de force pour soutenir l'impudence d'une semblable doctrine : il n'y peut apercevoir que les abominations d'un impie conjuré, qui dédie ses nouveaux mystères d'iniquité, comme une véritable apologie, au genre humain.

Le hiérophante forcené, pour prouver que ses premiers mystères n'étoient pas une conspiration contre la religion, met dans la bouche de ses nouveaux adeptes un discours dont le texte seul suffit pour démontrer la conspiration la plus caractérisée contre toute religion, contre tout culte de la divinité : il a eu le front de le faire imprimer; il nous servira de justification pour ce que nous avançons contre l'auteur. Ce titre est ainsi conçu : *Instruction pour les adeptes enclins à la manie de croire et d'adorer un Dieu.* Mais quand l'on a déjà mis dans la même balance le crime et la vertu, et que l'on a cherché à persuader à ses élèves que la mort seule étoit la fin de l'un et de l'autre, une telle morale est suffisante pour signaler l'impiété et la scélératesse d'un athée forcené, ou de Vueishaupt qui étoit vraiment l'iniquité personnifiée.

Celui-là qui veut travailler au bonheur du genre humain, s'écrie le pestiféré, doit scruter et affoiblir tous les principes qui troublent le repos des hommes, leur contentement et leur bonheur; de cette espèce sont tous les systèmes qui s'opposent à l'ennoblissement et à la perfection de la nature humaine; qui, sans nécessité, se plaisent à multiplier le mal dans le monde, ou le représentent plus grand qu'il n'est; tous les systèmes qui ravalent le mérite ou la dignité de l'homme, qui diminuent sa confiance en ses forces naturelles, qui le rendent par cela seul lâche, paresseux, pusillanime, abattu et rampant; tous ceux encore qui le conduisent à l'enthousiasme, qui décrient la raison humaine, et qui ouvrent ainsi une voie libre à l'imposture; tous les systèmes religieux et mystiques; tous ceux qui ont quelques rapports prochains ou éloignés avec ces systèmes; tous les principes qui dérivent de la religion souvent très-cachée dans nos cœurs, finissent par conduire les hommes au terme, et appartiennent à cette classe.

Lecteur, vous l'avez entendu cet impudent sophiste, qui, sous prétexte de chercher à se justifier de l'accusation portée contre lui, d'avoir voulu détruire toutes les religions, ne fait précisément que la confirmer; il y ajoute même un dégré de plus de culpabilité et de scélératesse, en annonçant effrontément en public ce qu'il faisoit dans le secret de ses mystères. Il semble que le conjuré ne soit sorti de ses antres que pour dire audacieusement à tous ce qu'il n'avoit d'abord osé dire qu'à ses adeptes; il crie à haute voix aujourd'hui: Le temps est enfin venu d'abattre tout autel, d'anéantir toute religion.

Dans le nouveau code corrigé, la religion de Jésus-Christ n'y est pour l'adepte qu'une modification des rêveries de Pythagore, de Platon et du judaïsme. La religion des Israélites ou leur symbole, leur foi à l'unité d'un Dieu et au Messie, ont beau être la foi de leurs pères, d'Abraham, d'Isaac et de Jacob, long-temps avant leur séjour en Egypte et à Babylone. Le veau d'or, ou l'adoration du dieu Apis ont beau être punis comme la prévarication la plus coupable contre leur religion ; cette religion des Juifs n'en est pas moins, dans le code réformé de Vueishaupt, une simple modification des rêveries des Egyptiens, de Zoroastre et des Babyloniens. Ne pouvant donner à ses élèves une idée juste de la création du monde, il leur dit qu'ils ne doivent la regarder que comme une chimère inconnue à toute l'antiquité. Il préfère leur enseigner des absurdités, que de rester court dans ses instructions. Il réduit toutes les religions à deux systèmes : l'un, celui de la matière coéternelle à Dieu, lancée hors de Dieu et séparée de Dieu, pour devenir le monde, quoique faisant partie de Dieu et émanée de Dieu ; et l'autre, celui de la partie coéternelle à Dieu, sans être Dieu, mais travaillée par Dieu pour la formation de l'univers. Il forge une histoire sur toutes les religions, qui les rend également absurdes ; il fait sortir de ses systèmes le christianisme et toutes les religions et il donne pour résultat que toutes les religions sont fondées sur l'imposture et la chimère, que toutes finissent par rendre l'homme lâche, paresseux, rampant et superstitieux, que toutes le ravalent et troublent son bonheur.

Un tel langage n'a pas besoin d'interprétation : il décèle assez tout le fiel, la haine et la fureur d'un impie conjuré. Si le témoignage de Vueishaupt n'est pas suffisant, écoutons encore celui de l'adepte Kuigge : l'un et l'autre ne peuvent être accusés de suspicion, et ce n'est pas l'adepte Zuach, que Kuigge veut ou peut tromper dans ses confidences. L'un et l'autre ont mérité et obtenu le plus haut rang dans la secte ; ils ont signé la convention des aréopagites sur la marche à suivre pour la rédaction des grades et du code illuminé. Ecoutons donc ces deux adeptes dans leur correspondance intime. Philon vient d'exposer ce qu'il a fait d'après les instructions de Vueishaupt pour démontrer dans le grade d'épopte que le Christ n'avoit point d'autre objet que celui de rétablir la religion naturelle, religion qui, pour l'illuminisme, n'étoit pas autre chose que les droits d'égalité et de liberté. Knigge dit ensuite : Après avoir fait voir ainsi à notre monde que nous sommes les véritables chrétiens, il ne nous restoit qu'à dire un mot de plus contre les prêtres et les princes. Je m'y suis si bien pris dans les grades d'épopte et de régent, que je ne craindrois pas de les donner à des rois, à des papes, toutefois après des épreuves convenables. Dans les derniers mystères, nous avons à découvrir cette pieuse fraude, à prouver par tous les témoignages des auteurs l'origine de tous les mensonges religieux, à dévoiler leur ensemble et leur connexion.

Le voilà donc enfin, ce mot à dire encore sur la religion dans les derniers mystères de l'illuminisme. Le voile est enfin levé sur ce mot si long-temps caché et si important, ce mot si révéré et dirigé contre les prêtres ou contre les ministres de tous les cultes. Ce mot suffit seul pour dévoiler aux adeptes la fraude prétendue pieuse, ou plutôt le dédale de pièges et d'embûches tendus à l'adepte dans ce long cours d'impiété que la secte lui a fait parcourir avant de lui montrer le dernier terme de son éducation illuminée.

Vous les avez entendus, lecteur; ce sont les chefs mêmes de la secte qui nous ont révélé cette pieuse fraude; ils nous en ont plus appris contre eux que nous n'aurions osé en dire. Au surplus, l'adepte qui arrivoit jusqu'aux derniers mystères, sans prévoir le précipice dans lequel il alloit se plonger, étoit bien borné, pour ne pas dire bien sot et bien stupide, de ne s'apercevoir du bourbier que lorsqu'il y étoit enfoncé jusqu'au cou. Cela sert du moins à prouver jusqu'où l'orgueil, la curiosité et l'amour de la nouveauté peuvent aveugler les hommes. Si l'adepte qui s'est trouvé, sans y songer, dans cet affreux labyrinthe conserve encore quelques sentiments de bonne foi, si les remords de la conscience ne sont pas entièrement étouffés chez lui; si le cri de l'honneur, de la patrie, de la société, peut encore se faire entendre : s'il peut encore s'indigner d'avoir été le jouet de tant d'artifices; si la vérité a encore quelque attrait pour lui; s'il est encore susceptible de quelque réflexion, ah ! que ce mot seul, que cet aveu d'une pieuse fraude est expressif! combien il lui découvre de choses! Ce mot seul doit lui dire : Souvenez-vous que, dès les premières invitations que nous vous avons faites pour vous attirer parmi nous, nous avons commencé par vous dire que, dans les projets de notre ordre, il n'entroit aucune intention contre la religion et le gouvernement; souvenez-vous que cette assurance vous a été donnée de nouveau quand vous fûtes admis au rang de nos novices, qu'elle vous fut encore répétée lors de votre entrée à notre académie minervale. Souvenez-vous aussi combien nous vous avons parlé de morale et de vertu dans ces premiers grades. Mais combien les études que nous vous prescrivions, et les leçons que nous vous donnions, éloignoient de la véritable vertu et de la vraie morale, et combien toutes nos instructions rendoient la vertu et la morale indépendantes de toute religion. Rappelez-vous que, tout en vous faisant l'éloge de la religion, nous avons su vous prévenir en même temps qu'elle n'étoit rien moins que ces mystères et ce culte dégénérés entre les mains des prêtres. Souvenez-vous avec quel art, avec quel respect simulé, nous vous avons parlé du Christ et de son évangile, dans nos grades d'illuminé majeur, de chevalier écossois et d'épopte ; comment nous avons su, de cet évangile, faire celui de notre raison ; de sa morale, celle de la nature et de la religion ; de la raison, de la morale, de la nature, nous en avons fait une compilation à notre manière, que nous avons adaptée à nos systèmes, pour former la religion, la morale des droits de l'homme, de l'égalité, de la liberté. Rappelez-vous qu'en vous insinuant toutes les diverses parties de ce système, nous les avons fait éclore de vous-mêmes, comme étant vos propres opinions. Nous vous avons mis sur la voie : vous avez répondu à nos questions, bien plus que nous aux vôtres. Quand nous vous demandions, par exemple, si les religions des peuples remplissoient le but pour lequel les hommes les ont adoptées, si la religion pure et simple du Christ étoit celle que professent aujourd'hui les différentes sectes, nous savions assez à quoi nous en tenir; mais il falloit savoir à quel point nous avions réussi à faire germer parmi vous nos sentiments.

Nous avons eu dans vous bien des préjugés à détruire avant de vous persuader que cette prétendue religion du Christ n'étoit que l'ouvrage des prêtres, de l'imposture et de la tyrannie. S'il en est ainsi de cet évangile, tant proclamé, tant admiré, que devons-nous penser de toutes les autres religions ? Apprenez donc qu'elles ont toutes les mêmes fictions pour origine, qu'elles sont également toutes fondées sur le mensonge, l'erreur, la chimère et l'imposture. Voilà notre secret, voilà les grandes sciences, voilà la vertu des sectaires, voilà les mains secourables qu'ils tendent au genre humain!

Les tours et les détours qu'il a fallu prendre, les promesses mêmes qu'il a fallu vous faire, les éloges qu'il a fallu donner au Christ et à ses prétendues écoles secrètes, la fable des franc-maçons, long-temps en possession de la véritable doctrine, ainsi que notre illuminisme, aujourd'hui seul héritier de ses mystères, ne vous étonnent plus en ce moment. Si, pour détruire tout christianisme, toute religion, nous avons fait semblant d'avoir seuls le vrai christianisme, seuls la vraie religion, souvenez-vous que la fin sanctifie les moyens, et que nous vous avons encore appris que tous les moyens qui conduisoient à notre but étoient bons. N'oubliez jamais que le sage doit prendre pour le bien tous les moyens du méchant pour le mal. Ceux dont nous avons usé pour vous délivrer, ceux que nous prenons pour délivrer un jour le genre humain de toute religion, ne sont qu'une pieuse fraude que nous nous réservons de dévoiler dans le grade de mage, ou de philosophe.

Aux témoignages, aux confidences, aux explications de Vueishaupt et de ses adeptes les plus intimes, ajoutons encore le témoignage d'un homme qui a eu le courage et la force d'entrer dans les secrets de la secte, dans la seule vue de lui arracher tous ses mystères d'iniquité, pour en instruire ensuite la société, et pour dévoiler la scélératesse et la monstruosité de cette secte infernale. Cette personne, zélée pour le bien général, n'a pas craint les menaces terribles, les poignards et les poisons de l'illuminisme. Le désir seul de découvrir les conspirations de la secte et d'arriver à ce qu'il regardoit comme le vrai moyen d'en prévenir les suites funestes, soutint seul le courage de cet adepte dans les épreuves qu'il lui fallut subir. Après avoir passé par tous les grades, il arriva enfin jusqu'aux derniers mystères.

Ce citoyen vertueux, sachant ce qu'il devoit à sa patrie, ne s'est pas cru obligé de tenir un serment fait à des conjurés. Il n'a pas craint de donner connoissance au magistrat et au prince, des preuves qu'il avoit acquises d'une conspiration contre l'état et contre la religion. Il prit seulement les précautions nécessaires à sa propre sûreté, pour se soustraire aux recherches des scélérats qui prétendoient avoir sur lui le droit de vie et de mort. Avant d'instruire le magistrat public, il changea son vrai nom de famille, et il ne craignit pas de violer un serment qui le rendoit parjure envers l'état, et auquel il ne s'étoit obligé que pour approfondir les mystères d'une secte conspiratrice, pour les révéler ensuite à tous ses concitoyens, soit pour les désabuser, soit pour les éclairer. Il n'ignoroit pas les dangers auxquels il s'exposoit; il savoit qu'il n'y avoit aucun asile en sûreté pour lui; que tous les poignards des assassins de l'illuminisme étoient dès-lors aiguisés et dirigés contre lui, et que la vengeance ainsi que la haine des sectaires sont implacables. Mais son amour ardent pour le bien général l'emporta sur toutes ces craintes et sur toutes les menaces de ces furieux.

Les ennemis de la société prennent tant de précautions pour cacher leurs derniers mystères, qu'ils ne font que d'en donner lecture à leurs adeptes mêmes, sans les leur communiquer autrement, dans la crainte qu'ils ne les transcrivent. Ils les renferment ensuite sous mille verroux, pour les soustraire à toutes recherches de la part du prince ou des magistrats. Ils en sentent trop toute la monstruosité et toute l'extravagance, et combien cette découverte seroit fatale à la secte. C'est pourquoi ils usent de tant de précautions pour qu'ils soient ignorés de la multitude. Leur propre sûreté leur en fait encore un devoir; car, si l'abomination des derniers mystères étoit entièrement connue, si elle étoit rendue publique, c'en seroit fait de la secte et des chefs surtout. C'est pourquoi les illuministes sont si fidèles à garder le serment fait à la secte, et si sévères contre ceux qui le transgressent. Ils savent que non-seulement les succès de leur société infernale, mais que leur existence même dépendent encore du secret du serment; ils n'ignorent pas que, leurs complots une fois connus, il n'est aucun châtiment, aucun supplice, qu'ils ne méritent pour expier leurs énormes crimes.

Mais chacun n'a-t-il pas droit de leur demander si le serment fait aux illuminés est supérieur à celui qu'ils avoient fait précédemment à l'état, et s'ils ont pu croire, en le prêtant, qu'ils étoient dégagés des devoirs que tout bon citoyen doit à sa patrie : si la violation d'un serment est si abominable et si horrible, qu'elle ne puisse jamais être assez punie, quel supplice doivent donc mériter ceux qui violent méchamment et audacieusement le serment de fidélité au souverain et à la patrie, qui est le plus sacré de tous les devoirs, etc. Ceux, dis-je, qui, non contents d'être eux-mêmes les premiers parjures, cherchent encore, par tous les moyens imaginables, à rompre tous les liens de la société qui unissent les hommes entre eux, pour entraîner les autres dans leur labyrinthe de crimes et de forfaits, ne sont ni excusables, ni dignes de commisération. Les méchants connoissent parfaitement la force, la puissance et les obligations du serment; c'est pourquoi ils l'emploient dans les premières leçons qu'ils donnent à leurs adeptes, pour les lier, les garrotter à tous leurs principes désorganisateurs, et pour se les attacher irrévocablement sous la foi du serment. Ils ne sont donc si indulgents pour eux-mêmes, que pour devenir plus injustes, plus cruels envers les autres.

Vueishaupt cherchoit à mettre l'univers entier sous sa discipline; mais sa méchanceté, avec sa verge de fer en main, apprendra bientôt aux hommes égarés à s'instruire. L'univers entier n'a-t-il déjà pas droit de lui dire : La fidélité, l'obéissance, l'amour de l'ordre et de la paix; voilà ce que tout bon citoyen doit au prince et à l'état. La pratique de toutes les vertus chrétiennes, l'amour de Dieu et du prochain; voilà ce que tout vrai fidèle doit à son créateur. L'avez-vous fait ? jugez-vous

vous-même à présent; et si vous ne le faites pas, la postérité saura d'abord vous juger, et le poids de la majesté divine vous accablera à la mort.

Malgré toutes les précautions et les artifices du hiérophante et de ses adeptes, tous leurs efforts réunis n'ont pu empêcher de pénétrer jusqu'à nous leur chef-d'œuvre d'impiété et de scélératesse; l'amour du bien public a fait triompher Biederman de tous les obstacles : il publia les grands mystères du prêtre et du régent illuminé, sous le nom de derniers travaux de Spartacus et de Philon, c'est-à-dire, de Vueishaupt et de Kuigge. Il joignit à ces grades les instructions qui les accompagnent, et l'histoire critique de tous les grades de l'illuminisme, à part ceux de mage et d'homme-roi, dont on donne simplement lecture aux adeptes, comme nous l'avons déjà dit. Mais la véracité n'en est pas moins attestée dans toutes les preuves que nous fournissent les écrits originaux de l'illuminisme. Le certificat mis en tête des grades de prêtre et de régent est si indubitable, que le certificat et l'original sont écrits totalement de la main de Philon Kuigge. Le cachet de l'ordre est apposé à ce certificat.

Écoutons encore, sur les grades de mage et de l'homme-roi, ce que nous en apprend Biederman, qui signifie déjà homme d'honneur, prud'homme : voilà l'hommage et le tribut de la reconnoissance que les Allemands payent à ses ouvrages. Il nous dit que le grade de mage, appelé aussi le philosophe, contient les principes fondamentaux du spinosisme. Tout est ici matériel; Dieu et le monde ne sont qu'une même chose; toutes les religions sont inconsistantes, chimériques, et l'invention d'hommes ambitieux. Philon et Spartacus, dans leurs instructions précédentes, avoient déjà cherché à graver dans le cœur de leurs adeptes cette nature si souvent unie à Dieu, représentée active comme Dieu, poursuivant avec la même activité de forces, avec la même sagesse que Dieu, les plans qu'elle a tracés; et cent autres expressions aussi ridicules indiquoient assez clairement que le Dieu de Vueishaupt n'étoit autre chose que la matière et l'univers, ou le Dieu des athées, c'est-à-dire, que la sottise et l'impudence du bavarois finissent par nier l'existence de Dieu. Car dire qu'il n'y a d'autre Dieu que le monde, c'est évidemment nier l'existence d'un seul être qui puisse être justement appelé Dieu; c'est se jouer des hommes, et leur dire que l'on retient la chose, parce qu'on n'ose pas ôter le nom; c'est faire usage du nom de Dieu pour détruire l'idée de la divinité. Ainsi, le premier objet des grands mystères de l'illuminisme est de conduire, à force de ruses et d'artifices, les adeptes au plus monstrueux athéisme, et de persuader à tous les peuples que toute religion n'est que l'invention d'ambitieux imposteurs. Il leur dit assez clairement que, pour se délivrer du despotisme de l'imposture, et recouvrer les fameux droits de l'homme qui sont la liberté, l'égalité, il faut commencer par anéantir toute religion, tout culte, tout autel, cesser de croire en Dieu.

Les grands mystères, dévoilés dans le second grade appelé l'homme roi, ne sont pas moins révoltants; écoutons ce que nous en dit encore Biederman; l'iniquité dévoilée par la secte elle-même ne sera pas moins évidente. Ce grade nous instruira que chaque paysan, chaque bourgeois, chaque père de famille est souverain comme l'étoient les hommes sous la vie patriachale à laquelle on doit ramener le genre humain; qu'il faut par conséquent détruire toute autorité, toute magistrature; ils diront encore que l'ambition des princes et des prêtres tient les hommes enchaînés dans un humiliant esclavage, que la pusillanimité des uns fait toute la gloire et la force des autres; que chacun doit employer tous les moyens pour secouer un joug si odieux et ramener l'homme à son premier état de nature qu'on appelle aujourd'hui la vie patriarchale. Voilà les grands mystères du grade de l'homme-roi. Ils sont tout à la fois injurieux et outrageants pour la divinité et l'humanité.

Quelque irrécusable que soit ce témoignage, il en coûte pour croire qu'il se trouve des hommes portant tout à la fois l'absurdité et la scéleratesse au point de n'élever leurs disciples avec tant de constance, tant de précaution, de soin et d'artifice, que pour leur dire enfin : Tout ce que nous avons faits jusqu'ici pour vous tendoit à vous rendre dignes de travailler comme nous et avec nous à la destruction, à l'anéantissement de toute magistrature, de tout gouvernement, de toute loi, de toute société civile, de toute république même. Mais l'ambition ne peut mettre de bornes à sa cupidité : elle va toujours croissant. Aussi les séditieux, qui sont les plus grands ambitieux, déguisent toujours ce qu'ils convoitent ; ils étudient avec art tous les moyens pour l'envahir. Pour arriver à leur but, ils font jouer tous les ressorts, même les plus criminels, artifice, fraude, injustice, perfidie, séduction, corruption, meurtre, assassinat ; tous leur conviennent, tous leur sont agréables, pourvu qu'ils puissent les conduire à leur fin désastreuse. Ils prétendent que les autels et les trônes sont le fléau de la liberté ; et ces mêmes hommes, qui se vantent dans leur repaire ténébreux d'être les seuls libres et indépendants, osent élever des autels et des trônes jusque dans le sein de leurs antres affreux ; ils les reconnoissent alors comme les emblèmes de l'honneur, de la puissance et de la liberté. Les supérieurs et les maîtres qu'ils se sont choisis, ont seuls le droit d'y siéger : ainsi leurs cérémonies mêmes suffisent pour leur démontrer qu'ils ne sont en tout que de vils esclaves, et qu'ils n'ont pas même l'écorce de la liberté. Ils n'ont sans cesse à la bouche les mots liberté et vertu que pour en abuser, pour détruire l'une et l'autre dans le cœur de leurs adeptes, afin de les mieux précipiter d'abîme en abîme. Voilà l'amour qu'ils portent au genre humain, voilà la paix et le bonheur qu'ils lui préparent par leurs leçons artificieuses. Toutes leurs instructions ne sont qu'erreurs et ténèbres : au lieu de rendre l'homme meilleur, elles ne tendent qu'à le conduire à pas lents et par degrés dans toutes sortes d'excès et de crimes. Ces effrontés et déhontés parjures poussent la sottise et l'impudence jusqu'à donner le nom de rédemption, à l'instruction qui a rendu un chrétien tout à la fois impie, athée et apostat. Le moindre fruit que l'on puisse retirer des leçons des grades supérieurs est au moins l'impiété, sinon l'incrédulité : l'individu entre dans leurs repaires religieux et fidèle ; à la suite de leurs instructions, il en sort impie, traître et parjure. Tels sont les effets funestes des sociétés secrètes. Voilà leurs bienfaits. voilà les bras ouverts au genre humain ! Voilà les grandes sciences, voilà les maximes de la nouveauté, voilà les talents de la philosophie ! Ils font consister la vraie gloire, le véritable bonheur dans l'anéantissement et le désespoir, dans le sort des bêtes. Ils se font un point d'honneur de cette doctrine avilissante qu'ils érigent en force d'esprit et en philosophie. N'est-ce pas le comble de l'extravagance, le renversement du bon sens, et la dépravation des premiers sentiments de la nature ? Ils se font gloire de ce qui fait le plus leur honte et leur opprobre; car peut-on rien imaginer de plus avilissant pour l'homme, de plus funeste à la société, que de s'associer librement au sort de l'insecte et de la brute. Il n'appartient qu'à des monstres de se glorifier et de tirer vanité d'un système aussi absurde, aussi humiliant et aussi révoltant. Il est temps de rappeler ce mot d'un panégyriste de la philosophie : Philosophe, ta morale est bonne ; mais montre-m'en, je t'en prie, quelque part la sanction. Ecoutons encore Frédéric, ce roi de Prusse, que les philosophes ont tant vanté et qui les connoissoit si bien ; il disoit : Malheur à la nation maîtrisée par la philosophie. N'a-t-il pas dit également : Si j'avois un peuple à punir, je le ferois gouverner par des philosophes? Vous tous, qui êtes amateurs de nouveautés et de philosophie, si vous voulez que le peuple ait confiance à vos principes et à vos lumières? que la vertu, l'équité, la vérité et la justice soient la base de vos leçons, et que vos actions en soient la garantie; que la charité soit dans votre cœur et non dans votre bouche.

Philosophes, vous vous plaisez tant à vanter la raison; daignez au moins l'entendre. Les paroles des faux sages et des faux savants ne peuvent porter au bien ; mais une doctrine pure, une conduite sans reproche et le bon exemple entraînent à la vertu. Esprits indociles, vous fuyez la lumière pour vous plonger dans les ténèbres; vous mettez votre gloire à préférer la mort et le néant au bonheur de la vie future. Loin d'ambitionner votre faux point d'honneur et votre doctrine avilissante, nous vous abandonnons volontiers l'un et l'autre, pour nous nourrir de l'espérance de l'immortalité et d'un bonheur éternel. Vous ne vous occupez de religion que pour l'attaquer, et pour chercher à en détruire le fondement. Éclairez-vous du flambeau de la lumière ; cherchez la voie de la vérité et de la vie : vous les trouverez en vous occupant de la science du salut, que tous les sectaires cherchent à étouffer ou à anéantir.

Jusqu'ici, la philosophie n'a employé ses talents qu'à enseigner peu à peu aux hommes ce qu'elle leur dit clairement aujourd'hui : tous les hommes sont égaux et libres; c'est là leur droit de naissance, leur droit imprescriptible; mais ce n'est pas sous les rois seulement que les hommes perdent cette liberté; elle est nulle partout où il existe d'autres lois pour les hommes que leur volonté même. Nous vous avons beaucoup parlé de despotisme et de tyrannie; mais le despotisme et la tyrannie ne sont pas seulement dans le monarque et les prêtres; on les retrouve essentiellement dans le peuple souverain démocrate, dans le peuple législateur, tout comme dans le roi législateur. Quel droit a donc ce peuple, ou cette multitude et sa majorité, de me soumettre moi et la minorité à ses décrets? Étoit-ce là le droit de la nature? existoient-ils, ces peuples souverains et législateurs, plus que ces rois ou ces aristocrates législateurs, quand l'homme jouissoit de son égalité et de sa liberté naturelles? Voici donc nos grands mystères : tout ce que nous disions contre les despotes et les tyrans n'étoit que pour vous amener enfin à ce que nous avons à vous dire du peuple même, de ses lois et de sa tyrannie. Ces gouvernements démocratiques ne sont pas plus dans l'ordre de la nature que les autres gouvernements. Notre secte les envisage tous comme contraires à ses projets, parce que tous les gouvernements quelconques ont leurs lois pour protéger la vertu et pour punir le crime. Si vous nous demandez : comment les hommes vivront-ils désormais, sans lois, sans magistratures, sans autorités constituées réunies dans leurs villes? la raison ne pourra s'accommoder avec la réponse; mais nous ne resterons toujours pas courts, et nous vous dirons : laissez-là vos villes, vos campagnes, et brûlez vos maisons. Sous la vie patriarchale, les hommes bâtissoient-ils des villes, des maisons, des villages? ils étoient égaux et libres; la terre étoit à eux. Elle étoit également à tous, et ils vivoient également partout; leur patrie étoit le monde. On ne connoissoit ni royaume ni province; toute la terre

leur appartenoit, et non pas simplement comme aujour-
d'hui : un empire fait la portion des uns, ou une république dans un coin de la terre fait la part des autres. Soyez
tous égaux et libres, et vous serez tous citoyens du
monde ; sachez apprécier la liberté, l'égalité, et vous ne
craindrez pas de voir brûler toutes les villes, incendier tous les villages, et ravager toutes les campagnes,
que vous appelez votre patrie. Frères et amis, tel est le
grand secret que nous vous réservions dans nos grands
mystères.

S'il est besoin de courage et de fermeté pour entendre
la lecture d'instructions si outrageantes pour la société,
pour la religion, pour la vertu et pour les bonnes mœurs,
la répugnance est encore plus grande lorsqu'on considère pour quelle fin Vueishaupt, avec tous ses adeptes,
travaille avec tant de précaution et d'acharnement. Oui,
sans doute, il en coute de croire que la stupidité, mariée
à l'orgueil, à la méchanceté et à tous les vices, ait donné à Spartacus des disciples capables d'assister à ses
mystères d'iniquité, d'y applaudir, et d'en comploter avec
lui l'exécution. Il est encore plus étonnant qu'il ait
trouvé des collaborateurs fidèles, qui, au lieu de voir
dans les leçons du bavarois son impiété et ses maximes
pernicieuses, les traitoient au contraire d'oracles de la
sagesse et de la suprême philosophie.

Si les cœurs corrompus étoient susceptibles de réflexion, il en auroit dû coûter aux prétendus partisans
de la démocratie, d'apprendre que, la secte détruisant par eux tous les gouvernements qui existoient, il
ne leur restoit d'autres perspectives que celle de voir
un jour les sectaires renverser celui qu'ils construisoient
eux-mêmes. Mais les maîtres, plus habiles que les disciples, ne montrèrent à leurs adeptes, dans les crimes
à commettre, que ceux qui leur étoient personnellement
étrangers, et ils s'y livrèrent avec fureur et avec acharnement.

Le caractère des méchants est non-seulement de tourmenter ceux qui ont des sentiments plus justes et plus
nobles qu'eux, mais ils se plaisent encore à se repaître

de sang innocent : ils appesantissent leur rage, non-seulement sur ceux qui ont la charité et le courage de les reprendre de leurs désordres, mais ils sévissent encore contre ceux qu'ils ne peuvent entraîner dans leurs vices. Le caractère de l'homme juste est la fermeté dans les différents événements de la vie ; des mœurs sans reproches, une conduite pure, prouver par ses actions qu'il est vraiment chrétien, voilà sa consolation, sa tranquillité, sa paix et son bonheur.

Il n'y a personne qui ait plus de zèle pour la gloire de Jésus-Christ, qui soit plus fort et plus constant à défendre les vérités de la foi contre les puissances du monde, que celui qui a assez de courage et de fermeté pour en mépriser les honneurs et les plaisirs. Mais celui qui s'attache à la pompe et aux richesses du siècle, ne peut ni blâmer ni condamner le luxe, la vanité et la mollesse des mondains : une vie pénitente et mortifiée ne paroit dure qu'aux orgueilleux ; elle n'effraie que ceux qui se plaisent à contenter leur corps et à satisfaire leurs passions.

Un des devoirs essentiels à tous les maîtres est d'envoyer et de conduire leurs disciples à Jésus-Christ ; mais, dans les sociétés secrètes, toutes les leçons des instituteurs sont dirigées contre Jésus-Christ ; elles ne tendent toutes qu'à anéantir la religion chrétienne. Pour arracher de la puissance des ténèbres ces docteurs de la scélératesse et de l'impiété, il faut une force et une grace particulières, pour élever en haut celui qu'une nature corrompue tient courbé vers la terre. Celui qui se plaît à l'estime et à la louange des hommes, celui qui n'aime que tout ce qui est éclatant, commode et apparent, ne peut par lui-même combattre et vaincre les mouvements de sa nature corrompue, qui a toujours pour fin de se satisfaire et de maîtriser les autres. Les fausses louanges que les élèves prodiguent à leurs maîtres n'aboutissent qu'à les enorgueillir, et à les égarer davantage ; mais un homme est-il meilleur d'être estimé par un autre, plus grand qu'il ne l'est en effet ? En l'élevant ainsi, c'est un homme vain qui se joue d'un homme plus vain encore ; c'est un trompeur qui en trompe un autre pour mieux l'enfoncer dans le bourbier de tous les vices.

Les liens de l'homme qui a croupi long-temps dans le crime, sont bien plus forts et plus difficiles à rompre : aussi les changements et les conversions des pécheurs obstinés sont extrêmement rares. La confusion et le désespoir sont ordinairement le partage des philosophes endurcis : peut-on espérer d'appaiser en un instant celui qu'on s'est toujours plu à outrager ? peut-on regarder avec confiance celui que l'on n'envisageoit qu'avec horreur. Un ennemi du Crucifix peut-il espérer de mourir en embrassant le Crucifix ?

Nous avons assez démontré que tous les plans des sociétés secrètes, décorées du beau nom de philosophie, sont également dirigés contre la religion, contre les gouvernements légitimes et contre les sociétés civiles. Illuminés, franc-maçons, tous ont le même but : ils ne forment tous qu'une même communauté de principes et de crimes par leur fédération monstrueuse ; ils ne font que rivaliser en forfaits. Leur orgueil et leur audace criminels n'ont fait qu'augmenter, à mesure que le nombre de leurs adeptes croissoit. Ces impies et ces séditieux ont osé faire imprimer leurs statuts, leurs catéchismes, la description des infames cérémonies qui avoient lieu dans leurs antres ténébreux, les obligations avilissantes qu'ils imposoient à leurs élèves sous la foi du serment, les épreuves humiliantes qu'ils leur faisoient subir dans chaque grade, la pieuse fraude qu'ils employoient pour les amener, par des leçons aussi absurdes qu'impies, aux derniers mystères de la secte, dont on ne donnoit connoissance entière qu'à ceux qui avoient manisfesté leur fureur et leur haine contre les trônes et les autels. L'irréligion et l'anarchie ne paroissoient dans toute leur nudité que dans les grades supérieurs des sociétés secrètes. Là, on se faisoit gloire de mépriser les sacrements de l'église, et d'outrager la majesté divine ; là, l'on s'encourageoit à détruire l'autorité légitime, à anéantir tout gouvernement et toutes lois civiles ; on y profanoit les plus grands mystères de la religion, ils y étoient tournés en ridicule et en risée par les chefs de l'impiété, afin de mieux

19.

disposer leurs adeptes à leur but principal, qui laissoit à chacun liberté entière de se former une religion à son gré, pour les détruire toutes ensemble.

La description que nous avons faite de tout ce qui se complotoit dans ces sociétés impies, surtout dans les grades supérieurs, résulte des différents aveux faits par plusieurs adeptes devant leurs juges légitimes : elle résulte encore des écrits originaux des sectaires, de leurs correspondances, de leurs instructions secrètes et de la vanité qu'ils ont eue à se glorifier lors de leurs triomphes. Les témoignages des personnes qui se vantent d'être la seule cause de tous les maux et de tous les désastres dont nous avons été témoins, paroissent irrécusables et suffisants pour convaincre d'audacieux et d'impudents conjurés. Les chefs des sociétés secrètes ont su eux-mêmes inspirer toute l'horreur qu'ils méritent. Les preuves seroient trop multipliées, si on y ajoutoit encore les lumières et les talents des personnes qui ont écrit contre les sociétés secrètes et qui en ont dévoilé les écueils et les dangers; mais à quoi bon chercher ailleurs tant de témoignages, quand les sectaires nous instruisent si bien. Les derniers éclaircissements de Kuigge, connu sous le nom de Philon, sont encore un monument authentique et dégoûtant de ses travaux pour la secte. Son assertion ne peut être suspecte ; elle dépose évidemment contre un soi-disant philosophe, qui traite les objets religieux avec tout le mépris qu'il mérite lui-même. On y voit un impie forcené poursuivant à outrance les ministres du Seigneur, pour propager ses principes d'incrédulité. Les écrits originaux des sectaires saisis à Munich déposent encore ouvertement contre l'illuminisme. En voilà bien assez pour convaincre et démontrer que nous n'avons pas parlé au hasard contre les sociétés secrètes, et que tout ce que nous avons avancé n'est pas sans cause ni sans fondement. Les écrits de Philon et de Spartacus, que nous avons rapportés tout au long, expriment assez la malice, la scélératesse et l'impiété de Vueishaupt et de Kuigge, les deux principaux conjurés de la secte. Toutes leurs instructions que nous avons également rappelées, mais que nous avons beaucoup abrégées pour moins fatiguer le lecteur, ne tendoient qu'à conduire par échelons leurs élèves à l'impiété et à l'anarchie. Dans les premiers grades, leur iniquité étoit cachée; elle étoit enveloppée d'un voile; mais dans les hauts mystères, elle y étoit enseignée effrontément. On y faisoit gloire de l'athéisme, de l'incrédulité et de l'anarchie; par des singeries abominables, on y profanoit encore les augustes mystères de la religion. Voilà ce que nous ont appris dans les grades supérieurs Vueishaupt et Kuigge, en dévoilant à leurs adeptes les secrets de leurs grands mystères. L'on peut en croire sur leurs témoignages les coupables qui, en cherchant à s'élever, deviennent eux-mêmes leurs propres accusateurs : leurs aveux seuls suffisent pour faire leur condamnation et leur confusion.

Ceux qui se glorifient de leurs égarements, décèlent en même temps et la corruption de leurs cœurs, et leurs excès, et leurs vices. Ainsi, de tels témoignages ne peuvent être atteints de suspicion : ils sont même une preuve irrécusable et sans réplique. S'il faut s'armer de courage et de patience pour entendre jusqu'à la fin lecture de semblables abominations, il en faut encore plus pour les décrire. Vueishaupt, déguisé sous le nom de Spartacus, et Kuigge, travesti sous celui de Philon, n'en étoient pas moins les infames chefs de l'illuminisme, comme Voltaire, d'Alembert, Diderot et Condorcet étoient ceux de la franc-maçonnerie : nous avons déjà rapporté leurs écrits et leurs correspondances. Le tout a suffi pour confondre tous ces maîtres de l'impiété des plaies profondes que leurs instructions et leurs productions monstrueuses ont faites à la société, à la religion et à l'état. Ainsi, pour couvrir de mépris et de confusion tous ces esprits forts, tous ces prétendus philosophes, nous n'avons eu besoin que d'eux-mêmes. Ces esprits orgueilleux et superbes, ennemis de la vertu, tout en se croyant supérieurs aux autres en sciences et en talents, ont voulu approfondir les secrets impénétrables de la majesté divine, et ils ont bientôt été accablés du poids de sa gloire. Par des recherches curieuses et inutiles, ils ont voulu sonder la haute profondeur des mystères de la religion catholique, et ils se sont plongés dans une abime de doutes qui les ont perdus, eux et leurs adeptes. Leur vanité n'a servi qu'à les précipiter d'abime en abime, à les enchaîner tous par des forfaits, à les couvrir de honte et d'infamie en cette vie, et à leur préparer des supplices éternels pour l'autre.

Il est ordinaire aux membres des sociétés secrètes, et sur-tout à leurs chefs, de tomber dans de grandes fautes ; mais il est fort rare qu'ils cherchent à les réparer par un repentir sincère, et par les larmes de la pénitence. Leur orgueil et un fol amour propre les maîtrisent, et les tyrannisent jusqu'à leur dernier moment. Comme Dieu a en horreur les superbes, et qu'il ne communique ses graces particulières qu'aux esprits humbles et soumis à ses volontés adorables, des remords et des déchirements sont communément la fin et le partage des orgueilleux.

La vérité est une, et on ne peut la connoître sans quitter les œuvres de ténèbres, pour se revêtir des armes de la lumière. L'abandonner dans un point, c'est l'abandonner toute entière : la foi et l'amour de Dieu ne peuvent souffrir aucun mélange ; soyons donc entièrement à Dieu, puisque nous lui appartenons entièrement. Celui-là seul possède la vérité, qui croit tout ce que l'Eglise nous enseigne, et qui pratique tout ce qu'elle nous commande. Dieu seul est tout ensemble la véritable voie, la vérité et la vraie vie : il peut plus faire que l'homme ne peut comprendre. Les philosophes, au lieu de suivre la voie droite et sûre des commandements de Dieu, se sont précipités dans le sentier des questions épineuses, en se fiant trop sur eux-mêmes et sur leurs sciences profanes : ils n'ont pas connu leurs misères et leurs foiblesses ; ce sont des malades qui ont abusé d'autres malades ; et ces vaines louanges que leur ont prodiguées leurs adeptes, n'ont abouti qu'à les perdre et à les déshonorer véritablement.

Toute la raison et les recherches naturelles doivent suivre la foi, et non la précéder et la détruire ; car la foi et l'amour d'un Dieu qui ne peut ni se tromper, nous tromper, doivent l'emporter sur tous les vains raisonnements des philosophes. L'homme est trop borné par lui-même, pour vouloir sonder et pénétrer les merveilles d'un Dieu qui est éternel, immense, et d'une puissance infinie, qui fait dans le ciel et sur la terre des choses admirables et incompréhensibles. Si les œuvres de Dieu étoient telles que la raison humaine pût aisément les comprendre, elles ne seroient plus des merveilles : elles cesseroient d'établir et de prouver la majesté et la puissance de Dieu. Nous devons donc croire, sans hésiter, Jésus-Christ sur sa parole qui est infaillible. Nous devons être persuadés que tout homme réduit à lui-même, est sujet à l'erreur et au mensonge, et que toute la raison humaine n'est que foiblesse exposée à s'égarer et à se tromper; mais que la foi ne peut nous tromper, puisqu'elle est fondée sur la parole de Dieu même. Que notre foi supplée donc au défaut de nos sens, en sacrifiant toutes les lumières de la raison humaine à la parole d'un Dieu, d'une puissance et d'une bonté infinies, que toutes les bouches du monde doivent louer et glorifier avec une dévotion ardente, et avec des transports de joie et d'alégresse. Revêtons-nous donc de Jésus-Christ, en nous réglant en tout sur lui ; il n'est venu au monde que pour sanctifier les hommes par ses exemples et par sa doctrine incomparable. Il nous a encore enseigné par sa conduite exempte de tout reproche, et par la pureté de ses instructions et de sa divine loi, que les péchés seuls étoient des œuvres de ténèbres, et la pratique de toutes les vertus chrétiennes des œuvres de lumière. La vie de Jésus-Christ a été si innocente, et sa morale si pure, que Voltaire, le héros de la philosophie et de l'impiété, n'a pu s'empêcher de convenir et n'a pu s'empêcher de dire que la vie de Jésus-Christ étoit celle d'un Dieu, que l'Evangile par sa noble simplicité et sa sublimité ne pouvoit être l'ouvrage d'un homme, et que notre divin maître étoit digne de tous les respects, de tous les hommages, de toute la vénération des hommes, des anges et de toutes les créatures qui sont dans l'univers.

S'il eût pris autant de soin pour honorer et faire honorer notre Seigneur, qu'il en a pris pour le faire méconnoître et pour le blasphémer, il n'eût pas tant craint de paroître en la présence d'un juge qu'il avoit tant outragé par ses sarcasmes et ses blasphèmes. Dans ses derniers moments, il n'eût pas été déchiré de remords, et il n'eût pas terminé sa carrière dans la rage et le désespoir; car la mort n'est terrible qu'à l'impie mourant. Jésus-Christ n'est mort que pour en adoucir les rigueurs, et pour la rendre douce et consolante pour le juste.

Les jugements du Seigneur sont vrais : il se justifient par eux-mêmes ; on doit les craindre, mais non les sonder, parce qu'ils sont incompréhensibles à l'esprit humain. Il n'y a que les hommes charnels et animaux qui puissent chercher à approfondir les hauts mystères de Dieu : ils ôtent ou ils ajoutent au gré de leurs caprices, et non comme il plaît à l'éternelle vérité, mais leur curiosité ne sert qu'à les nourrir dans l'orgueil et la vaine gloire. Mais sans songer à nous élever, cherchons cependant à nous instruire, et écoutons les leçons que Vueishaupt nous annonce si importantes, et qu'il dit réserver à ses adeptes pour ses derniers mystères. Nous l'avons entendu faire consister la suprême félicité, tantôt dans la vie patriarchale, tantôt dans celle des hordes errantes, ou même de l'homme sauvage qu'il regarde comme l'époque où l'homme jouissoit le mieux de son égalité et de sa liberté naturelles. Nous l'avons entendu maudire, comme le principe consommateur des maux du genre humain, cette époque où les hommes, s'unissant par des lois sous des gouvernements civils, formèrent ces premières sociétés appelées peuples et nations ; nous l'avons entendu maudire les nations, et l'amour national, comme la grande source de l'égoïsme ; il méprisoit les lois, les droits des nations, comme inconciliables avec la raison, la justice, et avec les droits de la nature. Peut-on trouver des preuves plus convaincantes du délire de la raison, que nous en fournissent les leçons de Vueishaupt? Toutes ses instructions ne tendent qu'à l'anéantissement de la morale, et à la destruction de l'ordre social. Ses blasphèmes contre l'amour de la patrie, ne sont-ils pas l'invitation la plus directe à ses adeptes à n'en plus reconnoître? Ses vociférations contre l'autorité sont bien aussi des leçons à ses adeptes, pour leur apprendre à se passer de princes, de gouverneurs; l'exhortation et l'art de se gouverner soi-même ne sont-elles pas des invitations à la rebellion? Dans sa fureur frénétique contre tout ce

qui tient à l'empire des lois, ne l'avons-nous pas entendu apprendre à ses adeptes que le péché originel
des hommes étoit leur réunion sous les lois de la société
civile, que leur rédemption seroit l'abolition de l'état
civil? N'avons-nous pas entendu ce déhonté sophiste
s'écrier: laissez les rieurs rire, les moqueurs se moquer;
il n'en viendra pas moins ce temps où les princes et les
nations disparoîtront, ce temps où chaque homme
n'aura plus d'autres lois que celles de sa raison. Il n'a
pas hésité à le dire : ce grand œuvre sera celui des sociétés secrètes ; c'est à ces sociétés secrètes que la nature confie ses archives ; c'est par elles que l'homme
doit être rétabli dans ses droits de liberté, d'égalité,
dans cette indépendance qui ne lui laisse d'autres lois
que celles de sa raison. Il l'a dit formellement, c'est là
un des grands mystères de notre illuminisme. Il est
difficile de trouver un conjuré plus audacieux et plus
impudent; d'après les expressions de son auteur même,
on ne peut plus douter que la conspiration de l'illuminisme n'ait pour véritable objet la ruine absolue de
toutes lois, de tout gouvernement et de toute société
civile. Par un système plus scélérat encore qu'insensé,
nous avons entendu Vueishaupt prévenir ses adeptes
qu'il ne doit pas en être de l'indépendance rappelée
parmi les hommes, comme il en fut de l'indépendance
une première fois perdue par les hommes ; qu'instruit
par ses désastres, le genre humain sera ce qu'est un
homme corrigé par une longue expérience, et qui n'a
garde de retomber encore dans les fautes qui firent ses
malheurs. Nous l'avons entendu promettre à ses élus
que, cette indépendance une fois recouvrée, c'en étoit
fait pour toujours de l'empire des lois, de toute société
civile ; et nous ne croirions pas cette conspiration
contre la société profondément projetée, méditée, dé-
libérée et exécutée par les sectaires, après tant de
preuves réunies et si convaincantes?

S'il reste encore quelque lecteur ou quelque conjuré
de la liberté et de l'égalité assez endurcis et assez aveuglés pour conserver quelques charmes pour les sociétés
secrètes, on peut au moins les traiter de séditieux, et les
regarder à juste titre comme les ennemis les plus

acharnés à la perte et à la ruine du genre humain : car il faut s'aveugler soi-même pour se cacher la haine et les conspirations de la secte contre l'existence de toutes lois civiles et contre toute prétention de propriété. Voilà ce que Vueishaupt nous apprend de ses grands mystères; mais pour mieux nous convaincre, écoutons encore ce qu'il nous dit dans ce qu'il appele ses petits mystères. Nous l'entendrons enseigner à ses adeptes : Heureux les hommes, s'ils avoient su se maintenir dans le premier état où ils furent placés par la nature. Mais bientôt dans leurs cœurs se développa un germe malheureux, et leur repos et leur félicité disparurent. A mesure que les familles se multiplioient, les moyens nécessaires à leur entretien commencèrent à manquer; la vie nomade cessa; la propriété naquit; les hommes se choisirent une demeure fixe; l'agriculture les rapprocha; dès-lors, la liberté fut ruinée dans sa base, et l'égalité disparut.

La secte ne remonte à cette vie patriarchale et nomade, que parce qu'elle est antérieure à la propriété, à l'établissement des lois civiles et à la construction des demeures fixes; elle ne choisit une époque si reculée, que pour mieux anéantir la propriété et les lois civiles qu'elle regarde comme la première atteinte portée à l'égalité et à la liberté. Et pour reconquérir cette vie nomade ou patriarchale, et avec elle cette liberté, cette égalité si prêchée par des scélérats désespérés, il faut renoncer à tout ce qui se nomme propriété; il faut abandonner ses maisons, ses chaumières, toute demeure fixe, et convenir, avec la secte désorganisatrice, que le premier blasphème contre l'égalité, la liberté, est sorti de la bouche de l'homme qui le premier a dit : Voilà ma maison, voilà mon champ, voilà ma propriété. La secte ne peut en effet reconnoître de propriété avec cette liberté, cette égalité, avec cette nature qui donne tout à tous également, pour abolir toute distinction de riches et de pauvres. Les soins de la secte s'étendent sur tout; elle veut abolir la propriété du pauvre comme celle du riche. Les chaumières, comme les palais, doivent ressentir et éprouver les terribles désastres des sectaires; pauvre ou riche, l'égalité n'en est pas moins attaquée dès qu'un homme peut dire : Cette chaumière m'appartient, ce champ est à moi. Ainsi, selon les principes de l'illuminisme, l'on ne peut jouir de l'égalité qu'en anéantissant toute propriété; ainsi, le premier qui, fatigué de la vie errante, vagabonde et sauvage, bâtit une simple chaumière pour fixer sa demeure, n'en tua pas moins l'égalité et la liberté. Le premier qui creusa le sein de la terre et y traça des sillons pour en avoir du pain et non des trésors, n'en fut pas moins un ennemi de l'égalité et de la liberté. Selon la secte, ce champ défriché n'appartient pas plus aux bras qui l'ont cultivé pour le rendre fertile, qu'au paresseux qui le laissoit inculte. Hommes laborieux et industrieux, ou hommes lâches et nonchalants, tous, pour être égaux et libres, doivent avoir le même titre au produit.

On ne peut entendre sans indignation les sophismes des sectaires; s'ils n'ont pu établir, d'après leurs principes désorganisateurs, leur égalité et leur liberté, ils n'ont pas oublié d'appesantir leur despotisme et leur tyrannie sur ceux qu'ils ont endormis de leurs maximes pernicieuses. La liberté et l'égalité sont cependant, pour eux, les droits de la nature; mais ils ne s'en servent que pour mettre les autres dans l'esclavage. Pauvre ou riche, vous n'en êtes pas moins l'assassin de l'égalité et de la liberté, dès que vous prétendez à la propriété; dès-lors vous n'en serez pas moins maudits dans les hauts mystères de l'illuminisme. Pauvre ou riche, vous n'en serez pas moins l'objet de la haine et de la fureur des conjurés. Ce ne sont encore là que les demi-secrets de Vueishaupt à ses adeptes; il les a dévoilés à ses époptes; il en réserve la plénitude pour ses mages et pour son homme-roi. Vous voyez aujourd'hui la secte donner au paresseux la peine de l'homme laborieux; vous la verrez encore donner au pauvre ce qui étoit au riche; mais attendez le moment des grands mystères ou des derniers complots, et le pauvre saura bientôt que si l'illuminisme commence par dépouiller les riches, c'est pour apprendre au pauvre que, sa propriété n'étant pas mieux fondée, le moment de la maudire et de l'en dépouiller arrivera pour lui tout comme pour les riches.

Ce que nous savons déjà des sophistes conjurés, nous annonce assez leurs progrès rapides et leurs projets criminels; ils nous disent même assez clairement qu'ils seront bientôt dans le cas de les exécuter. Mais écoutons encore Jean-Jacques Rousseau, sophiste de la liberté et de l'égalité, prévenant par ses écrits les leçons du moderne Spartacus : nous avons déjà fait entendre cet oracle. Il s'exprime ainsi sur l'inégalité des conditions : Le premier qui, ayant enclos un terrain, s'avisa de dire : ceci est à moi, et trouva des gens assez simples pour le croire, fut le vrai fondateur de la société civile. Le genevois sophiste avoit ajouté : Que de crimes, que de guerres, de meurtres, de misères et d'horreurs n'eût point épargnés au genre humain, celui qui, arrachant les pieux, ou comblant les fossés, eût crié à ses semblables : Gardez-vous d'écouter cet imposteur; vous êtes perdus si vous oubliez que les fruits sont à tous et que la terre n'est à personne. Que d'injustices, que de forfaits, que de spoliations le même sophiste auroit épargnés au genre humain, si, renonçant à son désastreux paradoxe, il avoit su donner aux hommes des leçons plus justes, plus vraies et plus réfléchies; et s'il nous avoit dit : Le premier qui, ayant enclos un terrain, s'avisa de dire : ceci n'est à personne, je le cultiverai; de stérile, je le rendrai fertile; je ferai ce que la nature exige de moi, pour en tirer ma subsistance, celle de mon épouse, celle de mes enfants, et ce terrain sera à moi; le Dieu de la nature, qui ne l'a encore donné à personne, l'offre, et le donnera au premier cultivateur pour fruit de ses travaux; le premier qui auroit tenu ce discours, et qui auroit mis la main à l'œuvre pour rendre fertile ce champ inculte, auroit secondé le vœu de la nature; il auroit encore rempli les vues du créateur; il auroit donné le premier tout à la fois l'exemple du travail et de l'obéissance; il auroit trouvé des hommes assez sages pour l'imiter; il eût été utile à ses semblables, juste envers tous, et soumis à son créateur; il eût été le premier bienfaiteur du genre humain; il auroit inspiré aux hommes l'amour du travail; il leur auroit appris qu'ils n'étoient point faits pour disputer aux animaux les fruits sauvages de la terre, et qu'en la cultivant, on en retiroit des productions plus abondantes et plus convenables à la dignité de l'homme; il

leur auroit dit qu'il étoit des vertus domestiques et civiles, préférables à la vie vagabonde, et trop souvent féroce,
des nomades. Sa postérité auroit été bénie ; ses générations se seroient multipliées. S'il n'avoit pu prévenir tous
les fléaux, il auroit au moins arrêté le premier des fléaux ;
il eût mis fin à cette stérilité qui étouffe le germe de la
vie, et ne laisse aux forêts que des hommes épars, trop
souvent semblables au lion et au tigre à qui elles sont
destinées.

Si Jean-Jaques eût tenu ce langage, il se fût évité l'i-
gnominie d'être le père de Vueishaupt, et il n'auroit
pas contribué à tous les désastres que l'impudent bavarois a préparés au genre humain. Mais la sottise humaine, baptisée du nom de philosophie, prodigua des
éloges aux paradoxes du genevois ; le sophiste Vueishaupt
s'empare du code de Jean-Jacques, et le délire de l'orgueil
est puni par le délire de la scélératesse. Ce qui n'avoit
été dans les maîtres que le paradoxe d'une folle indépendance, sans perdre sa sottise, est devenu dans les élèves
la source et l'origine d'une désastreuse conspiration.
Mais, grace à la providence, Jean-Jacques et Vueishaupt n'existoient pas lors de la création du monde; la philosophie étoit ignorée, et ses maximes inconnues. Les premiers hommes, simples et grossiers, essayèrent de fouil-
ler le sein de la terre ; leur travail leur ayant fourni de
quoi satisfaire abondamment à tous leurs besoins, ils y
trouvèrent leur propre avantage ; ils quittèrent la vie
errante et sauvage, pour se livrer à des défrichements utiles ; leurs bras augmentèrent à l'infini les productions
de la terre. Dès-lors ils reconnurent l'utilité et la nécessité du travail; ils s'y adonnèrent volontiers, tant pour
leur propre satisfaction, que pour se soustraire à l'oisiveté qui est la source de tout les vices ; chacun à
l'envi, s'attacha à cultiver la terre pour la faire fructifier;
chacun respecta le champ défriché par un autre : on lui
en laissa le produit, pour récompense de ses travaux.
Ainsi naquirent les propriétés. Dieu bénit leurs entreprises, il leur accorda une postérité nombreuse, et leurs
générations se multiplièrent. Ainsi, des hommes simples,
sans connoissances et sans talents, ont mieux su établir
la justice et l'équité que les philosophes ; ils ont mieux

su connoître et apprécier les ressources de la terre, que des esprits superbes; ils ont su mieux qu'eux choisir ce qui leur étoit le plus avantageux et en même temps le plus juste. La postérité a toujours considéré comme ses insignes bienfaiteurs ceux qui nous ont appris le travail, tandis qu'elle n'envisage que comme le fléau du genre humain ces philosophes qui crient que les fruits sont à tous, et que la terre n'est à personne. Ainsi le siècle de la philosophie doit plutôt être envisagé comme le siècle des ténèbres, que comme le siècle des lumières. Leur triomphe ne peut enfanter que désolation et désastres, tandis que celui des premiers hommes laborieux n'a produit que l'équité, la prospérité et le bonheur.

Il sied mal aux philosophes, qui se plaisent tant à vanter la vie patriarchale, de chercher à détruire les sages institutions qui ont illustré les patriarches qui les ont établies; il sied mal aux gens qui visent à l'esprit et à la gloire, de prendre une route opposée à celle que nous ont tracée ceux qui se sont immortalisés.

Faux sages, faux savants, esprits orgueilleux, indomptés et indomptables, vous vantez tant la raison; daignez du moins l'entendre; cherchez au moins à imiter la justice et la prudence des premiers patriarches qui nous ont enseigné l'amour du travail et le respect pour les propriétés. Ils nous ont appris que le droit de propriété devoit être sacré et inviolable. Fiers mortels, esprits indociles, sentez enfin combien vous méritez de mépris, en cherchant à détruire toute propriété; vous contestez une chose que vous ne connoissez pas, ou vous faites un bien mauvais usage de vos talents, si vous croyez en savoir plus que l'expérience: cette mère de toutes les sciences vous condamne elle-même au silence. Ainsi, cessez de contester la connoissance des choses que vous ne connoissez pas, ou que vous affectez de ne pas connoître. Mais j'entends encore crier plus fort ces enragés sophistes contre toutes les propriétés. Ce que Jean-Jacques a inventé, le nouveau Spartacus le répète à ses illuminés: les fruits sont à tous, la terre n'est à personne; ainsi hâtons-nous de spolier les richesses de l'Eglise, celles de la noblesse, celles des marchands, celles de toutes les personnes aisées; depuis assez long-temps ils possèdent tous les trésors, notre ignorance et notre foiblesse les en ont rendus maîtres : que notre courage et notre union nous en rendent les propriétaires.

Aux yeux de bien du monde, un tel langage seroit traité de chimères insensées : je le veux; mais ce sont des chimères de Vueishaupt, du démon des brigands conjurés, du démon le plus rusé et le plus riche en sophismes, le plus fécond en artifices pour les réaliser. Il ajoute à ses adeptes, dans ses antres contagieux, en leur donnant ses instructions infernales : Quand la propriété a commencé, l'égalité, la liberté ont disparu; et c'est au nom de cette égalité, de cette liberté, qu'il conspire, qu'il invite les conjurés à rendre aux hommes la vie patriarchale, en anéantissant toute propriété et toute religion. Philosophes, vous tenterez en vain, par des leçons si contraires au bien, à établir l'égalité dans le monde; elle ne peut exister pleinement parmi nous que lorsque la terre nous renfermera tous dans son sein. Alors, seulement alors, tous les hommes seront égaux. Mais il sied mal à ceux qui vantent la raison, de vouloir s'emparer de toutes les richesses de la terre, sous le vain prétexte de donner à tous la liberté. C'est commencer par démolir un palais bien construit, tout en disant que l'on travaille à en élever un.

Quelque confiance qu'ils puissent avoir en leurs talents et en leurs lumières, ces esprits orgueilleux, ils n'en sont pas pour autant infaillibles; car il sied également mal aux philosophes qui ont tant prêché l'égalité, de vouloir la faire disparoître du seul genre de choses dans lequel elle existe, et où elle paroit avec le plus d'éclat, c'est-à-dire, dans la religion chrétienne. Elle seule montre les hommes tous égaux; elle les assujettit tous à la même loi; elle leur donne à tous les mêmes consolations, elle leur apprend qu'ils sont tous frères, qu'ils sont tous héritiers des mêmes espérances; elle réunit le pauvre comme le riche aux pieds des autels; là, elle les confond tous aux pieds du père commun. Ce qu'il y a encore de plus heureux et de plus admirable, c'est qu'en établissant l'égalité parmi les hommes, la religion consacre les distinctions sociales ; elle assigne les obligations indispensables à chaque état ; elle oblige le riche à verser l'abondance de ses trésors dans le sein du pauvre pour adoucir sa misère : de cette manière, elle rend respectable la position de l'homme aisé, et elle soulage le malheureux. Eh bien ! cette religion chrétienne, dont la morale est si pure que la source n'en peut tarir, est précisément l'objet principal de la haine et de la fureur de la philosophie. Ainsi, ce n'est pas sans fondement que que nous avons traité les philosophes et leurs partisans de sophistes, d'esprits indomptés et indomptables ; et pour mieux en convaincre le lecteur, pénétrons dans les secrets de la secte contre l'autorité paternelle. Le hiérophante illuminé vous parle d'Abraham et des patriarches; mais ne vous attendez pas à trouver dans les leçons de Vueishaupt la même soumission au créateur, le même zèle pour sa gloire, et la même ardeur pour le culte divin, ni la même tendresse naturelle d'un père pour ses enfants. N'allez pas croire y voir un tendre père uniquement occupé du bonheur de ses enfants, en exerçant sur eux le plus doux des empires, et chacun d'eux docile à cette souveraineté donnée par la nature, en révérer les ordres, en prévenir toutes les volontés. Vous n'y trouverez pas les ardents désirs des patriarches pour le Messie promis, attendant avec empressement son avénement qu'ils se plaisoient tant à annoncer à leur famille, comme devant être le salut d'Israël. On y a grand soin de passer sous le silence la vie simple et laborieuse des anciens patriarches, dont le Seigneur semble prendre plaisir à se dire le Dieu. L'on n'y dit pas un mot de leur confiance entière dans les promesses du toutpuissant, qui étoient leur seule consolation et leur unique espérance. Ainsi Vueishaupt, tout en vantant la vie patriarchale, ne dit rien de tout ce qui faisoit le mérite et la gloire des patriarches. Le hiérophante ne rappelle la mémoire des premiers hommes qui se sont illustrés, que pour persuader à ses adeptes que ces anciens avoient mérité tant de respect, et qu'ils s'étoient acquis une si haute vénération, sans le secours des prêtres, et sans l'assistance de la religion chrétienne, ou sans le concours de la morale évangélique. Il ne vante la vie patriarchale à ses élèves que pour les préparer à son but principal, qui tend à ne reconnoître ni religion, ni Dieu, pour ne former, de tous ses sectaires, qu'un assemblage monstrueux d'incrédules bien prononcés, qu'il pourra employer au gré de ses caprices dans les désastres qu'il médite.

Ce que Vueishaupt nous a déjà dit du père, prêtre et seul souverain dans sa famille, nous doit bien faire soupçonner que le sophiste ne loue tant la vie patriarchale, que pour anéantir l'amour de Dieu et la piété filiale ; pour engager les enfants à n'avoir ni soumission pour leurs pères, ni vénération pour le créateur, ni respect pour ses ministres. Ainsi, l'autorité paternelle n'aura bientôt pas plus de réalité que l'empire des prêtres. Dans les derniers mystères de l'illuminisme, Vueishaupt n'admet pas plus de Dieu pour le patriarche que pour l'athée : dans sa bouche, la prétendue souveraineté du père n'est qu'une véritable conspiration contre l'autorité paternelle. Que le lecteur ne s'attende pas à trouver dans les éloges de la vie patriarchale tracés par le hiérophante, le spectacle attendrissant d'un père, offrant à l'éternel les vœux de ses enfants, offrant pour eux des sacrifices, faisant au milieu d'eux toutes les fonctions de prêtre du Dieu vivant ; mais qu'il s'attende à voir disparoître, dans les hauts mystères de la secte, tout l'empire du père, comme son sacerdoce. J'entends déjà le hiérophante répéter, après Jean-Jacques, à ses adeptes : L'autorité du père cesse avec le besoin des enfants Voilà le secret, voilà le principe à graver dans le cœur de la jeunesse, pour la porter à la rebellion.

Celui qui n'inventa le nouvel illuminisme que pour en faire l'abime, le monstrueux ensemble de toutes les erreurs les plus anti-religieuses, les plus anti-sociales, ne pouvoit laisser ignorer à nos enfants ces leçons de leur indépendance dans le sein de leur famille même, et le prétendu droit de ne suivre qu'eux-mêmes. Il étoit impatient de dire à la jeunesse qu'elle n'avoit d'autre loi à suivre que sa raison naturelle, dès le moment qu'elle avoit assez de force pour désobéir à ses parents, et se passer d'eux. Le déhonté bavarois ne se contente pas

de dire que la puissance paternelle cesse avec l'enfance ;
il ajoute encore que le père offenseroit ses enfants, s'il
réclamoit quelques droits sur eux après cette époque. Cet
impudent sophiste appelle souverain dans sa famille, le
père dont les enfants commencent à peine à bégayer les
mots de liberté, d'égalité, et le mot de raison ; et avant
qu'ils soient susceptibles de réflexion, avant qu'ils aient
la moindre teinture de raison, Vueishaupt cherche déjà
à leur persuader que la voix des parents est pour eux
celle du despotisme, de l'oppression et de la tyrannie.
Lucifer, avec toutes ses ruses, peut-il inventer des abominations plus contraires au respect et à l'amour que
chaque enfant bien né doit à l'autorité paternelle ? peut-
on même inventer leçon plus opposée aux sentiments de
la nature ? Ainsi, la souveraineté du père, dans la bouche
du hiérophante, ne lui sert qu'à anéantir l'obéissance
du fils, pour le mieux former à la révolte et à l'ingratitude. Que le patriarche-roi ne s'abuse pas ; qu'il ne s'attende pas à plus de reconnoissance et d'amour de la
part de ses sujets, qu'on n'a accordé d'obéissance et de
soumission aux pères, de la part de leurs enfants. Vueishaupt, en leur donnant à tous la liberté et l'égalité, a
déjà appris à tous ses adeptes à blasphèmer l'amour de
la famille ; il saura encore étouffer dans tous leurs cœurs
l'amour national et l'amour de la patrie. Ses leçons leur
ont déjà montré dans cet amour de la famille le principe
le plus immédiat du désastreux égoïsme. Les liens les
plus forts qui unissent le fils au père, sont déjà rompus,
puisque Vueishaupt a déjà enseigné à tous les enfants
que, sitôt que leurs bras débiles pourroient cueillir les
fruits qui les nourrissent, ils pourroient sans crainte résister à l'autorité paternelle et à la souveraineté patriarchale. Non, il n'est plus de liens pour la secte infernale.
Tous ceux de la nature, comme ceux des gouvernements
et de la religion, s'effacent dans les derniers mystères
de Vueishaupt. L'enfant, comme le tigre, oublie son
père dès qu'il peut seul courir à sa proie. Et voilà ce que
la secte appelle ramener l'homme à la nature, au règne
patriarchal, à cette époque où le respect et la soumission du fils pour le père étoit si profonde, que cette vénération seule suppléoit aux lois de la société civile !

Les illuministes ont beau tomber à chaque pas dans des contradictions évidentes et frappantes : ils n'en sont pas moins scélérats, leurs forfaits n'en sont pas moins réels, et il ne cessent pas d'en hâter l'exécution par une marche forcée vers leur but. C'est précisément en consommant la dépravation des mœurs par l'extinction des plus justes, des plus purs sentiments de la nature, que la secte consomme ses mystères. Au nom de son égalité et de sa liberté, elle maudit l'empire et l'amour de la patrie ; au nom de cette même égalité, de cette même liberté, elle abjure l'empire et l'amour de la famille, ainsi que toute soumission aux lois et à l'autorité.

Le lecteur sera moins surpris quand nous lui dirons que les philosophes se mettent fort à leur aise sur la terre, qu'ils n'y tiennent que le langage des passions, et qu'ils ne sont pas même fort délicats sur les moyens à employer pour les satisfaire ; ils se mettent fort peu en peine de régler leurs mœurs, et de porter les autres à la pratique de la vertu : leur morale n'est qu'une doctrine infâme et corruptrice. C'est là l'horrible consolation de la philosophie : il leur devoit suffire d'outrager le bon sens et la raison, sans outrager encore la piété filiale ; il leur devoit également suffire de se rendre pénibles aux pères, sans se rendre encore pénibles aux enfants.

Le lecteur alarmé se demande dans son étonnement : Que veulent donc ces monstres conjurés ? n'ont-ils pas des enfants dans leurs familles, n'ont-ils pas une fortune à conserver ? ne sont-ils pas tous intéressés au maintien de la société et des lois civiles ? est-ce bien contre eux-mêmes qu'ils conspirent, ou ne voient-ils pas que leurs complots retomberont sur eux-mêmes ? pensent-ils follement rompre tous les liens qui unissent les hommes entre eux, sans en ressentir eux-mêmes les terribles coups ? croient-ils s'emparer eux seuls de toute l'autorité, pour tyranniser les autres et leur imposer une joug avilissant ? Ah ! c'est s'abuser trop grossièrement ; c'est trop évidemment le délire de la raison et le comble de l'extravagance. Vous tous, qui vous opposez à ces

questions, attendez un moment, suspendez votre jugement ; vous ne savez pas de quoi est capable l'enthousiasme de l'erreur, soufflée par le démon de l'orgueil
et de l'indépendance, de l'impiété, de la haine et de la
jalousie. Vous n'avez pas entendu, comme nous, les
héros, les demi-héros et les sans-culottes révolutionnaires : ils veulent être égaux et libres ; ils le veulent
par dessus tout et à tout prix ; ils leur en coûtera de
grands sacrifices ; ils sont prêts à les faire ; ils crieront
jusqu'à la tribune des députés : périse l'univers pourvu
que le principe existe ; il leur en coûtera leur fortune,
leur vie même, peu leur importe ! vous, vous n'aurez
également ni l'un ni l'autre. Celui qui les servoit, deviendra leur égal ! ils n'auront plus ni Dieu ni hommes
au-dessus d'eux. Croyez à présent qu'il est des hommes
à qui un orgueil insensé et une folle impiété facilitent
toutes les turpitudes, pour les plonger ensuite dans le
bourbier de tous les vices et de tous les crimes.

C'est en vain que vous opposeriez à un élève de Vueishaupt tous les liens de la nature, ce qu'il se doit à lui-
même, ce qu'il doit à son père, à sa mère, à ses enfants,
et les atroces conséquences des affreux mystères de la
secte : les insensés ne voient pas, et leur orgueil leur cache qu'une liberté et une égalité dévastatrices du genre
humain, ne sont pas et ne peuvent pas être l'égalité, la
liberté du genre humain. La fureur et la vanité les aveu-
glent tellement, qu'il paroissent ignorer qu'une seule con
séquence démontrée fausse, contraire à la nature, désastreuse au genre humain, devient, par cela seul, la
démonstration que la nature, comme la vérité, déteste
les principes d'égalité et de liberté, sources de ces désastres. Les insensés, tout en périssant sous la hache de
leur égalité et de leur liberté, répétoient encore dans leurs
derniers moments ces refrains chéris : vivent l'égalité et
la liberté ; leur dernières paroles étoient encore : guerre
aux autels et aux trônes.

Ceux qui chercheroient à opposer à la réalité de ces
complôts soit le cri de la nature, soit l'intérêt même de ces
enragés, ne connoissent point la force de l'enthousiasme
soufflé par le démon de l'orgueil. Non, ils n'ont pas as-

sez conçu surtout avec quel art et à quel point les hiérophantes de l'illuminisme savent presser, animer, échauffer cet enthousiasme dans leurs antres, pour l'insinuer profondément dans le cœur de leurs adeptes. Ceux qui ne peuvent croire à la réalité de si détestables complôts, peuvent se reposer sur la scélératesse de la secte: elle saura allier l'impiété avec ses intérêts, dans le bouleversement qu'elle médite. Elle a dit à l'adepte imbécille que ses besoins factices disparoîtroient avec le règne de la liberté et de l'égalité ; qu'il n'en aura pas plus que le sauvage; que la nature y pourvoira; et l'adepte imbécille brûle d'ardeur pour son égalité; l'adepte scélérat se promet bien que, si les fruits de la terre sont à tous, et la terre à personne, il saura du moins assurer sa part des fruits. On leur a déjà indiqué à tous les richesses de l'église, celles de la noblesse, celles de nos marchands, celles enfin de tous les riches propriétaires : ainsi, l'adepte scélérat connoît à l'avance les maisons où il pourra contenter sa cupidité; déjà il ne soupire plus qu'après le signal du général de l'illuminisme, pour la satisfaire.

C'est en vain que l'honnête homme ne peut concevoir des complôts si désastreux; c'est en vain qu'il s'écrie : Mais que veulent-ils donc avec leur monstrueuse égalité, avec tous leurs projets contre nos lois civiles, contre les droits et le nom même de la propriété? Faudra-t-il, pour leur plaire, que nous quittions jusqu'à nos demeures fixes? Faudra-t-il renoncer à nos arts, à nos manufactures, à l'agriculture et au commerce, et finir par tout incendier pour mener à leur gré la vie errante et sauvage des barbares ? Faudra-t-il égorger plus de la moitié du genre humain, pour que la terre n'offre plus à leurs yeux que des hordes éparses. Tel est cependant le but des sciences des académies minervales de l'illuminisme : elles ne tendent toutes qu'à nous ramener les affreux désastres de la barbarie.

Les illuminés ne sont qu'une génération de Vandales, qui menacent l'univers entier d'une nouvelle inondation de barbares. Oui, si la secte triomphe, il faut vous résoudre à voir détruire les plus beaux monuments de vos arts, à voir vos propriétés ravagées, votre commerce anéanti ; non-seulement les palais seront incendiés, mais encore toutes les habitations ou demeures fixes, si l'on n'arrête les complots de la secte. Oui, attendez-vous, hommes vertueux et probes, à voir renaître dans les légions de l'illuminisme tous les désastres, toutes les inondations et toutes les dévastations dont tous les barbares du nord aient jamais pu se rendre coupables. Les adeptes ont été tous instruits à l'école du maître des maîtres de la scélératessse et de l'impiété, et il n'est point de forfaits qu'ils ne soient disposés à commettre ; ils connoissent déjà les principales victimes ; ils sont tous brûlants d'ardeur d'assouvir bientôt sur elles leur fureur et leur rage ; et si leurs complots réussissent, cette liberté si vantée ne sera employée que pour commettre impunément toutes sortes de cruautés.

Ne les avons-nous pas déjà entendus enseigner à leurs élèves que la société, l'état, les gouvernements et les sciences avoient réduit le genre humain à l'esclavage ? Rappelons-nous les leçons de ces hiérophantes, qui apprenoient à leurs adeptes à soupirer après cette période où, la tourbe des sciences inutiles se trouvant bannie sur la terre, il ne resteroit plus à l'homme d'autre route que celle tracée par l'homme sauvage, prétendu patriarche primitif et naturel et voilà l'état auquel ils appellent le genre humain. Ne nous ont-ils pas encore dit, ces hiérophantes, que la gloire, le bonheur de la secte seroient à leur comble, quand elle pourroit dire, en voyant arriver ces heureux temps, que voilà son ouvrage. Un semblable paradoxe décèle assez la vanité et les crimes de ses auteurs, pour les couvrir à jamais de confusion ; pourrions-nous être plus longtemps dupes de ces académies minervales, qui n'ont d'autre étude que celle de fair servir les sciences mêmes à la destruction de leur empire, comme à la destruction de toute religion, de toute société ? Que celui à qui il resteroit encore le moindre doute se rappelle ces questions du candidat à l'épopte : Les sciences dont l'homme s'occupe en général, nous donnent-elles de vraies lumières ? conduisent-elles au vrai bonheur ? ne sont-elles pas plutôt les enfants des besoins variés, de l'état anti-naturel où les hommes se trouvent ? ne sont-elles pas l'invention de cerveaux vides, laborieusement subtiles ? Nous avons entendu ces questions, ces vœux et ces blasphèmes de la secte contre les sciences, et nous croirions encore qu'il est, pour les grands mystères de l'illuminisme, d'autre science à conserver que celle de l'homme sauvage, mais égal et libre, dans ses forêts ! Les dévastations révolutionnaires et tant de monuments déjà tombés sous la hache des brigands jacobins, les spoliations et les crimes des sans-culottes nous en ont déjà dit beaucoup sur cette haine, sur cette fureur, sur cette frénésie des modernes Vandales ; mais les mystères de la secte nous en ont encore appris davantage.

Lecteur, livrez-vous à une juste indignation ; mais ne nous demandez plus : qu'est-ce donc que ce Vueishaupt? que sont tous ses adeptes et son illuminisme ? Traitez-les, si vous voulez, de barbares conjurés ; on peut même les qualifier tous de vrais démons ; voyez-les sourire à vos mépris, écoutez leurs cris séditieux, entendez encore les leçons de férocités qu'ils donnent à leurs adeptes : ils leur apprennent à mettre leur honneur et leur gloire, non-seulement à imiter ces barbares, mais à les surpasser dans leurs désastres et dans leurs dévastations.

Tous ces peuples du nord, sortis de leurs forêts pour désoler les plus belles contrées de l'Europe, pour incendier les villes, pour abattre les empires, pour joncher partout la terre de ruines, ne sont plus aujourd'hui, dans les paradoxes de l'illuminisme, que les vrais hommes de la nature, les restes précieux des races patriarchales. C'est par les mêmes hordes dévastatrices, par les mêmes haches et les mêmes poignards, qu'ils croient voir la nature essayer la régénération qui fait tout l'objet de la secte.

Écoutez encore ce que Vueishaupt, prétendant tracer l'histoire du genre humain, dit à ses adeptes sur ces hommes du nord. Le hiérophante arrive à cette époque appelée, dans tous les fastes de l'histoire, l'inondation des barbares ; et voici ce que sont pour lui ces barbares, voici leur destinée : alors que tout le reste de l'Europe a subi le joug des lois et de la corruption, la nature, qui, dans les parties du nord, conserve intacte, dans sa pureté et dans sa vigueur originelle, la vraie race des hommes primitifs, se présente et arrive au secours de l'espèce. Du fond de ces contrées pauvres et stériles, elle appelle ces peuples sauvages, et les envoie dans les régions de la mollesse, de la volupté, porter, avec un nouveau sang, une nouvelle vie à ces corps énervés du midi, et avec d'autres mœurs, d'autres lois, rétablir la vigueur de l'espèce, jusqu'à ce que le germe mal éteint de la corruption infecte cette portion même de l'humanité, arrivée d'abord si saine, c'est-à-dire, ces barbares eux-mêmes envoyés par la nature pour régénérer l'Europe.

Lecteur, vous venez d'entendre les paradoxes de Vueishaupt ; voilà ce que sont pour la secte les Vandales. Si vous le pouvez, suspendez votre indignation ; vous auriez cru offenser l'illuminé en le comparant à ces barbares ; et c'est précisément leur gloire que ces illuminés cherchent à mériter. Vous les reconnoîtrez aisément aux traits hideux dont on les peint.

L'histoire nous les représente portant partout le fer et le feu ; nous avons déjà détaillé les leçons abominables de la secte ; nous allons tracer le tableau déchirant et lugubre des effets de ses infernales instructions : que le lecteur s'arme de force pour les entendre ; car la racine répond au germe, et le fruit à l'arbre. Nous verrons les illuminés étendant partout leurs ravages ; nous les verrons hachant les monuments des arts, désolant les campagnes, incendiant les villes ; nous les verrons traînant à leur suite l'ignorance et le siècle de fer, dépeuplant les empires, laissant partout des ruines, des décombres, des traces désolantes de leur frénésie dévastatrice. Les sectaires sauront encore surpasser en férocité ces barbares ; ils nous apprendront eux-mêmes qu'il ne leur suffit pas d'être pénibles aux hommes, qu'ils veulent encore l'être à Dieu. Ce n'est que par les crimes qu'ils veulent régénérer l'espèce humaine, et seconder le grand objet de la nature; mais ces mêmes barbares laissent imparfaite la régénération. Avec le temps, ils adoptent eux-mêmes nos usages, nos mœurs; ils se familiarisent; enfin, ils deviennent civilisés. Nos campagnes se fertilisent de nouveau; la paix renaît, les sociétés se forment à l'envi; les sciences reviennent; les arts reflorissent à l'ombre des lois; les villes se repeuplent; on y relève les monuments des arts; la race des sauvages primitifs, confondue avec les citoyens, se soumet volontiers aux mêmes lois; le désordre cesse; la tranquillité et le bonheur lui succèdent, et nos gouvernements respirent.

Voilà, pour l'adepte illuminé, le grand crime de ces barbares; voilà ce que déplore le hiérophante, en s'écriant : Ah ! s'il restoit encore parmi eux quelques sages, assez heureux pour s'être préservés de la contagion! Combien ils soupirèrent, combien ils respirèrent pour voir le jour de leurs ancêtres, pour goûter de nouveau leurs anciens plaisirs sur le bord d'un ruisseau, à l'ombre d'un arbre chargé de fruits, à côté de l'objet sensible de leur amour! Alors, il conçurent quel bien c'est que la liberté, quelle faute ils avoient faite en mettant trop de puissance dans la main d'un homme. Alors, le besoin de cette liberté leur fit sentir leur chute, et chercher les moyens d'adoucir au moins leur esclavage ; mais alors aussi leurs efforts et leurs coups retombèrent sur le tyran, et jamais sur la tyrannie. Ainsi, l'insidieux sophiste se félicite de l'état de l'homme sauvage et barbare; il ne craint que son retour vers l'humanité et l'ordre, en se soumettant lui-même aux lois de la société. Il se fait un point d'honneur de cette doctrine avilissante, qui assujettit l'homme sauvage au sort de la brute; il l'érige en force d'esprit et en philosophie, et il insulte aux ames honnêtes qui s'y refusent : n'est-ce pas le comble de l'extravagance, le délire de la raison, le renversement du bon sens, et la dépravation des premiers sentiments de la nature ?

Chacun désire la justice, l'ordre et la paix; et quand la voix des hommes fût-elle plus unanime pour réclamer de si grands bienfaits, et plus sûre pour l'apprécier, que quand des barbares eux-mêmes font entendre tout à la fois et leurs cris et leurs vœux pour les obtenir ?

Aussi le vil rhéteur Vueishaupt, mais adroit conjuré, à travers ces replis tortueux, cherche à prévenir ses adeptes contre tout retour vers le bien, en traitant d'imbécilles les sauvages primitifs, qui se soumettent ensuite aux lois et aux gouvernements, pour amener ses disciples, non à imiter simplement les fureurs et les ravages des barbares, mais à les surpasser par la constance, par la persévérance et la perpétuité des dévastations. Le hiérophante ne témoigne tant d'inquiétude que dans la crainte de ne conquérir son égalité et sa liberté, que pour les perdre de nouveau : aussi il ne cesse d'exhorter ses adeptes à l'aider. Unissez-vous, leur dit-il, ajoutez à votre nombre, commencez à devenir puissants et redoutables : vous l'êtes déjà par cela seul que vous avez pour vous la multitude ; les méchants qui vous craignent accourent se ranger sous vos drapeaux. Désormais, vous voilà assez forts pour lier les mains à ceux qui vous gênent, pour les subjuguer et pour étouffer la méchanceté jusques dans son germe. Ainsi s'expliquent encore ces fureurs et cette rage révolutionnaire, dont la hache a déjà abattu tant de têtes précieuses, dispersé et détruit tant d'augustes monuments des sciences et des arts. Un cri général d'indignation semble aujourd'hui suspendre ses ravages : le jacobin Vandale affecte des regrets ; il paroît même endormi ; mais le jacobin libéral veille. Attendez un instant, et le temps des grands mystères arrivera. Endormez-vous au bord du précipice, et la hache, le fer et le feu consommeront bientôt les malédictions prononcées par les hiérophantes de la secte sur vos lois, sur vos sciences et vos arts, sur vos villes, sur vos habitations et sur toutes vos propriétés. Ainsi surtout s'expliquent cette férocité révolutionnaire, et ces fureurs de sang, cette frénésie enragée, cette continuité de proscriptions, de décolations, de déportations, plus artificieuses, mais plus cruelles que le tranchant de la guillotine.

Il arrive le temps de lier les mains, le temps de subjuguer et d'étouffer, jusques dans son germe, ce que la
secte appelle les méchants, c'est-à-dire tous ceux que la
secte ne peut gagner, ou qui contrarient ses projets, le
temps de subjuguer et d'étouffer tout citoyen, zélé pour
la religion, pour le maintien des lois, de la société et
des propriétés. La secte a commencé comme les Vandales du nord; mais elle vous a déjà prévenus qu'elle se
garderoit bien de finir comme eux: elle ne veut pas
laisser refroidir dans le cœur de ses adeptes la rage des
dévastations; il faut qu'ils soient Vandales jusqu'à la fin,
jusqu'à ce qu'il n'y ait plus aucun espoir de voir renaître
la religion, les lois et la propriété. Croyez-en à l'instituteur de l'illuminisme : il vous a dit que ses derniers secrets n'étoient point pour les petits mystères de la secte,
qu'ils n'étoient que la suite, le développement, l'expo-
sition plus claire et plus positive de ses secrets antérieurs ; il vous a dit que les nations disparaîtroient avec
leurs lois, leurs sociétés; il vous a prévenus qu'elles disparoîtroient sous le nombre et la force, le joug et le fer
de ses adeptes, de ses nouveaux Vandales; que peut-il
lui rester à vous dire de plus dans ses derniers mystères,
si ce n'est que le fer, la constance, la rage des adeptes
ne doivent jamais se ralentir; qu'il faut savoir être
Vandale jusqu'à la fin des temps, de peur que la religion, la société, les sciences, les arts, la patrie ou la
propriété ne renaissent pour étouffer de nouveau l'égalité, la liberté de son illuminisme.

Le lecteur effrayé demandera sans doute où peuvent
exister semblables monstres de la nature; et nous lui
répondrons que nous ignorons la demeure fixe de ces
hommes féroces et barbares, mais que Vueishaupt sub-
siste toujours dans les loges des illuminés ses dignes élèves ; qu'on y cultive et qu'on y enseigne toujours les
mêmes principes destructeurs; que cette secte est encore
existante, et que, pour en connoître tous les adeptes, il
faudroit parvenir jusqu'au catalogue du général, caché
sous mille verroux. Nous lui dirons encore que ces
hommes destructeurs et sanguinaires n'habitent point
les forêts du nord, mais qu'il faut les chercher dans les
repaires ténébreux des sociétés secrètes ; nous pouvons

l'assurer à l'avance qu'il sera certain de les y trouver ; que l'impudent sophiste Vueishaupt s'est énorgueilli d'être le père de l'illuminisme. Il eût cru sa vanité blessée, s'il nous eût laissé ignorer qu'il avoit l'honneur d'être l'inventeur de la secte. Mais laissons à la postérité le soin de juger et d'apprécier ce vil rhéteur, avec tous ses paradoxes. Elle saura lui vouer la haine et l'exécration qu'il mérite ; au lieu des vaines louanges qu'il s'attribue follement, elle ne serviront qu'à couvrir d'humiliation et de confusion son auteur.

Jusqu'ici il n'a cherché qu'à abuser de la crédulité de ses adeptes, tantôt en réveillant leur zèle, leur respect pour la prétendue antiquité de leur ordre, tantôt en faisant successivement honneur de ses mystères aux enfants des patriarches, aux sages, au Dieu des chrétiens même, et aux instituteurs des loges maçonniques. Mais ici enfin, le hiérophante ne craint pas de manifester la véritable histoire de son illuminisme, à ses mages et à l'homme-roi; ici la leçon est instructive et intéressante. Ce qui doit principalement étonner le lecteur, c'est que la vérité y paroît toute entière, et qu'on ne la tient plus cachée aux mages et à l'homme-roi. Les chefs leur disent : Cette société secrète qui vous a conduit avec tant d'art de mystère en mystère ; qui a mis tant de soins à déraciner de votre cœur tous les principes de la religion, tous ces faux sentiments de l'amour national, d'amour de la patrie, d'amour de la famille; toutes ces prétentions de propriété et de droit exclusif à des richesses, à des fruits de la terre ; cette société qui a tant travaillé à vous montrer le despotisme et la tyrannie dans tout ce que vous appeliez lois des empires ; cette société qui vous déclare libres et vous apprend qu'il n'est pour vous d'autre souverain que vous-mêmes, d'autres droits près des autres que ceux d'une parfaite égalité, d'une liberté absolue et d'une entière indépendance; cette société n'est point l'ouvrage de la superstitieuse et ignorante antiquité : elle est celui de la philosophie moderne, elle est le nôtre. Le véritable père de nos illuminés est Spartacus Vueishaupt.

Nous avons déjà dit que toutes nos preuves étoient tirées de la correspondance et des écrits des chefs de la secte. Celle-ci est extraite de la première et deuxième lettre de Philon Kuigge à Caton Zuach. Comme cette instruction est si remarquable, nous craignons qu'on ne nous accuse de partialité ; mais les écrits originaux subsistent, et ils sauront nous justifier et réduire au silence les partisans de Vueishaupt.

Philosophes modernes, vous venez de l'entendre votre déhonté et impudent maître : c'est lui qui vous apprend l'art qu'il a mis pour vous tromper et pour vous séduire, la peine qu'il a prise pour vous insinuer ses erreurs et ses abominations.

FIN DU PREMIER VOLUME.

TABLE

DES MATIÈRES

CONTENUES DANS CE VOLUME.

FIN DE LA TABLE DU PREMIER VOLUME.